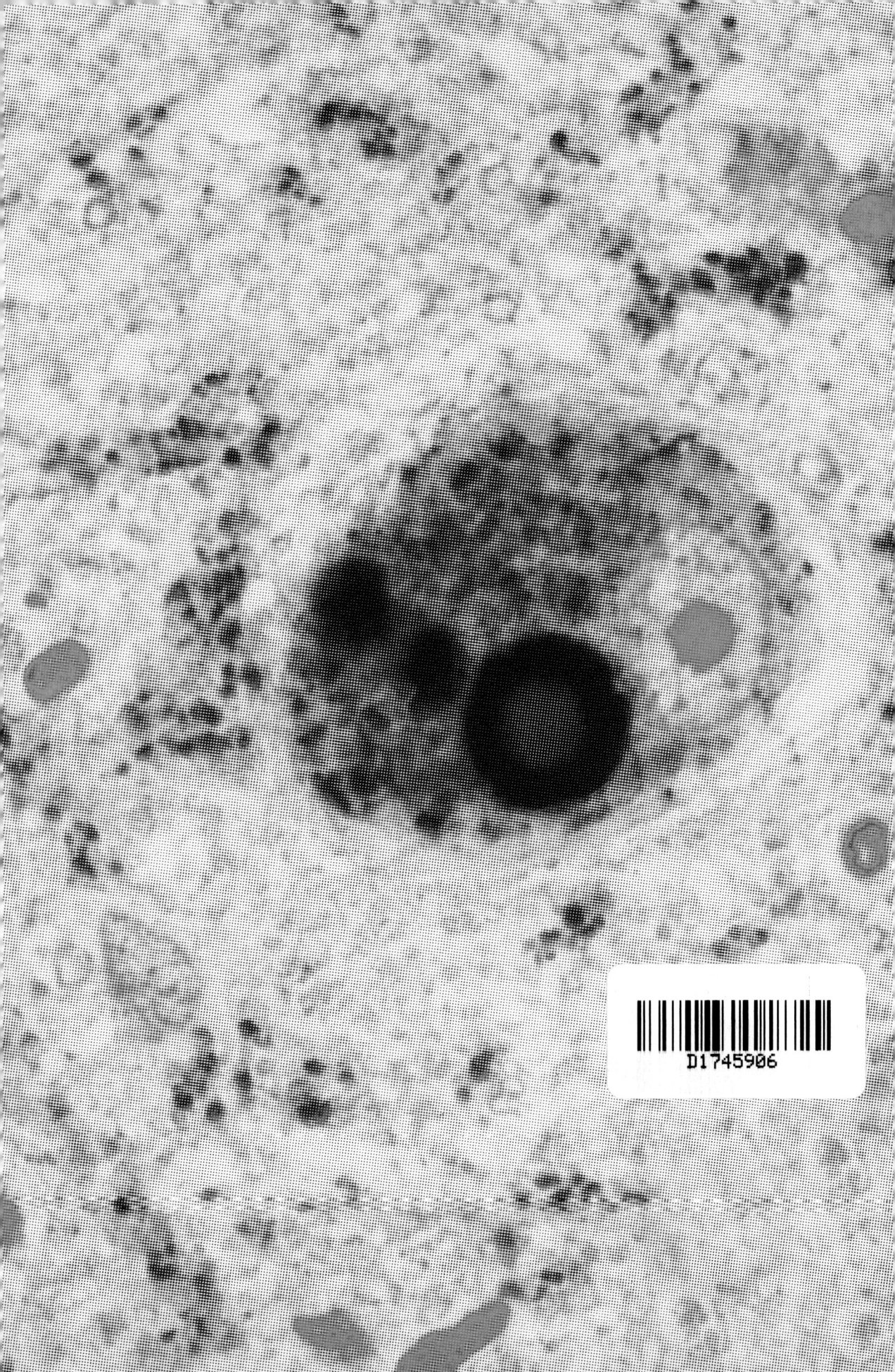

Wüstenrot Stiftung
und
Christina Simon-Philipp
(Hrsg.)

Vergessen in der Stadt

Stadtgestaltung von und für Menschen mit Demenz

Valerie Rehle

13 Menschen mit Demenz kommen auf den folgenden Seiten zu Wort. Zum Schutz der Privatsphäre wurden die Eigennamen durch Pseudonyme ersetzt.

Helga Jause

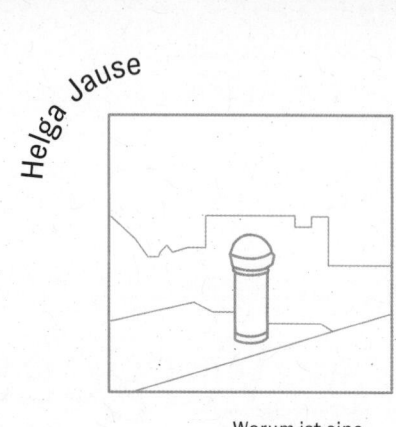

Warum ist eine Litfaßsäule für sie bedeutsam? Das steht auf Seite 100.

„Je höher der Berg, desto besser." sagt **Elisa Lamberti**

ihr merkt man ihre Erfahrung im Marathon an. Den Weg durch ihr Wohnumfeld kann man auf Seite 110 nachvollziehen.

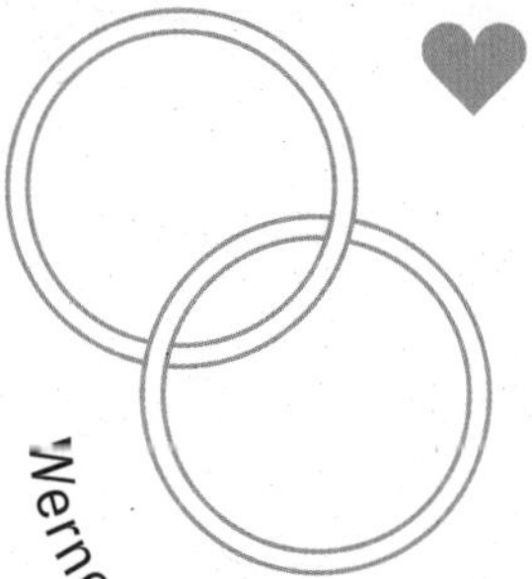

Wilhelm Rossi

lebt seit 45 Jahren in Bad Cannstatt und arbeitete als diplomierter Maschinenbauer. Wie sein Alltag in seinem Stadtviertel heute aussieht, steht auf Seite 102.

Werner May

Sein Zugang zum Stadtgeschehen ist seine Frau. Warum das so ist, erfährt man auf Seite 106.

Ingeborg Klerk

ist mit Studierenden diese Route entlanggelaufen. Was sie dabei zu erzählen hatte, findet man auf Seite 90 und 91.

„Haja, ich hab nichts verlernt!" **Wolfgang Rudel** hält der Studentin die Jacke zum Anziehen hin.

Mehr über ihn gibt es auf Seite 118 zu lesen.

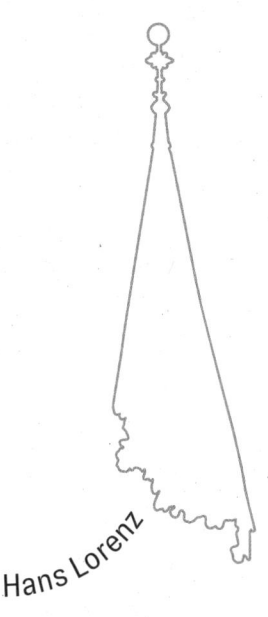

Hans Lorenz orientiert sich an dieser Form. Warum er das tut, gibt es auf Seite 38 zu lesen.

„Im Alter verliert man Schritt für Schritt den Bezug zur Realität. Es gibt nur noch einzelne Schnittstellen – wie diese. Darüber freut man sich umso mehr." sagt **Günther Norte** über seine Erfahrung mit den Studierenden, mit denen er im vorliegenden Lehrforschungsprojekt zusammengearbeitet hat. Mehr über ihn erfährt man auf Seite 104.

Theo Reis wohnt in Birkach-Süd. Wie die dortige Bebauungstrukur sich auf sein Leben auswirkt, ist auf Seite zu 122 lesen.

Fridolin Sachs geht offensiv mit seiner Alzheimer-Demenz um. Es ist ein anderes Thema, das ihm den Zugang zur Stadt erschwert, wie auf der Seite 116 erläutert wird.

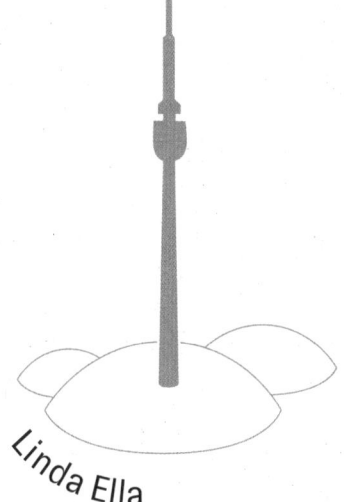

Linda Ella orientiert sich an visuellen Ankerpunkten und benutzt eine Navigations-App. Auf Seite 136 ist ein studentischer Entwurf zu sehen, der Navigations-Apps an die Bedürfnisse von Menschen mit Demenz anpasst.

Walter Armin. Sein außerhäusliches Lebensumfeld ist geprägt von städtebaulichen Strukturen der 60er-Jahre. Mehr gibt es auf Seite 120 zu lesen.

Eleonore Weiss beobachtet Flugzeuge aus einem besonderen Grund. Aus welchem, steht auf Seite 124.

Einführung

Das Lehrforschungsprojekt „Wohnen Stadt Demenz" der Hochschule für Technik Stuttgart und der Wüstenrot Stiftung verbindet in einem methodisch innovativen, transdisziplinären Ansatz Wissenschaft, Lehre und Praxis. Es reagiert auf den vielfältigen Handlungsbedarf, der in unserer Gesellschaft aus der Zunahme an älteren Menschen und insbesondere der wachsenden Zahl der Demenzerkrankungen entsteht. Die damit im Lebensumfeld der Betroffenen einhergehenden Bedürfnisse, Einschränkungen und Erkrankungen werden in den Pflegewissenschaften, in der Medizin und in den Sozialwissenschaften bereits vergleichsweise intensiv erforscht. Planende und gestaltende Disziplinen wie Architektur, Städtebau, Landschaftsarchitektur, Innenarchitektur, Kommunikations- und Produktdesign gehen dagegen bisher nur wenig auf die Belange von Menschen mit kognitiven Einschränkungen ein. Ausnahmen gibt es bezogen auf einzelne Gebäude oder Produkte, aber das Lebensumfeld oder ein ganzes Quartier stehen dabei nicht im Fokus.

Dies ist ein erhebliches Defizit, denn das Recht auf Teilhabe am gesellschaftlichen Leben, eingeführt im neunten Buch des Sozialgesetzbuches, muss sich in und auf der Ebene der Städte und Gemeinden realisieren lassen *(vgl. Wißmann/Gronemeyer 2008: 145)*. Die Aufgabe der PlanerInnen und GestalterInnen ist es deshalb, das Wohn- und Lebensumfeld als räumliche Dimension miteinzubeziehen und gesellschaftliche Teilhabe in allen Lebensphasen für alle Bevölkerungsgruppen bestmöglich zu unterstützen. Es gilt im interdisziplinären Kontext planerische und gestalterische Ansätze zu entwickeln, zu untersuchen und zu evaluieren, die den Bedürfnissen auch der Menschen mit kognitiven Einschränkungen und demenziellen Erkrankungen entsprechen.

Es handelt sich um eine gesamtgesellschaftliche Aufgabe und die konkreten Anforderungen, Handlungsfelder sowie möglichen planerischen und gestalterischen Ansätze erfordern neue Formen und Konzepte einer inter- und transdisziplinären Herangehensweise in ebenfalls neuer Dimension und Tiefe. Es gibt bisher viel zu wenig Forschung an der Schnittstelle zwischen den gestalterischen Disziplinen, Pflege- und Sozialwissenschaften, die die Teilhabedimension im Hinblick auf einen quartiersbezogenen Ansatz untersucht *(vgl. Landesinitiative Demenz-Service Nordrhein-Westfalen 2018)*. Zwar gibt es Studien zu unterschiedlichen Wohnformen und quartiersbezogenen Versorgungskonzepten oder auch Planungen für große Pflegekomplexe sowie Demenzdörfer, die außerhalb oder am Rande der Städte gebaut werden. Vertiefende Untersuchungen auf der städtebaulichen Ebene des inklusiven Quartiers, die dazu beitragen, ein langes selbstständiges Leben im Quartier zu ermöglichen, fehlen jedoch bisher.

Ein Grund dafür ist wohl auch, dass es in der Planungslandschaft zu diesem Themenfeld an Grundlagenwissen, an eindeutigen Definitionen der Aufgabenbereiche und an praxisbezogenen Werkzeugen fehlt. Es geht um weit mehr als nur Barrierefreiheit, um neue Dimensionen und gemeinsame Aufgaben, die nur mit interdisziplinären Allianzen zu lösen sind. Hier setzt das Lehrforschungsprojekt an, das ausgehend von der Ausbildung planender Disziplinen einen ersten Schritt zu einer gemeinsamen Plattform für Austausch und miteinander zu gestaltende Handlungsoptionen gehen möchte. Schlüsselbegriffe für die Ausrichtung im Lehrforschungsprojekt sind die Normalität von Alltag, Wohnen und Teilhabe in Verbindung mit den Möglichkeiten der Selbstbestimmung. Vor dem Hintergrund eines integrierten Planungsverständnisses sind Stichworte dazu: alters- und demenzgerechtes Wohnumfeld, angepasste Wohnformen, neue Unterstützungsangebote auch für Angehörige, Möglichkeiten für Aktivitäten, Nachbarschaft, Treffpunkte, Freiräume, Infrastruktur, Dienstleistungen und kulturelle Angebote.

Das Projekt dient außerdem einer stärkeren Bewusstseinsbildung, zu der die Erkenntnisse aus einer offenen Wissenschaft beitragen. Dafür wurden Netzwerke initiiert und Expertenhearings durchgeführt, die dabei helfen sollen, städtebauliche und gestalterische Ansatzpunkte für die Herausforderungen des demografischen Wandels in Verbindung mit Demenz zu finden. Ein forschungsleitender Anspruch war es, Menschen mit Demenz als Experten ihrer eigenen Lebenswelt und als zivilgesellschaftliche Akteure anzuerkennen.

Folgende Fragestellungen standen im Mittelpunkt:

✦ Welche Aufgabenbereiche ergeben sich im Kontext Demenz und Stadt für die gestaltenden und planerischen Disziplinen? Wie gelangen wir zu praxisrelevanten Antworten und entwurfsbasierten Lösungsansätzen? In welchen Ansätzen können wir mehr Wissen über die städtebaulichen Merkmale erlangen, die Menschen mit Demenz unterstützen oder die sie daran hindern, ihr Leben möglichst lange selbstständig führen zu können?

✦ Wie können Menschen mit Demenz in den Forschungskontext einer Hochschule eingebunden werden? Welche Erkenntnisse können daraus gewonnen werden und wie lassen sich diese in der Planungspraxis implementieren?

✦ Welche Methoden ermöglichen Antworten zu gesellschaftlichen und disziplinübergreifenden Fragestellungen, ohne dabei den Bezug zur Vielfalt einer „dementen" Lebenswelt zu verlieren? Wie können so gefundene Antworten in einem wissenschaftlichen Diskurs bestehen und übertragen werden?

Als methodische Antwort auf die Frage, wie es in einem wissenschaftlichen Projekt gelingen kann, authentische Problemsituationen einer Demenz mit einem (stadt-)gestalterischen Praxisbezug in Verbindung zu setzen, wurde die Forschungsgestaltung im Rahmen eines Lehrforschungsprojektes gewählt. In einem neuen transdisziplinären Lehrformat (Titel: „Where is my Mind?") wurden Kooperationen zwischen Studierenden gestalterischer und planerischer Disziplinen und Menschen mit Demenz initiiert. Die Ressource Lehre konnte hier wichtige Erkenntnisse liefern.

Die Bausteine und der Aufbau des Projektes waren qualitativ, personenzentriert, offen, prozessorientiert, reflexiv und transdisziplinär. Als Untersuchungsstandort wurde Stuttgart ausgewählt. Dies erfolgte aufgrund der gegebenen heterogenen städtebaulichen Gefüge und eines breiten Spektrums an Lebensformen. Die Stadt ist zugleich Standort der Hochschule und wichtiger Institutionen der Demenzforschung, die für das Netzwerk gewonnen werden konnten.

Im Lehrforschungsprojekt wurden städtebauliche Problemlagen und Potenziale in Hinblick auf Orientierung, Sicherheit und soziale Teilhabe identifiziert. Dabei wurden Forschungs- und Analysemethoden entwickelt und angewendet, die auf dem Grounded-Theory-Ansatz *(vgl. Corbin/Strauss 2015)* aufbauen und eine individuelle und situationsabhängige Anpassung, auf die Personen und heterogenen Biografien reagierend, ermöglichen. Aus der ergebnisoffenen, experimentellen und prozesshaften Herangehensweise entstand eine Wissensplattform, die einen transdisziplinären Austausch fördern, Experimente (Lehre, Methodik) ermöglichen und flexibel auf Prozesse reagieren kann.

Die Ergebnisse des kooperativen Lehrforschungsprojektes „Wohnen Stadt Demenz" werden in dieser Veröffentlichung dokumentiert. Sie richtet sich an alle Interessierten aus Praxis, Forschung und Lehre und ist auch als Impuls gedacht, den transdisziplinären Austausch fortzuführen und zu intensivieren.

Wir freuen uns außerdem, dass aus dem Lehrforschungsprojekt auch die Dissertation „Where is my Mind? Strategien der ko-kreativen Stadtgestaltung von und für Menschen mit Demenz" von Valerie Rehle entstanden ist, die von Prof. Antje Stokman und Prof. Dr.-Ing. Christina Simon-Philipp betreut und erfolgreich an der HafenCity Universität Hamburg eingereicht wurde.

Stefan Krämer
Christina Simon-Philipp

WISSEN ÜBER DEMENZ

1.
Grundsätzliches zu Demenz und Stadt ... *Seite 11*

Allgemeiner Wissensstand ... *Seite 13*
Stand der Stadtforschung ... *Seite 14*
Herangehensweisen der Demenzforschung ... *Seite 18*

2.
Ursache, Diagnose und die eigene Logik von Demenz ... *Seite 21*

Demenz als Folge einer alternden Gesellschaft ... *Seite 23*
Demenzformen ... *Seite 24*
Verlauf und Symptome ... *Seite 25*
Demenz verstehen ... *Seite 27*

3.
Auf dem Weg und verlaufen: orientieren mit Demenz ... *Seite 33*

Wahrnehmen und orientieren mit Demenz ... *Seite 35*
Orientierung gebende Merkmale in der Stadt ... *Seite 35*

4.
Wege, Lücken, Fragezeichen: vom Leben und Wohnen mit Demenz ... *Seite 41*

Leben mit der Gewissheit, dass nichts gewiss ist ... *Seite 44*
Wohnen mit Demenz ... *Seite 48*
Wohnorte von Menschen mit Demenz ... *Seite 54*

WISSEN VON MENSCHEN MIT DEMENZ

5.
Lernen, lehren und forschen mit Menschen mit Demenz ... *Seite 71*

Transformativer Forschungsansatz ... *Seite 73*
Aufbau und Bausteine ... *Seite 75*
Akteure ... *Seite 76*
Lehrkonzept „Where is my Mind?" ... *Seite 78*
Ablauf und Einblicke in die transdisziplinäre Zusammenarbeit ... *Seite 81*
Vom Suchen und Finden von Menschen mit Demenz ... *Seite 83*

NOTIZEN AUS DER TRANSDISZIPLINÄREN FORSCHUNG ... *Seite 85*

WISSEN VON MENSCHEN MIT DEMENZ

6.

Linda Ella, Fridolin Sachs und Wilhelm Rossi: Menschen mit Demenz in der Stadt ... *Seite 95*

Perspektive Stadtgestaltung: stadträumliche Gegebenheiten am Beispiel von 13 Wohnorten in Stuttgart ... *Seite 98*

Perspektive Demenz: raumbezogene Wünsche und Bedürfnisse von 13 Menschen mit Demenz ... *Seite 99*

Helga Jause ... *Seite 100*
Wilhelm Rossi ... *Seite 102*
Günther Norte ... *Seite 104*
Werner May ... *Seite 106*
Hans Lorenz ... *Seite 108*
Elisa Lamberti ... *Seite 110*
Ingeborg Klerk ... *Seite 112*
Linda Ella ... *Seite 114*
Fridolin Sachs ... *Seite 116*
Wolfgang Rudel ... *Seite 118*
Walter Armin ... *Seite 120*
Theo Reis ... *Seite 122*
Eleonore Weiss ... *Seite 124*

7.

Perspektiven anwenden: entwurfsbasierte Lösungsansätze der Stadtgestaltung ... *Seite 127*

Entwicklung einer Entwurfsstrategie ... *Seite 129*

Anwendung der Strategie am Beispiel von fünf studentischen Arbeiten ... *Seite 131*

Perspektive A ... *Seite 132*
Perspektive B ... *Seite 136*
Perspektive C ... *Seite 140*
Perspektive D ... *Seite 144*
Perspektive E ... *Seite 148*

WISSEN FÜR DEMENZ IN DER STADT

8.

Morgen, gestern, heute – Wege finden mit Demenz ... *Seite 153*

Demenz – eine gestalterische Angelegenheit ... *Seite 155*

Ko-kreative Strategien als transformativer Forschungsansatz ... *Seite 156*

Bedürfnisse von Menschen mit Demenz und stadträumliche Bedarfe ... *Seite 157*

Zukunftsthemen von Demenz und Stadt ... *Seite 160*

Anknüpfungspunkte ... *Seite 162*

LITERATURVERZEICHNIS ... *Seite 164*
ABBILDUNGSVERZEICHNIS ... *Seite 172*
DANK ... *Seite 174*

Gestaltung verändert Räume.

Demenz verändert Menschen.

Verändert Demenz Räume?

Was wissen wir über Demenz?

Was hat Demenz mit Stadt zu tun?

WISSEN ÜBER DEMENZ

1.

Grundsätzliches zu Demenz und Stadt

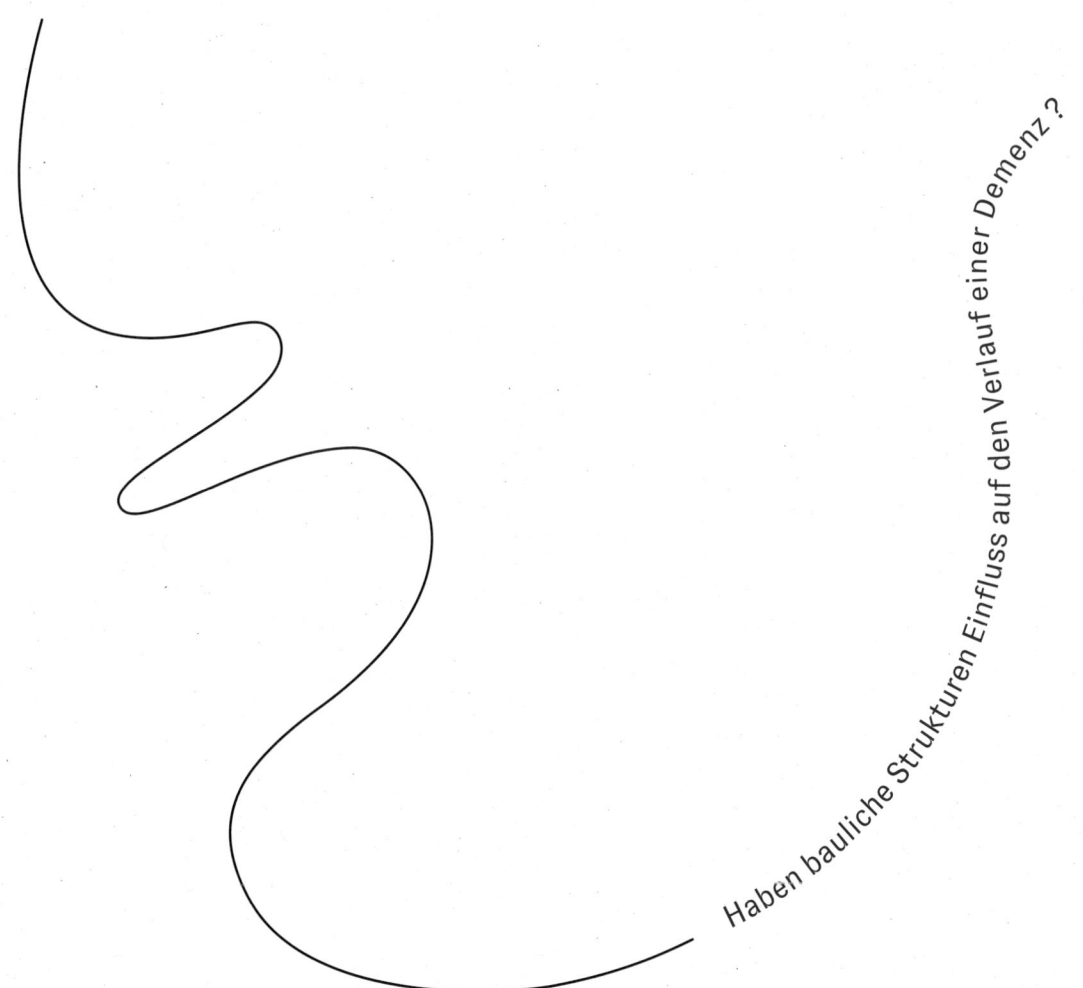

Haben bauliche Strukturen Einfluss auf den Verlauf einer Demenz?

Demenz ist nicht nur ein medizinisches Rätsel oder eine versorgungstechnische Bewährungsprobe. Demenz ist zuallererst ein persönlicher Schicksalsschlag. Das Phänomen Demenz ist präsent, aber nicht plausibel. Die Zahl der Demenzbetroffenen nimmt stetig zu, immer mehr Pharmakonzerne geben ihre Forschungsbemühungen zur Ursachenbekämpfung auf und signalisieren auf diese Weise: Die Herausforderung Demenz ist kein Nischenthema der medizinischen Expertise. Demenz ist ein gesamtgesellschaftliches Thema und macht eine fachübergreifende Denk- und Vorgehensweise erforderlich.

Mit dem Verlauf einer Demenz werden nach und nach alltägliche Merkmale (sozial-)räumlicher Gegebenheiten infrage gestellt und herausgefordert. Das macht Demenz für alle wissenschaftlichen und praxisbezogenen Disziplinen relevant, die sich mit gesellschaftlichen Themen auseinandersetzen.

Als stadtraumgestaltende Disziplinen gehören dazu auch Fachbereiche wie Stadtplanung, Architektur und Landschaftsplanung. Doch wie stehen sie zum Thema Demenz?

Allgemeiner Wissensstand

MedizinerInnen, PsychologInnen und PflegewissenschaftlerInnen forschen seit mehreren Jahrzehnten an den Ursachen für den Hirnabbau, den Demenzen hervorrufen, und suchen nach möglichen Präventions- und Therapieformen. Doch ein hoffnungsvoller Durchbruch konnte in der Demenzforschung bisher nicht verkündet werden. Demenz wird erst einmal bleiben. Mit Abbruch einiger groß angelegter Studien der Pharmaindustrie hat sich Resignation breitgemacht *(vgl. Website Deutsche Apotheker Zeitung)*. Immer mehr Menschen entwickeln eine Demenzform und nach dem aktuellen Forschungsstand wird sich diese Tendenz verstärken *(vgl. Bickel 2018)*.

Diese nüchternen Fakten haben, neben dem medienwirksamen „Outing" einiger prominenter Demenzbetroffener wie von Literaturwissenschaftler Walter Jens, dem früheren US-Präsidenten Ronald Reagan oder dem Fussball-Manager Rudi Assauer, zu einer zunehmenden öffentlichen und auch wissenschaftlichen Auseinandersetzung mit dem Thema beigetragen. Immer mehr Disziplinen beschäftigen sich mit der dringlichen Frage: Welche strukturellen, baulichen und sozialen Gegebenheiten müssen geschaffen werden, damit Betroffenen ein möglichst langes selbstbestimmtes Leben mitten in der Gesellschaft ermöglicht werden kann?

Auf dem Weg zu Antworten wird die Hoffnung gern auf eine Optimierung der professionellen Pflege und den Ausbau von ambulanten und stationären Versorgungskonzepten gelegt. Hier besteht allerdings die Gefahr, die Annahme zugrunde zu legen, die Verantwortung liege allein bei der pflegerischen Expertise oder den fürsorgenden Familien. Demenz ist weder eine rein soziale oder politische Aufgabe noch eine isolierte wissenschaftliche Herausforderung. Die Verantwortung ist gesamtgesellschaftlich zu sehen. Sie richtet sich an unsere Rollen als Mitmenschen und Fachleute mit unterschiedlichen Expertisen. Das macht Demenz mit allen verbundenen sozialen, versorgungstechnischen und wirtschaftlichen Fragestellungen zu einer der Herausforderungen unserer Zeit.

Aktuell leben in Deutschland rund 1,7 Millionen Menschen mit einer Demenz *(vgl. Bickel 2018: 1)*; weltweit geht die World Health Organisation *(WHO)* von etwa 50 Millionen Betroffenen aus. Kommt es in Prävention und Therapie nicht zu einem Durchbruch, so wird bis 2050 ein Anstieg auf drei Millionen hierzulande *(vgl. Bickel 2018: 1)* und 152 Millionen weltweit prognostiziert *(vgl. WHO 2017)*. Eine Heilung ist auch mehr als 100 Jahre nach der Entdeckung der meistverbreiteten Demenzform Alzheimer durch ihren Namensgeber Alois Alzheimer im Jahr 1906 nicht in Sicht, denn noch immer ist die Ursache für den Hirnabbau ungeklärt. Der Hauptrisikofaktor, an einer Demenz zu erkranken, ist jedoch bekannt: Mit dem Alter steigt die Wahrscheinlichkeit kontinuierlich an. Da die Menschen bekanntlich immer älter werden, ist auch mit einem weiteren Anstieg der Demenzerkrankungen zu rechnen.

Menschen mit Demenz leben als Mitmenschen und NachbarInnen in Quartieren und Gemeinden. Die umgebenden Räume, Architekturen und (städte-)baulichen Strukturen beeinflussen unmittelbar, wie lange Menschen mit Demenz selbstständig und selbstbestimmt in ihrer vertrauten Umgebung leben können. Kann sich ein Mensch mit kognitiven Einschränkungen in seinem Wohnumfeld nicht mehr eigenständig orientieren oder besteht die Wahrscheinlichkeit, dass er sich oder Dritte in Gefahr bringt, steht unmittelbar die Frage im Raum, ob der- oder diejenige noch „richtig untergebracht" ist. Doch auf die Frage, wie das direkte Lebensumfeld, also Wohnformen, Quartiere und öffentliche Räume, baulich gestaltet sein sollten, um den Bedürfnissen von Menschen mit Demenz gerecht zu werden, gibt es bisher nur wenige Antworten.

Ältere Menschen haben eine „tief empfundene Verbundenheit zu ihrem Quartier" *(Oswald/Konopik 2015: 404)*. Die Gegenwart des Alltäglichen und

---

Demenz

„Demenz und Alzheimer sind nicht dasselbe: Unter Demenz versteht man ein Muster von Symptomen, das viele verschiedene Ursachen haben kann. Die Alzheimer-Krankheit ist mit etwas mehr als 60 % die häufigste dieser Ursachen. Das Hauptmerkmal der Demenz ist eine Verschlechterung von mehreren geistigen (kognitiven) Fähigkeiten im Vergleich zum früheren Zustand. (…) Zu den betroffenen Fähigkeiten zählen neben dem Gedächtnis Aufmerksamkeit, Sprache, Auffassungsgabe, Denkvermögen und Orientierungssinn (kognitive Leistungen). Menschen mit Demenz haben zunehmende Schwierigkeiten, sich neue Informationen einzuprägen, die Konzentration auf einen Gedanken oder Gegenstand zu richten, sich sprachlich (in Wort und Schrift) auszudrücken, (…) Zusammenhänge zu erkennen, zu planen und zu organisieren, sich örtlich oder zeitlich zurechtzufinden und mit Gegenständen umzugehen."

(Kurz 2018: 6)

Zahlen und Tendenzen

Demenz in der Stadt

„Der härteste Testfall für die Inklusionsfähigkeit eines Stadtquartiers ist selbstverständlich die Altersdemenz."

(Hoffmann-Axthelm 2014:141)

Bedeutung des Lebensumfelds

Gewohnten verbindet mit dem Leben. WissenschaftlerInnen des Rush Alzheimer's Disease Centers fanden heraus, dass ein mobiles, soziales und abwechslungsreiches Leben im Alter sehr positive Auswirkungen auf den Verlauf einer Alzheimer-Demenz haben kann. Ein eingeschränkter Lebensraum dagegen ist mit einem erhöhten Risiko eines Rückgangs der kognitiven Leistung bei älteren Personen verbunden *(vgl. James et al. 2011)*. Aus Angst sich zu blamieren, ziehen sich vor allem allein lebende Menschen mit Demenz aus dem öffentlichen Leben zurück und werden „unsichtbar".

Demenz bringt vielfältigen Handlungsbedarf im Lebensumfeld mit sich. Die damit einhergehenden Bedürfnisse und Bedarfe werden in der Pflegewissenschaft, Medizin und Sozialwissenschaft intensiv thematisiert und erforscht. Obwohl die Verbindung zu den raumgestaltenden Disziplinen (Architektur, Städtebau, Landschaftsarchitektur, Innenarchitektur, Kommunikations- und Produktdesign etc.) unweigerlich auf der Hand liegt, gehen diese bisher nur wenig auf die Belange älterer Menschen mit kognitiven Einschränkungen ein.

Stand der Stadtforschung

Der Fokus im Kontext „Demenz und Raum" lag bisher vor allem auf der Erforschung bedarfsgerechter Versorgungssettings im stationären Bereich und somit zwangsläufig auf Menschen mit fortgeschrittener Demenz. Denn viele ältere Menschen ziehen erst in ein Alters- oder Pflegeheim, wenn der Alltag nicht mehr eigenständig bewältigt werden kann und ein erhöhter Pflege- und Betreuungsbedarf besteht *(vgl. Statistisches Bundesamt 2018: 18)*. Die Frage, wie ältere Menschen mit (beginnenden) kognitiven Einschränkungen in ihren privaten Räumen leben und mit welchen Herausforderungen sie außerhäuslich umzugehen haben, wurde bisher nur am Rande betrachtet.

Forschungsprojekte aus dem soziologischen und sozialen Kontext untersuchen unter anderem die Bedeutung des fürsorglichen sozialen Umfelds und die Voraussetzungen für die Teilhabe am gesellschaftlichen Leben, während in der Gerontologie und der Psychologie Therapieansätze und Ursachen erforscht werden und die Pflegewissenschaften vor der großen Frage stehen, wie übergreifende Versorgungskonzepte optimiert und finanziert werden sollen. In den vergangenen Jahren haben dabei vor allem die fürsorgliche Nachbarschaft, Quartiere und Kommunen wissenschaftliche und politische Aufmerksamkeit erhalten.

Demenz hat einen räumlichen Bezug. Eigentlich mag es als zwingend logisch erscheinen, dass die Bedürfnisse von Menschen mit kognitiven Einschränkungen als NutzerInnen öffentlicher Räume und Infrastrukturen, als BewohnerInnen von Wohnungen, Häusern und Einrichtungen Bestandteil der Planerpraxis sind. Doch steht die gebaute Umwelt den Bedarfen älterer Menschen mit all ihren potenziellen motorischen, auditiven, visuellen und kognitiven Einschränkungen allzu oft im Weg.

Es gibt eine Vielzahl an Studien, Leitfäden und Normen zur barrierefreien Planung und Anpassung baulicher Strukturen, jedoch beziehen diese sich vorrangig auf bauliche und weniger auf kognitive Barrieren *(vgl. BMFSFJ 2018; BMVBS 2011, 2012; BYAK, STMI, STMAS 2013; DAlzG 2017; Loeschcke/Pourat 2015)*. Antworten auf die zunehmende Alterung der Gesellschaft werden vor allem durch Agenden zur Umsetzung der (baulichen) Barrierefreiheit *(DIN 18040)* generiert. Natürlich profitieren auch Menschen mit kognitiven Einschränkungen von einer barrierefreien oder -armen Gestaltung von Wohnungen, Wegen, Plätzen und öffentlichen Gebäuden. Auf die Frage aber, woran sich ältere Menschen in urbanen Räumen orientieren, welche städtebaulichen Strukturen sie hindern oder es ihnen ermöglichen, am öffentlichen Leben teilzuhaben, wurde bisher wenig eingegangen. In der Planungslandschaft fehlt es an Grundlagenwissen, an eindeutigen Definitionen der Aufgabenbereiche und an praxisbezogenen Werkzeugen. In Deutschland haben sich im Bereich der Stadtforschung zwar einige Projekte mit der Thematik

---

Quartier

„Konsens besteht darin, dass mit dem Quartiersbegriff versucht wird, administrative Bezeichnungen wie Bezirk, Orts- oder Stadtteil zu umgehen und sich auf gewachsene, kulturell geprägte sozialräumliche Strukturen zu konzentrieren. (...) Allgemein gilt: Ein Quartier ist überschaubar (ein Dorf in der Stadt), basiert auf räumlichen und kulturell-sozialen Gegebenheiten (unter anderem lokale Identität, hohe Interaktionsdichte, Aktivitäten beispielsweise in Vereinen) und zeichnet sich durch eine eigenständige städtebauliche, infrastrukturelle und soziale Vielfalt aus."

(Heinze 2017: 218)

Bisher erforschte Räume

„Independence is important to all older people including those with dementia. Like other older people, people with dementia are citizens and consumers, these rights do not dissipate when they have dementia."

(Mitchell/Burton 2010: 12)

Die Rolle der Stadtgestaltung

Barrierefreiheit

„Barrierefreiheit umfasst mehr als Rampen, abgesenkte Bordsteine oder die Tonsignale an der Ampel. Barrierefreiheit bedeutet: Alle Aspekte unseres Lebens müssen so gestaltet sein, dass sie die Bedürfnisse aller Menschen berücksichtigen und damit auch von Menschen mit dauerhaften körperlichen, seelischen, kognitiven oder Sinnesbeeinträchtigungen genutzt werden können. Das gilt für öffentlich zugängliche Gebäude, Wohnungen und medizinische Einrichtungen ebenso wie für Verkehrsmittel, Straßen und Plätze, aber auch für Informations- und Kommunikationsmedien."

(Website Sozialverband VdK Deutschland)

Demenz und Stadt auseinandergesetzt, jedoch sind diese entweder stark auf die Gebäude Architektur fokussiert *(vgl. Feddersen/Lüdtke 2014; Heeg 2008; Marquardt 2016)* oder nehmen die übergeordnete Perspektive im Hinblick auf quartiersbezogene Versorgungsstrukturen ein *(vgl. Gronemeyer/Kreutzner/Rothe 2015; Mehnert/Kremer-Preiß 2016)*.

Einen wichtigen Beitrag aus der Perspektive der Stadtplanung veröffentlichten Elizabeth Burton und Lynne Mitchell bereits im Jahr 2006. Die Studie „Inclusive Urban Design: Streets for Life" war die erste Arbeit, die sich mit den Bedürfnissen und Anforderungen älterer Menschen mit Demenz im Außenbereich auseinandersetzte *(vgl. Mitchell/Burton 2006)* und die Auswirkungen von bestimmten Straßenverläufen und Gebäudetypologien mit Blick auf das Orientierungsvermögen von Menschen mit kognitiven Beeinträchtigungen untersuchte. Wichtiger Baustein der Forschungsgestaltung und des methodischen Vorgehens waren auch die begleitenden Stadtteilspaziergänge mit Betroffenen. Die Herangehensweise lieferte wichtige Impulse für das Selbstverständnis qualitativer Ansätzen in der raumbezogenen Demenzforschung. Auch 15 Jahre später ist ihre Arbeit noch immer Grundlage für Studien, Checklisten und Ratgeber im städtebaulichen Kontext *(vgl. Landesinitiative Demenz-Service Nordrhein-Westfalen 2018; Wolfe 2017)*. Burton und Mitchell formulierten sechs Planungsprinzipien für ein demenzfreundliches Wohnumfeld *(vgl. Mitchell 2013; Mitchell 2012; Mitchell/Burton 2006: 49-128)*:

Sechs Prinzipien der demenzfreundlichen Stadtplanung

1. Sicherheit

Menschen sollten ihr Quartier nutzen und sich in ihrem Wohnumfeld bewegen können, ohne Angst zu haben oder Schaden zu nehmen. Straßen sollten überschaubar sein und durchlässige Pufferbereiche zwischen verkehrsreichen Straßen und Gehwegen vorhalten (z. B. Bäume und Grasnarben). Außerdem sollten Straßen ausreichende Querungsmöglichkeiten vorweisen, die mit auditiven und visuellen Signalen ausgestattet sind und angepasste Überquerungszeiten für Menschen mit physischen, sensorischen oder kognitiven Beeinträchtigungen beachten. Rad- und Fußwege sind klar voneinander zu trennen. Öffentliche Einrichtungen wie Sitzgelegenheiten, Toiletten oder überdachte Bushaltestellen sollten in Sichtweite von Publikumsverkehr (soziale Kontrolle) und gut ausgeleuchtet sein.

Defekter Straßenbelag

2. Behaglichkeit

Menschen mit Demenz sollen sich außerhäuslich wohlfühlen und Orte ihrer Wahl besuchen können, ohne physisch oder mental durcheinandergebracht zu werden. Um dies zu ermöglichen, sollten demenzfreundliche Quartiere in verkehrsberuhigten Bereichen überschaubare, ruhige und gut abgegrenzte öffentliche Räume mit Sitzgelegenheiten (alle 100 bis 125 Meter, mit Rückenlehnen) und öffentliche Toiletten haben sowie bei Dunkelheit gut ausgeleuchtet sein. Menschen mit Demenz fühlen sich in der Regel wohler und sicherer, wenn sie auf ruhigen Seitenstraßen oder in Fußgängerzonen stark befahrenen Straßen aus dem Weg gehen können.

Komfortable Sitzbänke

3. Unverwechselbarkeit

Die Orientierung und Konzentration von Menschen mit kognitiven Einschränkungen wird durch vielfältige und markante Form- und Architektursprachen erleichtert. Abwechslungsreiche städtische und gebäudebezogene Formen sowie Stile, Farben, Materialien und Objekte spiegeln den örtlichen Charakter wider. Das kann helfen, Straßen, andere öffentliche Räume und Gebäude voneinander zu unterscheiden und sich zu orientieren.

Rechts oben: Beispiel einer monotonen Blockrandbebauung

Rechts unten: Im Gegensatz dazu: Beispiel markanter Formensprache

4. Lesbarkeit

Lesbare Umgebungen geben Menschen mit Demenz Hinweise, wo sie sich befinden und welcher Weg zum Ziel führt. Eine klare Hierarchie und Zuordnung privater, halbprivater, halböffentlicher und öffentlicher Räume (z. B. Wegmarkierungen, Zäune etc.) hilft, diese richtig zu identifizieren und schützt die individuelle Privatsphäre Betroffener. Straßen demenzfreundlicher Quartiere sollten nicht zu lang (60 bis 100 Meter) und längere Straßen leicht gewunden sein sowie keine rechtwinkligen X-Kreuzungen sondern stattdessen versetzte, gegabelte oder T-förmige Straßenkreuzungen aufweisen. An Entscheidungspunkten wie Kreuzungen und dort, wo die Sicht endet, sollten geordnete Unterscheidungsmerkmale zum Einsatz kommen (Bäume, Landmarks, Sitzgelegenheiten etc.). Eine durchgängig gleiche Beschilderung mit großen, realitätsnahen Grafiken, Richtungspfeilen und Kontrasten kann die Orientierung unterstützen.

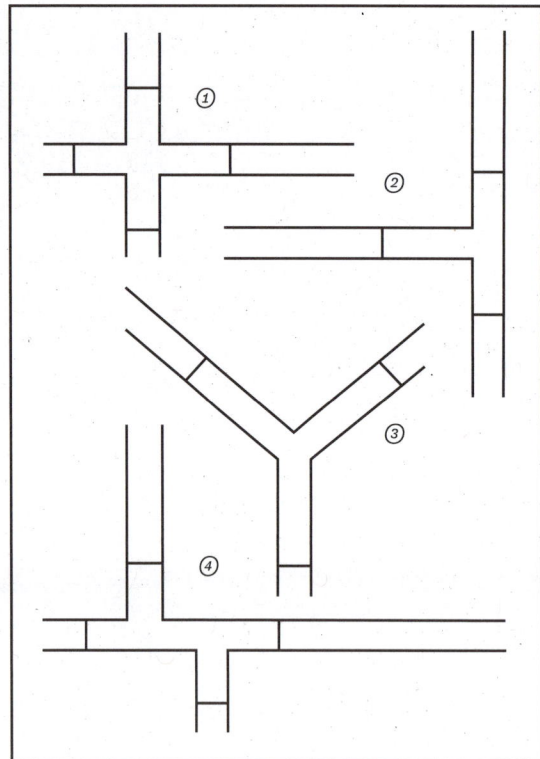

„Verzweigte, versetzte und T-Kreuzungen reduzieren die Anzahl der zur Auswahl stehenden Routen und bieten einen Fokuspunkt am Ende der Straße."

① Kreuzung

② T-Kreuzung

③ Gabelung

④ Versetzte Kreuzung

(Burton/Mitchell 2006: 73)

5. Vertrautheit   Ein vertrautes Wohnumfeld ermöglicht es Menschen mit Demenz, ihre Umgebung immer wieder zu erkennen und vermeidet räumliche Desorientierung und Verwirrtheitszustände. Straßen, öffentliche Räume und Gebäude sollen in Bezug auf Größe, Maßstab, Grundriss, Gestaltung, Möblierung und Ausstattung leicht als solche identifizierbar sein. Bauliche Merkmale eines Ortes sollen so gestaltet sein, dass dessen Funktion und Nutzung offensichtlich und eindeutig erkennbar ist. Dabei geht es nicht um traditionelle versus moderne Stilrichtungen, sondern um „Clarity of good Design".

Rechts oben: Bauliche Merkmale einer Wohnstraße

Rechts unten: Bauliche Merkmale einer Einkaufsstraße

6. Zugänglichkeit   Menschen mit Demenz sollten unabhängig von ihrer physischen, wahrnehmungsbezogenen oder mentalen Beeinträchtigung in der Lage sein, Gebäude und öffentliche Räume barrierefrei zu erreichen, zu betreten und sich in ihnen zu bewegen. In Wohnquartieren sollten Lebensmittelgeschäfte, Post, Arztpraxen, öffentlichen Grünflächen und Haltestellen des öffentlichen Personennahverkehrs (ÖPNV) nicht weiter als 500 Meter vom Wohnort entfernt sein. In maximal 800 Meter Entfernung sollten folgende Dienstleistungen und Einrichtungen fußläufig erreichbar sein: Einkaufszentrum, öffentliche Parks und Freiflächen, Bibliothek, Zahn- und Augenarztpraxis, Kirchen, Gemeindehäuser und Begegnungszentren. Fußwege sollten nicht reflektieren, breit, eben, leichtgängig, rutschfest sein und sich farblich und materialbezogen deutlich von Auto- und Fahrradstraßen abheben.

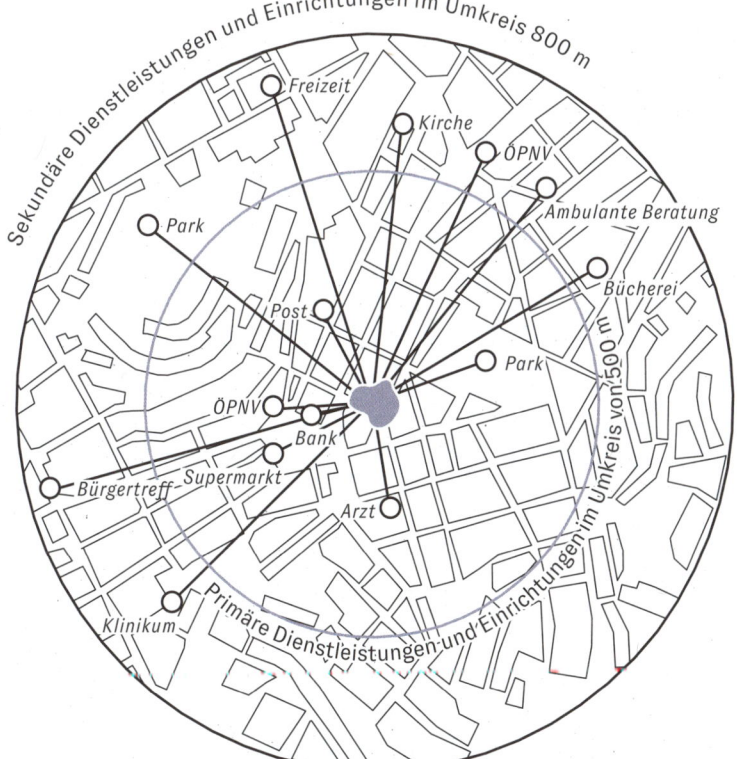

Wohnort

„Primäre Dienstleistungen und Einrichtungen sollten nicht weiter als 500 Meter vom Wohnort älterer Menschen entfernt sein, Sekundäre nicht weiter als 800 Meter."

(Burton/Mitchell 2006: 99)

Herangehensweisen der Demenzforschung

Beobachten wir den wissenschaftlichen Diskurs zum Thema Demenz – unabhängig vom fachlichen Hintergrund – so fällt auf: Es wird viel über, aber wenig mit Menschen mit Demenz gesprochen. Disziplinübergreifend betrachtet baut ein Großteil der Studien zum Thema Demenz auf quantitativen und im Idealfall evidenzbasierten Ansätzen auf. Sachverhalte werden aus einer neutralen Perspektive objektiv untersucht, Verhaltensweisen und Reaktionen von Betroffenen systematisch beobachtet, Daten quantitativ erfasst und mit Methoden der Statistik ausgewertet. Dabei werden meist Stellvertreter wie Angehörige oder Pflegekräfte befragt. Deren Fokus ist häufig ein anderer als der des Betroffenen. Oft steht zum Beispiel das Thema Sicherheit im Fokus, und Aspekte der Selbstbestimmung und Autonomie der Person mit Demenz spielen eine eher nachgeordnete Rolle.

Bereits Mitte der Neunzigerjahre entfachte die Studie „Hearing the Voice of People with Dementia" von Malcolm Goldsmith eine Debatte über die Rolle von Menschen mit Demenz in der Wissenschaft *(vgl. Goldsmith 1996)*. Obwohl das Plädoyer, Betroffene nicht rein als wissenschaftliche Objekte anzuerkennen, sondern einen „personenzentrierten Forschungs- und Gestaltungsansatz" zu fokussieren *(Radzey 2009: 7)*, unter den DemenzforscherInnen Zuspruch erfuhr, ist es in der Forschungslandschaft noch immer kein Selbstläufer, die Perspektive von Menschen mit Demenz einzunehmen und mit ihnen zusammenzuarbeiten.

Dabei zeigen Studien, dass es sich lohnen kann, Betroffene aktiv in den Forschungskontext einzubeziehen. Menschen mit leichter bis mittlerer Demenz können zum Ausdruck bringen, inwiefern die Erkrankung ihr Leben beeinflusst, was sie in der Gegenwart und Zukunft für wichtig erachten und welche Bedürfnisse sie in Bezug auf gesundheitliche und soziale Betreuung haben *(vgl. Bödecker 2015; Cantley/Steven 2004)*. Aktuell wird wieder intensiver diskutiert, welche wissenschaftlichen und ethischen Rahmenbedingungen geschaffen werden müssen, um Menschen mit Demenz das Recht auf Teilhabe in der Wissenschaft zu ermöglichen *(vgl. Reitinger et al. 2018)*. Mit dem vorliegenden Forschungsvorhaben soll aus der Perspektive der forschenden Stadtgestaltung ein weiterer Impuls gesetzt werden partizipative, transdisziplinäre Ansätze in die Demenzforschung zu integrieren.

Über das Thema Demenz gibt es viel zu wissen und viel zu vergessen. Demenz, als gesellschaftliches Thema identifiziert, fordert eine disziplinübergreifende Gesamtbetrachtung – auf sozialer, versogungstechnischer und räumlicher Ebene. Doch Demenz ist ein stark stigmatisierter Begriff, dessen „Behandlung" vor allem den Disziplinen der Medizin, Pflegewissenschaften, Psychologie oder Sozialen Arbeit zugeschrieben wird *(vgl. Gronemeyer 2013: 37)*. Der enge Bezug

Personenzentrierter Ansatz versus forschungsmethodische Zwänge

„Die gesellschaftliche Stigmatisierung von Demenz führt dazu, dass den Betroffenen vielfach gesellschaftliche Teilhabe verweigert wird, auch in der empirischen Forschung."

(Reitinger et al. 2018: 2)

Diejenigen einbeziehen, die es betrifft

Anknüpfungspunkte der Stadtgesellschaft

zwischen Ausdrucksformen kognitiver Einschränkungen und der Qualität gebauter Strukturen ist kaum im Bewusstsein – auch und vor allem nicht in der Planer- und GestalterInnenlandschaft *(Prof. Dr. Jochen Harnisch, Teilnehmer Expertenrunde)*.

Damit Menschen mit Demenz möglichst lange ihr Recht auf Selbstbestimmung eingeräumt werden kann, müssen weiter Antworten auf die Frage gefunden werden, welche sozialen, baulichen und strukturellen Voraussetzungen dazu beitragen, sich auch mit kognitiven Beeinträchtigungen in seiner räumlich-sozialen Lebenswelt zurechtzufinden und wohlzufühlen. Wie bindet man die Voraussetzungen für einen funktionierenden sozialen Nahraum mit demenzfreundlichen Merkmalen baulicher Strukturen im städtebaulichen Kontext ein?

Zur Beantwortung dieser komplexen Fragestellung scheint es unabdingbar zu sein, soziale, räumliche und strukturelle Einflussfaktoren transdisziplinär im Hinblick auf das städtische Gefüge zu betrachten. Das wiederum setzt voraus, dass auch planende und gestaltende Disziplinen sich mit dem Krankheitsbild Demenz auseinandersetzen, Verläufe und Auswirkungen analysieren und die Erkenntnisse in die (stadt-) räumliche Quartiersebene einbinden.

Wir wissen wenig darüber, wie es ist mit einer Demenz zu leben. Diese Unwissenheit sollte uns, die vermeintlich kognitiv fitten Menschen, veranlassen, neugierig der Frage nachzugehen, wie Menschen mit einer Demenz ihre räumliche und soziale Umwelt wahrnehmen und was sie unterstützt, ihr Leben so lange wie möglich selbstständig und selbstbestimmt zu gestalten.

„Die Demenz entzieht sich der Planung. Dies stellt die planende, rationale, zukunftsorientierte Moderne vor irritierende Aufgaben."

(Gronemeyer 2015: 20)

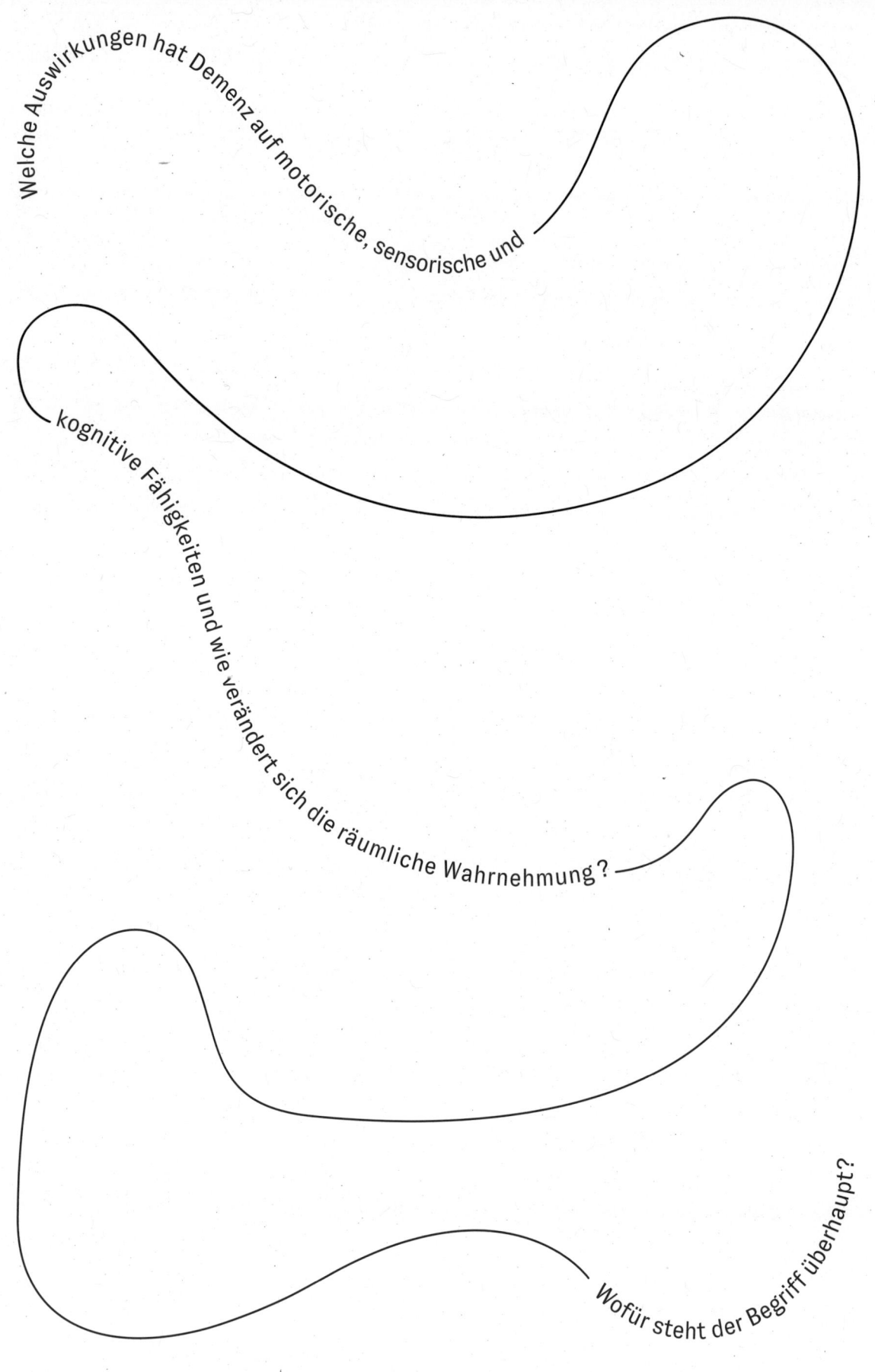

WISSEN ÜBER DEMENZ

2.

Ursachen, Diagnose und die eigene Logik von Demenz

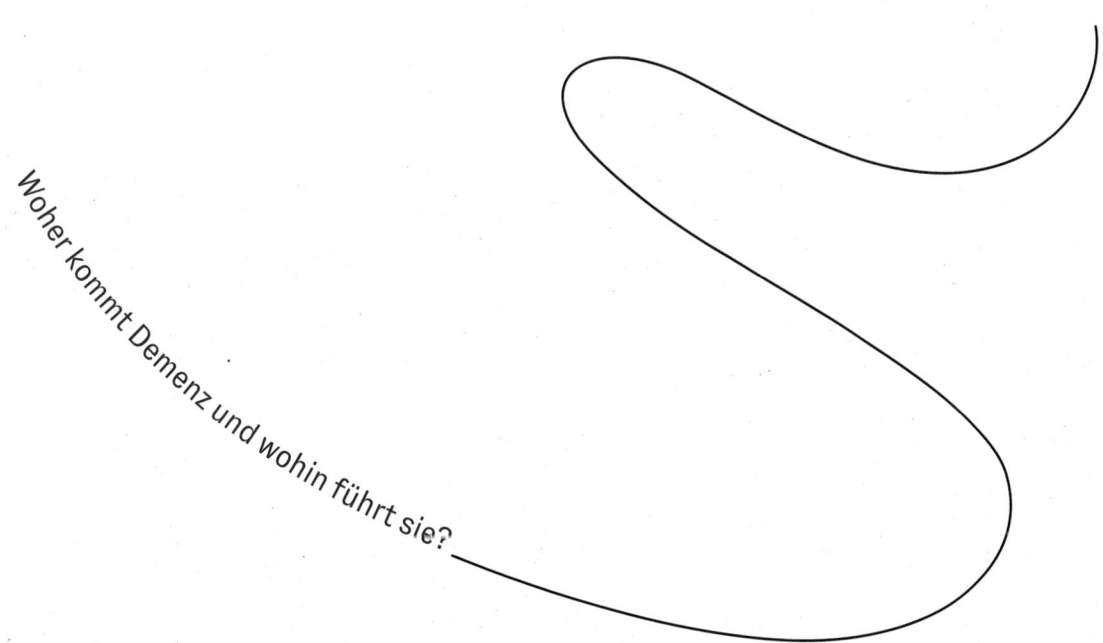

Woher kommt Demenz und wohin führt sie?

Demenz kommt nicht von irgendwoher. In der medialen und gesellschaftlichen Auseinandersetzung ist Demenz vom Image einer Volkskrankheit gezeichnet, die aus dem Nichts kam und deren Ursache ungeklärt ist. Richtig ist, dass WissenschaftlerInnen immer noch vor einem Rätsel stehen, welche medizinischen Faktoren eine Demenz auslösen. Doch ist der Umstand für den stetigen Anstieg von Demenzdiagnosen im Grunde ein positiver: Menschen werden immer älter. Demenz gehört zum Alter(n) dazu, mit dem Alter steigt auch das Risiko mit einer demenziellen Erkrankung konfrontiert zu werden.

 Um eine Auseinandersetzung mit dem Themenfeld „Demenz und Stadt" anzustoßen, bedarf es einer Grundkenntnis über die Ursachen und Symptome sowie Einblicke, inwiefern demenziell hervorgerufene Verhaltensweisen mit dem gebauten Umfeld in Verbindung stehen. Zu wissen und zu erkennen, welche Einschränkungen Menschen mit Demenz haben können, ist ein wichtiger Aspekt, um Lebensräume zu gestalten, die mit Körper, Sinnen und Verstand erschlossen werden. Das folgende Kapitel gibt dazu Einblicke in die Diagnose Demenz.

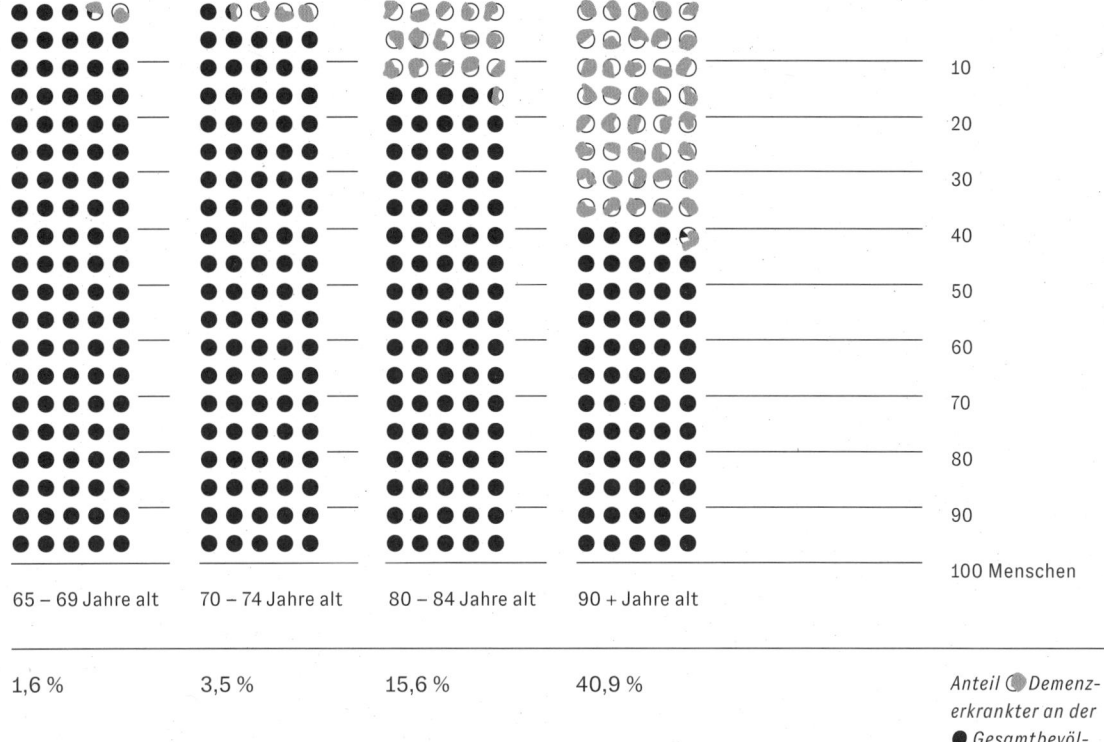

Anteil ◐ Demenzerkrankter an der ● Gesamtbevölkerung

(DAlzG 2018: 1)

Demenz als Folge einer alternden Gesellschaft

Mit zunehmendem Alter steigt das Risiko, an einer Demenz zu erkranken stetig an. Ist bei den 60-Jährigen nur jeder Hundertste betroffen, so ist es bei den 80-Jährigen jeder Sechste und bei den Menschen über 90 sogar nahezu jeder Zweite *(vgl. Kurz 2018: 10)*. In Deutschland leben aktuell ungefähr 1,7 Millionen Menschen mit Demenz. Jährlich erkranken etwa 300.000 neu *(vgl. Bickel 2018: 1)*. Kommt es in Therapie und Prävention nicht zu einem Durchbruch, wird davon ausgegangen, dass die Anzahl an Demenzdiagnosen weiter steigen wird. Der zu erwartende Anstieg der Lebenserwartung und der bevorstehende Eintritt der geburtenstarken Jahrgänge der Sechzigerjahre in das Rentenalter werden diesen Trend weiter verstärken. Aufgrund ihrer höheren Lebenserwartung sind von Demenz vor allem auch Frauen betroffen. Sie machen im höheren Lebensalter etwa zwei Drittel der Betroffenen aus *(vgl. Bickel 2018: 4)*.

Der Begriff Demenz stammt aus dem Lateinischen und bedeutet wörtlich „weg vom Geist" oder „ohne Geist". Damit ist das wesentliche Merkmal von Demenzerkrankungen umschrieben: der Verlust der geistigen (kognitiven) Leistungsfähigkeit *(vgl. BMG 2016: 9)*. Menschen mit Demenz fällt es immer schwerer, sich neue Informationen zu merken, sich auf einen Gedanken oder Gegenstand zu konzentrieren, mit dem Gegenüber zu kommunizieren, ihre Bedürfnisse und Meinungen in Wort und Schrift auszudrücken, Situationen zu überblicken und Zusammenhänge zu erkennen. Sie verlieren mehr und mehr die Fähigkeit, vorausschauend in die Zukunft zu planen und Abläufe zu organisieren, sich örtlich oder zeitlich zu orientieren und Geräte zu bedienen *(vgl. Kurz 2018: 6)*. Medizinisch betrachtet ist Demenz ein Sammelbegriff für unterschiedliche Erkrankungen des Gehirns und der Blutgefäße, die durch ein bestimmtes Muster von Symptomen zum Ausdruck kommen. Mehrere kognitive Fähigkeiten verschlechtern sich progressiv im Vergleich zu einem früheren Zustand der Betroffenen.

Weg vom Geist

Am Anfang einer Demenz kommt es zu immer häufiger auftretenden Störungen des Kurzzeitgedächtnisses und der Merkfähigkeit. Im weiteren Verlauf gehen erlerntes Wissen und Erinnerungen des Langzeitgedächtnisses verloren. Die Betroffenen verlieren nach und nach ein Leben lang erworbene Fertigkeiten. Eine normale Interaktion mit der Umwelt wird immer schwieriger und das gewohnte individuelle Verhalten weicht immer stärker von früheren Mustern ab. Für manche Menschen mag das veränderte Verhalten ihres Angehörigen zunehmend irritierend wirken und in bestimmten Situationen sogar unangemessen oder beschämend. Demenz geht weit über eine bloße Gedächtnisstörung hinaus: „Sie erschüttert das ganze Sein des Menschen – seine Wahrnehmung, sein Verhalten und sein Erleben." *(BMG 2016: 9)*

„Die betroffenen Personen realisieren selbst zumeist sehr gut, dass sie vergesslich sind. Der Umgang mit der Vergesslichkeit ist jedoch unterschiedlich. Der offene Umgang mit den Veränderungen der Merkfähigkeit ist selten. Schreckensszenarien und Abwertungen machen es für die Betroffenen schwer, zur Diagnose ‚Demenz' zu stehen."

(Pichler et al. 2018: 4)

Demenzformen

Es gibt unterschiedliche Formen einer demenziellen Erkrankung. 90 Prozent der Demenzen sind primäre und verlaufen im Gegensatz zu den sekundären unumkehrbar (irreversibel). Sekundäre Demenzen sind meist Folgeerscheinungen von Grunderkrankungen wie Depressionen, Stoffwechselerkrankungen und chronischen Vergiftungserscheinungen durch Drogenmissbrauch oder Medikamente. Sie sind in der Regel behandelbar und zum Teil auch heilbar *(vgl. BMG 2016: 9)*. Eine Bestimmung der geeigneten Therapiemaßnahme macht eine frühzeitige Diagnose deshalb so wichtig. Der Typ Alzheimer ist mit 60 bis 65 Prozent die häufigste irreversible Demenzform *(vgl. BMG 2016: 10)*. Daneben gibt es noch andere Formen der Demenz wie Lewy-Körperchen-Demenz, frontotemporale Demenz oder vaskuläre Demenzen, die auch als Mischformen auftreten können.

Alzheimer Demenz

Alzheimer ist eine degenerative Erkrankung des Gehirns, bei der die Nervenzellen und Synapsen langsam fortschreitend untergehen. Das Absterben betrifft vor allem die „Abschnitte des Gehirns, die für das Gedächtnis, Denkvermögen, Sprache und Orientierungsfähigkeit wichtig sind" *(Kurz 2018: 12)*. Dieser Prozess verläuft bei jedem Menschen individuell und kann unterschiedliche Teile des Gehirns betreffen. Für den Untergang der Nervenzellen sind zwei Proteine verantwortlich: „Beta-Amyloid und Tau. Aus Beta-Amyloid entstehen die charakteristischen Plaques außerhalb der Nervenzellen, aus Tau die Neurofibrillenbündel im Zellinneren, die der deutsche Nervenarzt Alois Alzheimer vor mehr als 100 Jahren entdeckt hat." *(Kurz 2018: 12)* Durch den Zelluntergang kommt es zum Ausfall von Überträgerstoffen, die für die Informationsverarbeitung im Gehirn verantwortlich sind *(vgl. Kurz 2018: 12)*.

„Jetzt fällt mir alles Mögliche ein, wenn ich zurückdenke."
Ingeborg Klerk

Die Ursachen einer Alzheimer-Demenz sind bisher noch weitgehend unerforscht. Bei der Mehrzahl der Fälle handelt es sich um ein Zufallsmuster. Das Alter bleibt der entscheidende Risikofaktor. Negative Lebensereignisse oder Umweltgifte haben keinen nachgewiesenen Einfluss auf die erhöhte Wahrscheinlichkeit für das Auftreten einer Alzheimer-Demenz. Jedoch besteht bei Personen „mit geringer Schulbildung, niedriger beruflicher Qualifikation sowie lebenslang geringer geistiger, sozialer oder körperlicher Aktivität" ein erhöhtes Risiko, im Alter an Alzheimer zu erkranken *(Kurz 2018: 17)*.

Gefäßbedingte (vaskuläre) Demenzen

Bei vaskulären Demenzen kommt es durch Durchblutungsstörungen des Gehirns zum Absterben des Nervengewebes *(vgl. BMG 2016: 14)*. Die Symptome ähneln denen einer Alzheimer-Demenz und setzen oft nach wiederholten, häufig unbemerkten, kleinen Schlaganfällen ein, die eine Unterbrechung der Durchblutung verschiedener Gehirnareale zur Folge haben *(vgl. Niklewski/Nordmann/Riecke-Niklewski 2013: 33)*. Als Hauptursachen werden Faktoren genannt, „die generell das Risiko von Gefäßerkrankungen erhöhen" *(BMG 2016: 14)*. Das sind zum Beispiel Bluthochdruck, Herzerkrankungen, Diabetes mellitus, chronischer Alkoholmissbrauch oder Rauchen.

Verlauf und Symptome

Die individuelle Persönlichkeit und die Biografie der Betroffenen haben einen wesentlichen Einfluss auf den Verlauf und den Ausdruck der Symptome. „Einschneidende Erlebnisse, persönliche Ängste und Charaktereigenschaften der Betroffenen zu kennen, heißt, sie auch während der Krankheit besser zu verstehen." *(DGN, DGPPN 2016: 90)* Genauso hängen die Muster der Symptome davon ab, welche Bereiche des Gehirns geschädigt werden.

Ein allgemeingültiges Krankheitsbild von Demenz kann nicht beschrieben werden und dennoch geistert ein stereotypes Bild der Volkskrankheit durch die Gesellschaft. Demenz(en) und deren Verläufe können aber sehr unterschiedlich sein. Für die Alzheimer-Demenz gibt es eine Einteilung in Schweregrade der Erkrankung. Generell wird zwischen drei Stadien unterschieden, die sich an der Alltagskompetenz der Betroffenen orientieren. Der Verlauf und die Geschwindigkeit sind von Patient zu Patient sehr unterschiedlich. Charakteristisch für den Verlauf der Alzheimer-Demenz ist ihr „schleichender, nahezu unmerklicher Beginn" *(BMG 2016: 10)*.

Menschen sind heterogen, Demenz ist es auch

Im ersten Stadium, das auch als leichte kognitive Störung bezeichnet wird, treten erste Gedächtnisstörungen auf, die vor allem die Speicherung und den Abruf von (neuen) Informationen betreffen, sowie Stimmungsschwankungen und abnehmende Reaktionsfähigkeit hervorrufen. Die Betroffenen haben Schwierigkeiten, sich zeitlich und räumlich zu orientieren, verwenden kürzere Sätze und einfachere Worte oder brechen mitten im Satz ab. Sie haben Probleme dabei, ihre Gedanken zu Ende zu bringen *(vgl. BMG 2016: 10)*. So wird zum Beispiel anstelle von „Kannst du mir bitte die Schere geben?" gesagt: „Kannst du mir bitte das Ding zum Schneiden geben?". Die Funktionsfähigkeit im Alltag ist in der Regel aber noch nicht beeinträchtigt. In dieser Anfangsphase nimmt der Betroffene die Veränderungen, die in ihm vorgehen, bewusst war. Dadurch baut sich ein großer Leidensdruck auf. Aufgrund der Gedächtnislücken geraten die Menschen mit leichter Demenz oft völlig durcheinander und fühlen sich gedemütigt und beschämt. Als Reaktion darauf ziehen sich viele immer mehr zurück, verschließen sich zunehmend Neuem und Veränderungen *(vgl. BMG 2016: 39)*.

Leichte Demenz

Bei der mittelschweren Demenz ist eine abnehmende Fähigkeit bei der Bewältigung der Alltagsaufgaben festzustellen. Eine selbstständige Lebensführung ist den Betroffenen nicht mehr ohne Unterstützung möglich. Das Zeitgefühl verliert sich allmählich ganz, Orientierung im vertrauten Wohnumfeld fällt immer schwerer. Einige Menschen mit Demenz entwickeln in dieser Phase einen ausgeprägten Bewegungsdrang. Dies führt dazu, dass Betroffene weglaufen und sich aufgrund ihrer verminderten räumlichen Orientierungsfähigkeit verlaufen. Die Sprache wird inhaltsleer, die Aussprache undeutlich *(vgl. BMG 2016: 12)*. Der Betroffene kann nur noch einfache, kurze Mitteilungen aufnehmen. Die eigene Biografie verblasst und die Wahrnehmung der eigenen Krankheit geht verloren. Der Betroffene erkennt manchmal Angehörige nicht mehr und lebt zeitweise in der Vergangenheit.

Mittlere Demenz

Im Spätstadium, der schweren Demenz, ist der Erkrankte vollkommen auf Pflege und Betreuung durch andere Menschen angewiesen. Angehörige werden nicht mehr erkannt und die Sprache beschränkt sich auf wenige Wörter. Das eigene Ich geht nach und nach verloren. Der Untergang der Nervenzellen hat zur Folge, dass logisches, rationales Denken immer weniger gelingt und führt so weit, dass der Betroffene den Bezug zu seiner eigenen Identität verliert. Körperliche Symptome wie Gehschwäche und Schluckstörungen treten auf. Viele Betroffene sind auf einen Rollstuhl angewiesen oder werden bettlägerig. Die Infektionsanfälligkeit steigt. „Die häufigste Todesursache ist eine Lungenentzündung." *(Kurz 2018: 21)*

Schwere Demenz

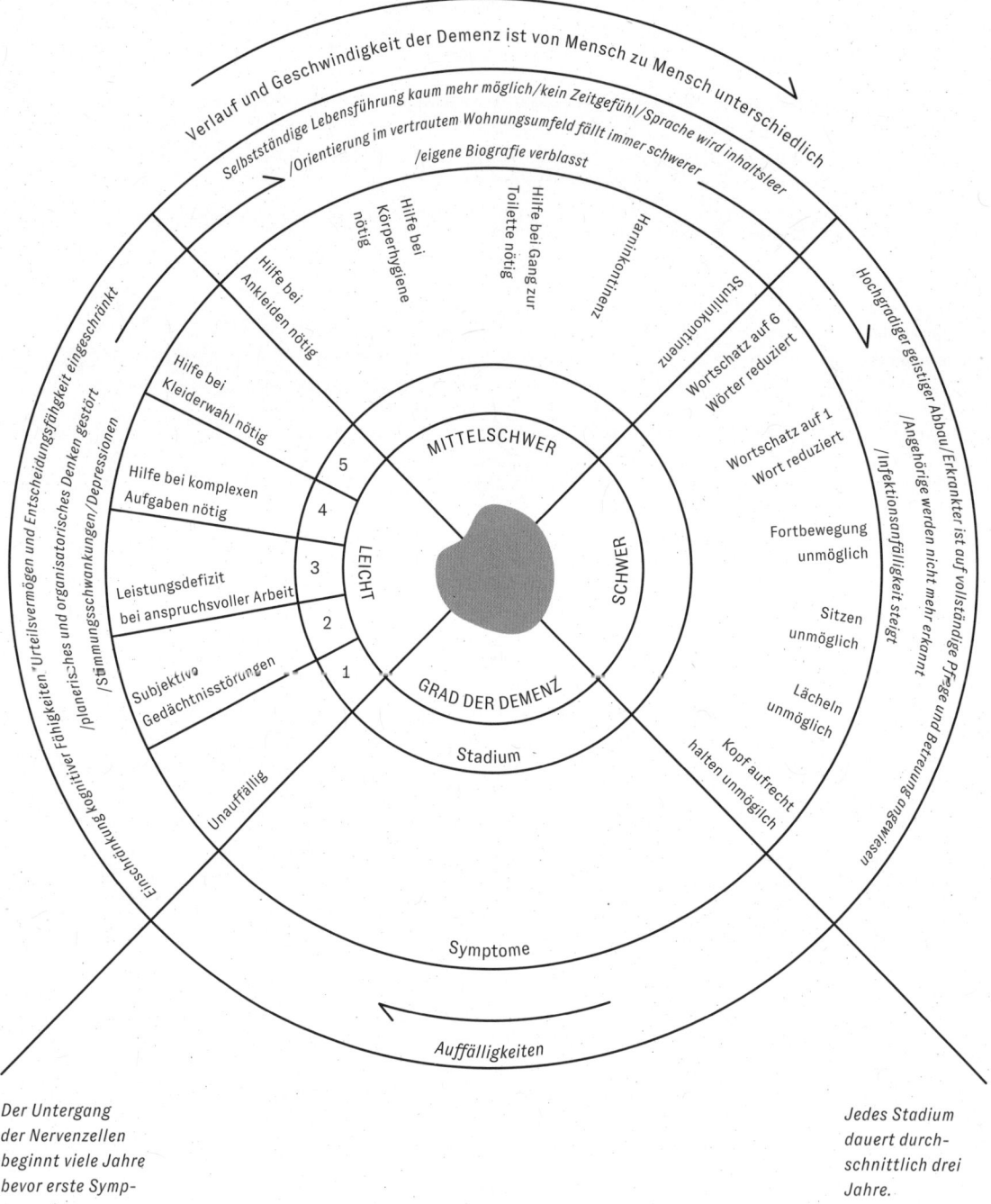

Der Untergang der Nervenzellen beginnt viele Jahre bevor erste Symptome einsetzen.

Jedes Stadium dauert durchschnittlich drei Jahre.

Stadien einer Alzheimer-Demenz

Auswirkungen auf Sensorik und Motorik

An einer Demenz zu erkranken bedeutet nicht zwangsläufig, auch in seiner Motorik eingeschränkt zu sein. Eine Demenz hat in der Regel keine direkten Einwirkungen auf die Motorik und physischen Fähigkeiten eines Betroffenen. Allerdings führt der fortschreitende Gedächtnisabbau dazu, dass erlernte Bewegungsabläufe nach und nach in Vergessenheit geraten. Natürlich bleibt aber auch ein Mensch mit Demenz nicht vor weiteren gängigen Alterserscheinungen verschont. Altersbedingte Veränderungen der Körperstatur und nachlassende Muskelmasse führen zu Motorikeinschränkungen und zwangsläufig zu einer Anpassung des Mobilitätsverhaltens. Der Begriff Mobilität fasst in diesem Zusammenhang alle Bewegungen zusammen, die eine Positionsänderung über Fortbewegung zum Ziel haben *(vgl. Loeschcke/Pourat 2014: 23)*. Ältere Menschen und Demenzkranke kommen sehr leicht in Stresssituationen, wenn sie durch bauliche Barrieren daran gehindert werden, sich setzen und aufrichten zu können oder Gebäude und Infrastrukturen zu erschließen.

Demenz greift nicht direkt die Funktion der Sinnesorgane (Hören, Sehen, Riechen, Schmecken, Fühlen) an, jedoch beeinflusst der Hirnabbau die Art und Weise, wie sensorische Reize im Gedächtnis verarbeitet werden. Die Sinneswahrnehmung spielt bei Menschen mit Demenz eine zentrale Rolle. Reizüberflutungen, welche die Aufnahme- und Verarbeitungsmöglichkeiten eines Betroffenen übersteigen, können überfordern und Stresssituationen auslösen.

Demenz verstehen

Außenwahrnehmung Demenz

Die Meinungen über Demenz basieren oft auf individuellen persönlichen Erfahrungen aus dem familiären Hintergrund, angereichert von gut zugänglichem Fachwissen oder medial aufgebauschten Stigmatisierungen. Dabei ist Demenz eine heterogene Angelegenheit. Demenz betrifft verschiedenste Menschen unterschiedlichen Alters aus allen Schichten und Kulturen. Verallgemeinerungen stehen einer konstruktiven und reflektierten Auseinandersetzung oft im Weg. Demenz ist zwar auch dank Vermittlerinitiativen wie der Alzheimer Gesellschaft, dem Kuratorium Deutscher Altenhilfe oder Demenz Support mittlerweile als relevantes und divers diskutiertes Thema in der Gesellschaft angekommen. Die Herausforderungen aber, mit denen Menschen mit Demenz und deren Angehörige konfrontiert werden, sind immer noch dieselben wie zu Beginn der Demenzdebatten in den Achtzigerjahren. Die medial aufgeladenen Schreckensszenarien verhindern allzu oft eine konstruktive, sachliche Auseinandersetzung.

„Die Demenz ist eine der vielen Weisen, in denen das Altwerden seinen Ausdruck finden kann."

(Gronemeyer 2013: 39)

Wege in eine Welt der Demenz

Demenz ist weitaus mehr als der Verlust der geistigen Fähigkeiten. Sie beeinträchtigt das Verhalten, die Wahrnehmung und das Erleben des Betroffenen – „das gesamte Sein des Menschen" *(BMG 2016: 25)*. Es gibt typische Verhaltensweisen demenziell veränderter Menschen, auch Sekundärsymptome genannt, die auf ihr Umfeld zunächst irritierend wirken können. Setzt man sich aber mit den Ursachen für ein solches Verhalten auseinander, so ist es in der Regel durchaus verständlich. Der Betroffene ist durch den Verlust von Gedächtnis und Erinnerungsvermögen nicht mehr im Stande, logische Verknüpfungen herzustellen *(vgl. BMG 2016: 32)*.

Im Umgang mit Menschen mit Demenz ist es daher wichtig, sich immer wieder in die Lage des Betroffenen zu versetzen und Auslöser für bestimmte Verhaltensweisen zu erkennen und gegebenenfalls zu beseitigen. Begleiterscheinungen wie sogenannte herausfordernde Verhaltensweisen von Menschen mit Demenz können Hinweise auf unerfüllte Bedürfnisse geben.

Erkrankte leben in ihrer eigenen psychischen und physischen Welt. Dies ist tatsächlich wörtlich zu verstehen. So kann der Raum, in dem sich der Betroffene befindet, ein ganz anderer sein, als der reale Raum. Dinge und Situationen können eine völlig andere Bedeutung haben, als

„Kann man Ihnen bei den Treppen helfen?"
„Noi, bin ja schon groß!"
Helga Jause

aus der Betrachtung eines Menschen ohne Demenz. Erkrankte drohen daher zu vereinsamen, da sie in ihrem Erleben und Empfinden allein sind. Um den Kontakt aufrechtzuerhalten, muss sich das Gegenüber in die Welt des Betroffenen hineinbegeben und in die jeweilige Situation einfühlen. „Nur wer den Zugang zu deren Realität erhält, kann ihr Verhalten richtig einschätzen und zu einem zufriedenen Miteinander gelangen." *(Niklewski/Nordmann/Riecke-Niklewski 2013: 131)* Gesunde Menschen sind in der Lage, zwischen den Welten zu wechseln, Menschen mit Demenz sind das nicht. Der Schlüssel zur „Welt der Demenz" verbirgt sich oft in der Biografie des Betroffenen. Einschneidende Erlebnisse, biografische Eckdaten, persönliche Vorlieben und Abneigungen und Charaktereigenschaften eines Betroffenen zu kennen, führt zu einem besseren Verständnis demenziell bedingter Verhaltensweisen und Äußerungen *(vgl. BMG 2016: 26)*.

In bestimmten oder auch unbestimmten Situationen misslingt Menschen mit Demenz die ein Leben lang eingeübte Interpretation der umgebenden Umwelt. Sie brauchen das Gefühl, dass ihr Handeln, ihr Denken und ihre Emotionen einen Sinn ergeben. Ein Leben mitten in der (Stadt-)Gesellschaft kann Chancen bieten, für ihr Sein und Tun Wertschätzung und Bestätigung zu erhalten. Auf der anderen Seite kann aber auch die Gefahr bestehen, durch bestehende bauliche und kognitive Barrieren sowie soziale Ausgrenzung ausgeschlossen zu werden.

Im Verlauf einer Demenz vergisst der Betroffene nach und nach Fähigkeiten, die er sich im Laufe seines Lebens angeeignet hat. So fällt es immer schwerer, sich Dinge zu merken, sich zu orientieren, zu kommunizieren oder Gesichter und Gegenstände zu erkennen. „Die irdische Welt lässt sich gedanklich nicht mehr begreifen." *(Rehle 2015: 172)* Ein Mensch mit Demenz verliert zunehmend die Fähigkeit, rationale Schlussfolgerungen zu ziehen. Es kann dann beispielsweise passieren, dass sich der Betroffene beim Teetrinken die Zunge verbrennt und weitertrinkt, da ihm der Rückschluss, dass der Tee zu heiß ist, nicht mehr gelingt *(vgl. BMG 2016: 28)*.

Die Betroffenen können Gedankengänge kaum mehr richtig miteinander verknüpfen. Mit dem Nachlassen der kognitiven Fähigkeiten werden die ein Leben lang eingeübten sensorischen und motorischen Abläufe für die Alltagsbewältigung immer wichtiger, aber auch Emotionen und Gefühle rücken in den Vordergrund. Das ein Leben lang Erlernte geht verloren, und somit muss sich der Betroffene mehr und mehr auf sein Bauchgefühl verlassen. Das macht viele Menschen mit Demenz zu intuitiv, spontan und nicht reflektiert handelnden Personen. Problemstellungen werden nicht rational gelöst, indem auf einen breiten Erfahrungsschatz zurückgegriffen wird, sondern vielmehr unreflektiert, spontan und aus dem Bauch heraus. Das hat zur Folge, dass Handlungsabläufe anders stattfinden und Situationen anders interpretiert werden können als bei Menschen ohne Demenz *(vgl. Rehle 2015: 172-173)*.

Um Erkrankte auf ihrem Wegen zu begleiten, muss sich das Umfeld, sowohl das räumliche als auch das soziale, anpassen – nicht umgekehrt. Für die gestaltenden Disziplinen steht demnach folgende Frage im Raum: Wie kann eine gestaltete räumliche Umwelt Menschen mit Demenz dabei unterstützen, sich in der realen Welt zurechtzufinden, die verminderte Umweltkompetenz ausgleichen und das Potenzial kreativer Handlungslogiken von Betroffenen ausschöpfen?

> „Aber wenn man älter wird ist man nicht mehr so geistig fit, also ich merk's bei mir" Ingeborg Klerk

Logik, Intuition und kreatives Potenzial von Menschen mit Demenz

Weiterführende Informationen zum Thema Ursachen, Symptome und Hilfestellungen:

Website der Deutschen Alzheimer Gesellschaft e. V.: www.deutsche-alzheimer.de

Website des Bundesgesundheitsministeriums: www.bundesgesundheitsministerium.de/themen/pflege/online-ratgeber-demenz.html

Wie können Räume Menschen mit Demenz dabei unterstützen, sich in der realen Welt zurechtzufinden, und die verminderte Umweltkompetenz ausgleichen?

Wie kann das Potenzial kreativer Handlungslogiken von Betroffenen ausgeschöpft werden?

KAPITEL 2

Demenzielle Blumen

Die Aneinanderreihung verschiedener Blumenarrangements zeigen anschaulich, wie ein eigentlich einfacher Vorgang, nämlich Blumen in eine Vase zu stellen, mit einer Demenz unterschiedlich interpretiert werden kann. Es wird deutlich: Menschen mit Demenz sind durchaus im Stande kreativ, innovativ und letztendlich logisch zu handeln.

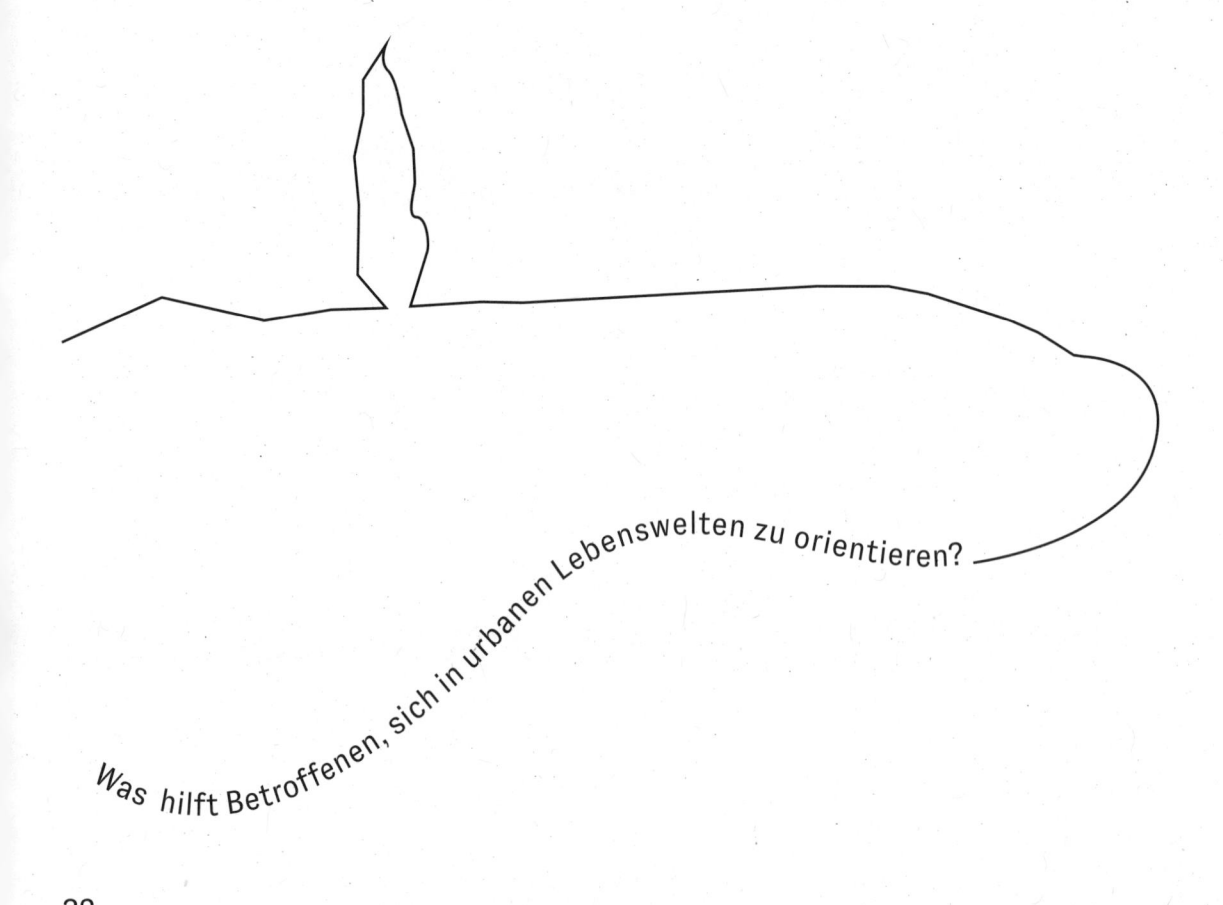

Wie wirkt sich Demenz auf das räumliche Orientierungsvermögen aus?

Was hilft Betroffenen, sich in urbanen Lebenswelten zu orientieren?

WISSEN ÜBER DEMENZ

3.

Auf dem Weg und verlaufen: Orientieren mit Demenz

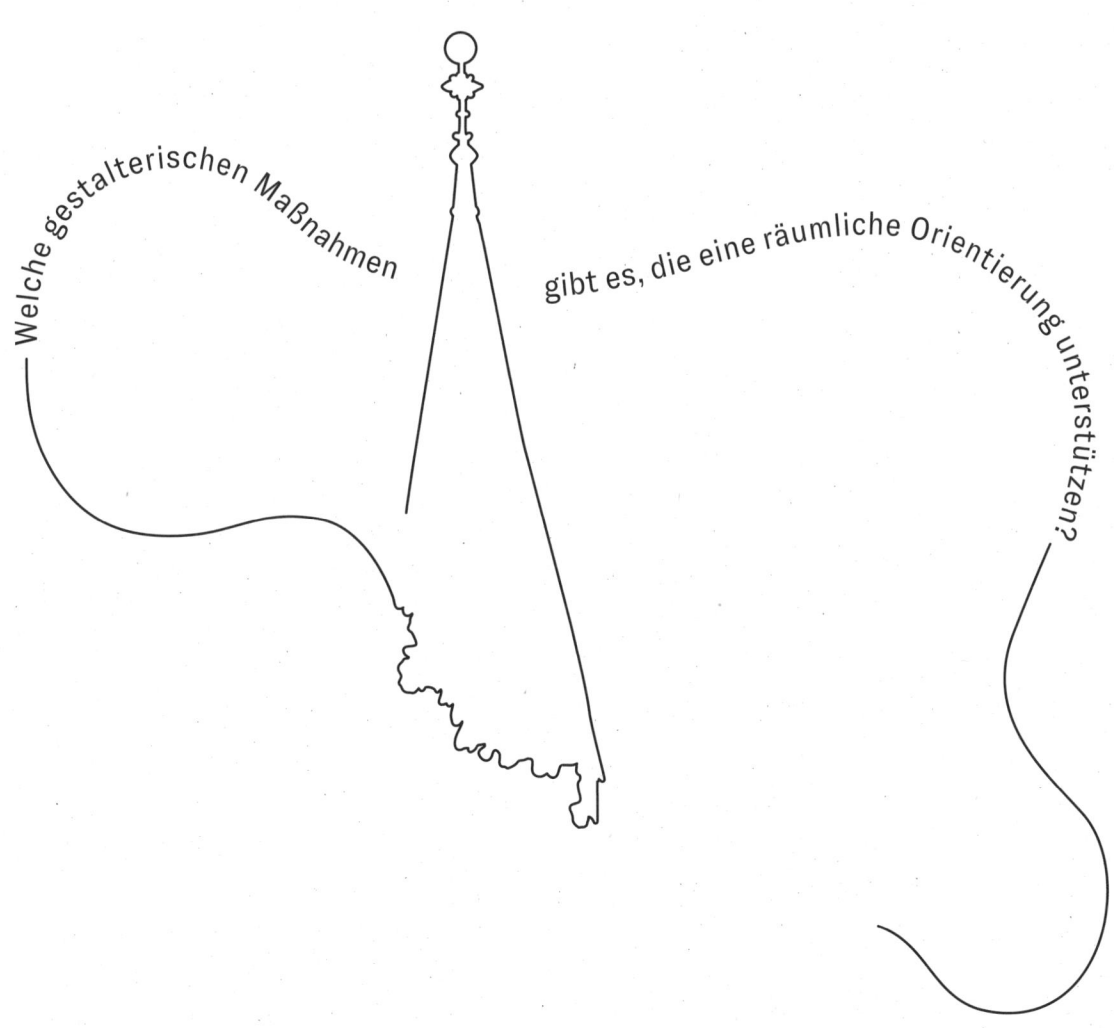

Welche gestalterischen Maßnahmen gibt es, die eine räumliche Orientierung unterstützen?

Demenz hat einen räumlichen Bezug. Schwierigkeiten, sich räumlich, situativ und zeitlich zu orientieren, gehören zu den ersten Symptomen einer Demenz und wirken sich auch auf die Nutzung des außerhäuslichen Umfelds aus. Mit Eintreten einer Demenz wird der Orientierungssinn gestört. Der Betroffene kann die auf ihn einwirkenden visuellen und sensorischen Sinnesreize nicht mehr passgenau verarbeiten.

Erinnerungen und Emotionen aus längst vergangenen Jahren treten in den Vordergrund und vermischen sich mit der Gegenwart. Die reale Welt wird mit Erinnerungen überlagert und die objektive Wahrnehmung weiter gestört. Orte, Gebäude oder Straßen lösen Gefühle aus, die nicht rational begründet werden können. Genauso können bauliche Eingriffe wie Quartierserneuerungen und Aufwertungen, aber auch das Abweichen von gewohnten zeitlichen Abfolgen und Taktungen zu Irritationen und Fehlinterpretationen führen, die vom Betroffenen nicht mehr spontan und rational gelöst werden können. Es kommt zu Orientierungsschwierigkeiten und Einbußen in der Alltagskompetenz.

Wahrnehmen und orientieren mit Demenz

Menschen mit Demenz können unter einer Beeinträchtigung ihrer Umweltwahrnehmung leiden. Obwohl Sinnesreize aufgenommen werden, kommt es zu räumlichen, situativen und zeitlichen Orientierungsschwierigkeiten. Die kognitive, innerpsychische Verarbeitung der visuellen und sensorischen Reize funktioniert nicht mehr und führt zur Verkennung (Agnosie) von Gegenständen oder Gesichtern *(vgl. Radzey 2016: 10)*. Altersbedingte Seheinträchtigungen können den Verlust von Orientierungskompetenzen weiter verstärken.

Auch die Faktoren Zeit und Persönlichkeit können Auswirkungen auf die räumliche Orientierung haben. Je nach Jahres- oder Tageszeit oder psychischer Verfassung kann Orientierung besser oder schlechter gelingen. Genauso kann sich die Orientierung verschlechtern, wenn sich jemand unwohl oder unsicher fühlt. Die Fähigkeit in die Zukunft zu planen und vorauszuschauen nimmt mit Verlauf der Erkrankung stetig ab. Irgendwann ist alles, was Demenzbetroffene wahrnehmen, gegenwärtig.

Jeder Mensch erlernt von Kindheit an, sich zu orientieren, in dem er Gesehenes und Gehörtes aufgrund seiner gemachten Erfahrungen interpretiert und einordnet. Jede/r entwickelt dabei individuelle Orientierungsstrategien, um sich durch Räume zu navigieren und Situationen richtig einzuschätzen. Wie individuell diese Strategien und deren Ausprägung bei den Betroffenen ausfallen, wurde auch bei den durchgeführten Ortserkundungen sichtbar. Deutlich wurde auch, wie stark die Navigationsstrategien mit dem sozialen und teilweise sogar beruflichen Hintergrund in Verbindung stehen.

Um sich in Räumen zurechtzufinden, werden im Gedächtnis in einer sogenannten kognitiven Karte bestimmte Umgebungsmerkmale eingeprägt, die bei Bedarf abgerufen werden. Diese geben kein exaktes Abbild der gebauten Realität wieder und weichen von Person zu Person in Höhen, Tiefen, Verhältnissen und Zusammenhängen stark voneinander ab. Mit dem Verlauf einer Demenz werden diese Landkarten beschädigt oder gehen verloren. Hinzu kommt, dass es Betroffenen immer schwerer fällt, relevante von irrelevanten Hinweisen zu unterscheiden *(vgl. Davis/Weisbeck 2016: 4)*.

Betroffene können trotz kognitiver Einschränkungen lernen, sich neue Wege einzuprägen. Hilfreich dafür sind markante Wegmarken, die an zentralen Stellen ins Auge fallen *(vgl. Davis/Weisbeck 2016: 7)*. Diese sollten farbig ausfallen und sich von der sonstigen Umgebung deutlich unterscheiden. Bislang sind sowohl die Qualität wie auch die Positionierung solcher Wegmarken ungenügend erforscht.

> *„Herr Armin, was ist das für ein gelbes Gebäude?" Walter Armin zeigt auf einen gelben Müllsack und fragt: „Dieses hier?"*

Individuelle Orientierungsstrategien

Kognitive Karte

Neue Wege gehen ist möglich

Orientierung gebende Merkmale in der Stadt

Die Wahrscheinlichkeit, den Weg zu finden, erhöht die Chance, überhaupt loszugehen. Doch wo ist die Wahrscheinlichkeit am höchsten, vom Weg abzukommen? Viele Menschen mit Demenz verlieren tendenziell am häufigsten an Entscheidungspunkten wie Kreuzungen und Straßenüberquerungen ihre Orientierung *(vgl. Mitchell/Burton 2004: 5)*. Gerade hier ist es hilfreich, auf eine übersichtliche Gestaltung zu achten und Highlights wie Wegemarken und Ankerpunkte (engl. Landmarks) zu setzen.

Menschen mit Demenz finden sich in Straßen mit unterschiedlichen Gebäudetypologien und Straßenverläufen leichter zurecht als in ähnlich gestalteten mit identischen Gebäuden und wenigen Unterscheidungsmerkmalen *(vgl. Mitchell/Burton 2004: 5)*. Exponierte Gebäudetypologien wie historische

> *„Erst, wenn es gelingt, eine Situation richtig zu verstehen und zu bewerten, ist der Mensch auch in der Lage, folgerichtig zu handeln."*
>
> *(Radzey 2016: 9)*

Heterogenität versus Homogenität

Gebäude oder Gebäudetypologien mit Alleinstellungsmerkmalen, sogenannte Landmarks, können Orientierungshilfen geben (z. B.: Kirchtürme, Marktplätze, Bäume). Dagegen können monotone Oberflächenstrukturen (z. B. Fassaden aus Glas, Beton) das Orientierungsvermögen behindern, da Orientierungs- bzw. Wegemarken fehlen.

Ankerpunkte

Eine besondere Bedeutung bei der räumlichen Orientierung von Menschen mit Demenz kommen hervorgehobene Ankerpunkte zu, welche sich deutlich von der Umgebung abheben. Kirchen, Türme, Rathäuser, Bahnhöfe, Schulen, Theater, Supermärkte, Shoppingmalls usw. weisen in der Regel Architekturen auf, die sich von ihrer Umwelt absetzen und durch bestimmte, teilweise historisch geprägten Typologien (Größe, Höhe, Fassadengestaltung) ihre Gebäudefunktion ablesen lassen. Aber auch Stadtmauern, Bahnlinien, öffentliche Plätze und topografische Merkmale (Flüsse, Berge, Hügel) können entscheidende Hinweise aussenden, wo sich jemand befindet.

Form und Funktion

Menschen mit Demenz erinnern sich in der Regel nur an bauliche Merkmale, wenn die Funktion offensichtlich ist und sie diese regelmäßig sehen *(vgl. Mitchell/Burton 2004: 6)*. Unterschiedliche Merkmale, Formen und Farben wie unterschiedliche Dachlinien und Varianten von Ziegeln, Fassaden, Haustüren und Gärten helfen Betroffenen, zu wissen, wo sie sich befinden und welchen Weg sie gehen müssen *(vgl. Mitchell/Burton 2004: 6)*.
    Neben markanten baulichen Strukturen kann auch entscheidend sein, wo das Gebäude platziert ist, wie es sich in seine Umwelt einfügt oder hervortritt und ob Sichtbeziehungen von anderen Entscheidungspunkten überhaupt aufgebaut werden können.

Vertrautes Wohnumfeld

Obwohl die Wohnsituation in der Regel nicht an die Bedürfnisse von Menschen mit Demenz angepasst ist, können sich viele Demenzkranke in ihrer gewohnten häuslichen Umgebung noch über eine längere Zeit gut orientieren *(Sabine Weng, Teilnehmerin Expertenrunde)*. Jedoch sollte die Tendenz, dass schon heute kaum noch jemand sein ganzes Leben am gleichen Ort gewohnt hat, und es in Zukunft immer mehr Menschen mit unterschiedlichen Wohnbiografien geben wird, ein wichtiger Hinweis sein, dass sich nicht alle demenziell Eingeschränkten zwangsläufig gut in ihrem Wohnumfeld orientieren können *(Sylvia Kern, Teilnehmerin Expertenrunde)*.

Licht, Farben und Kontraste

Viele Betroffene haben aufgrund ihres Alters eine erhöhte Empfindlichkeit gegenüber grellem und blendendem Licht. Wichtige bauliche Maßnahmen zur Unterstützung der räumlichen Orientierung sind daher auch Beleuchtungskonzepte zur Begünstigung der visuellen Wahrnehmung. Große Muster wie Karos oder Streifen können einen Flimmereffekt, Unwohlsein und Angst verursachen. Fehlende Kontraste wiederum können das Gesehene verschwimmen lassen. Satte und warme Farben als Markierungsmittel wie Rot und Orange sind besonders geeignet, da ältere Menschen häufig Schwierigkeiten haben, Farben insbesondere im blau-grünen Bereich zu unterscheiden *(vgl. Mitchell/Burton 2004: 6)*.

Beschilderung und Symbole

Es gibt widersprüchliche Untersuchungen für die Wirksamkeit von Zeichen und Farbcodierungen. Aber große, realistische Grafiken in klaren, farblichen Kontrasten zum Hintergrund bei wichtigen Zielen wie Toilettentüren, und Kontrastfarben, zum Beispiel zwischen verschiedenen Türen oder Gängen, können nützlich sein *(vgl. Mitchell 2012: 5)*. Hinweisschilder können dazu beitragen, Gebäude und Orte zu erkennen, an denen architektonische und innenarchitektonische Merkmale für die Weitergabe der Nachricht nicht ausreichen *(vgl. Passini et al. 2000: 702)*. Kommt es zum Einsatz von Beschilderungen, sollten diese inhaltlich und visuell (Piktogramme, Kontraste, Größe) bewusst für die Bedürfnisse von älteren Menschen gestaltet und platziert werden *(Christian Heerdt, Teilnehmer Expertenrunde)*.

„200 Kilometer, ist das weit?" Ingeborg Klerk

Ausgeprägte kognitive Karte

Fridolin Sachs war früher Kurierbote in Stuttgart, und dieser Beruf hat auch Einfluss auf seine Orientierungsstrategie: Er orientiert sich an Straßennamen und kennt die Innenstadt in- und auswendig.

Ankerpunkt Kunstwerk

In den Augen von Elisa Lamberti markiert dieses farbige Kunstwerk die Stadtteilbegrenzung. Kommt sie an der Kreuzung vorbei, weiß sie, dass sie rechts in die Einkaufsstraße abbiegen muss.

Asynchrone Ampelschaltung

Bei einer Ortsbegehung löst eine asynchrone Ampelschaltung bei Hans Lorenz den Impuls aus, bei Rot über die Straße zu gehen. Sein Fokus ist auf die dahinter folgende Ampel gerichtet.

KAPITEL 3 37

Uneindeutige Symbole im Aufzug.

„Ach, ich drück immer irgendwas. Irgendwann komm ich schon an.", sagt Ingeborg Klerk im Aufzug.

Hans Lorenz orientiert sich bei seinen Spaziergängen an diesem Kirchturm, um wieder nach Hause zu finden.

Günther Norte erkennt das Römerkastell an den Sandsteinen.

„Klar kenn ich das, da komm ich doch jeden Tag vorbei, das sind die alten Pferdeställe ... "

Die Landschaftstreppe mit Blick auf den Flughafen ist ein zentraler Ankerpunkt für Eleonore Weiss.

KAPITEL 3

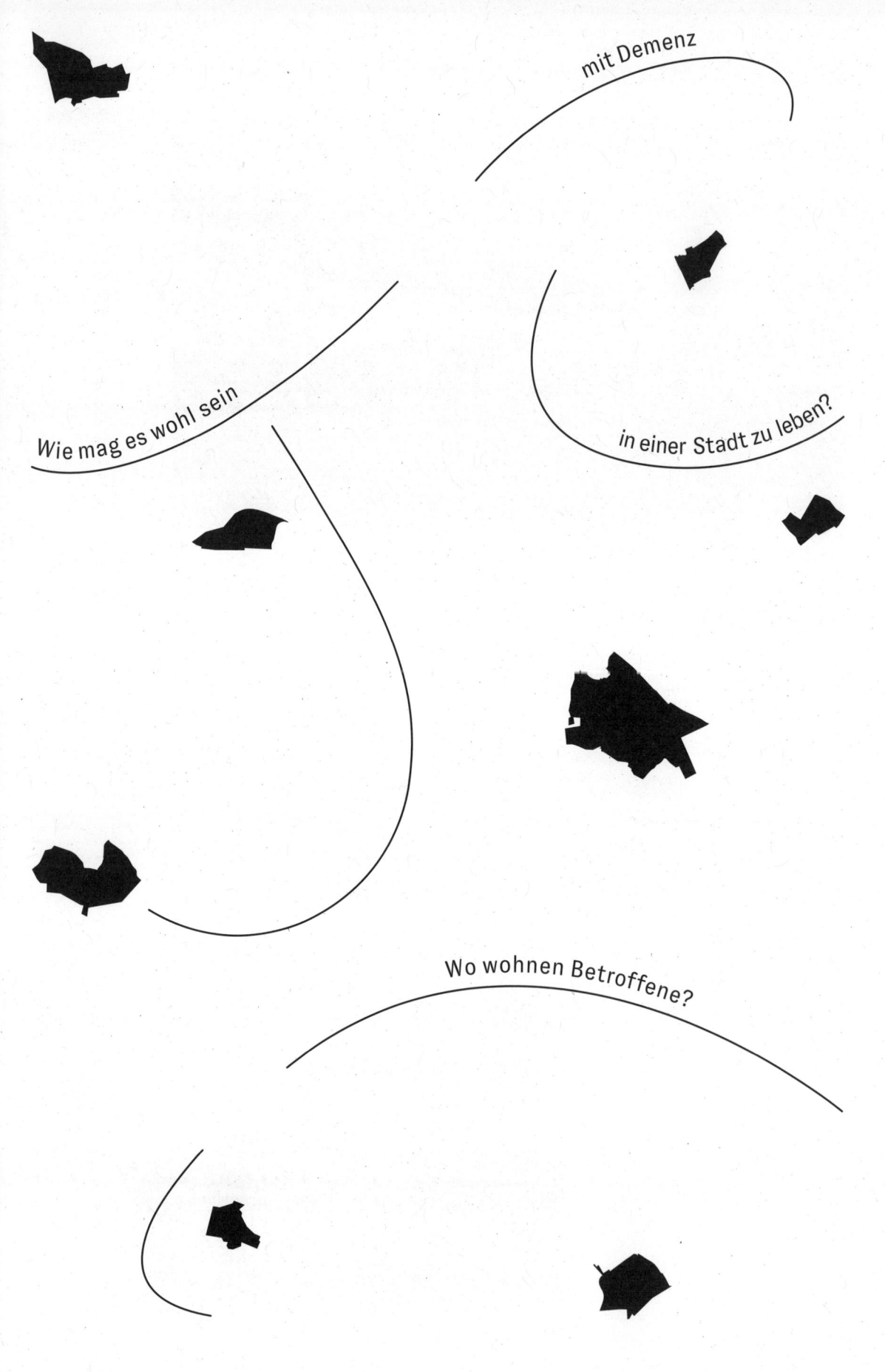

Wie mag es wohl sein mit Demenz in einer Stadt zu leben?

Wo wohnen Betroffene?

WISSEN ÜBER DEMENZ

4.

Wege, Lücken, Fragezeichen: vom Leben und Wohnen mit Demenz

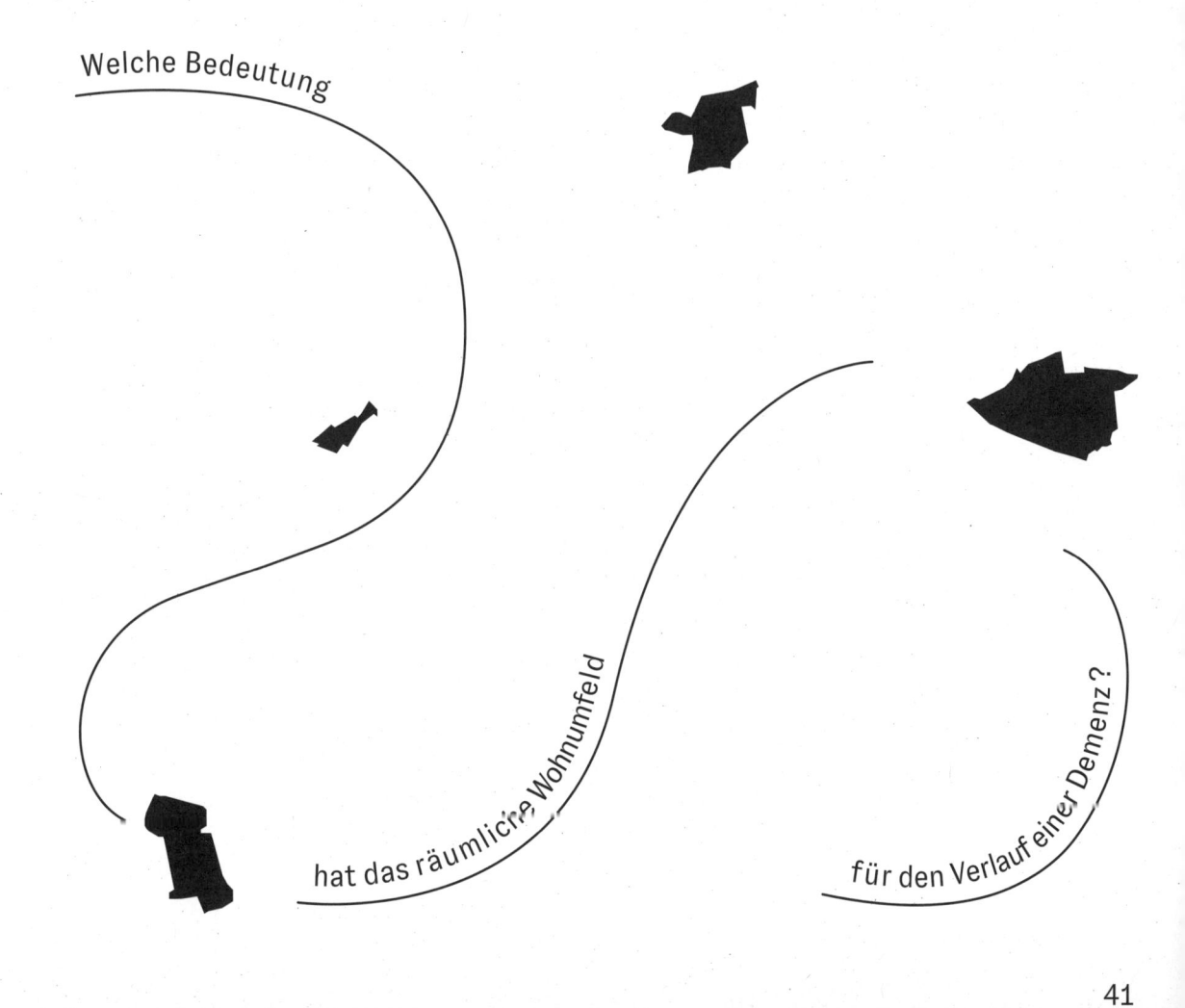

Welche Bedeutung hat das räumliche Wohnumfeld für den Verlauf einer Demenz?

Demenz findet mitten in der Gesellschaft statt. Viele Menschen verbinden damit eine persönliche Geschichte, und irgendwann macht sich diese auch für Außenstehende bemerkbar. Das verlangt eine Reaktion – sowohl von der sozialen als auch von der gebauten Umwelt. Denn Menschen mit Demenz sind nicht zwangsläufig in Pflegeeinrichtungen untergebracht. Im Gegenteil: Ein Großteil der Betroffenen lebt zu Hause und hat den Wunsch, den Alltag so lange wie möglich selbstständig und selbstbestimmt zu gestalten. Das Instandhalten der Alltagskompetenz gilt als Maßgabe für die zugestandene Freiheit des sozialen oder rechtlichen Umfelds. Das räumliche Lebensumfeld nimmt als wichtige Stütze für Wohlbefinden, Identität, Schutzbedürfnis und Orientierung für ein gutes Gelingen des Alltags eine zentrale Rolle ein und bezieht sich dabei nicht nur auf das eigene Zuhause, sondern auch die außerhäusliche Umwelt.

13 Wohnorte von
Menschen mit Demenz

Stadtteile Stuttgarts:
① Neugereut
② Espan
③ Hallschlag
④ Hohe Warte
⑤ Ostheim
⑥ Wangen
⑦ Rathaus
   (Bohnenviertel)
⑧ Karlshöhe
⑨ Heusteigviertel
⑩ Rohr
⑪ Dürrlewang
⑫ Birkach–Süd

Stadtteil Esslingens:
⑬ Scharnhauser Park

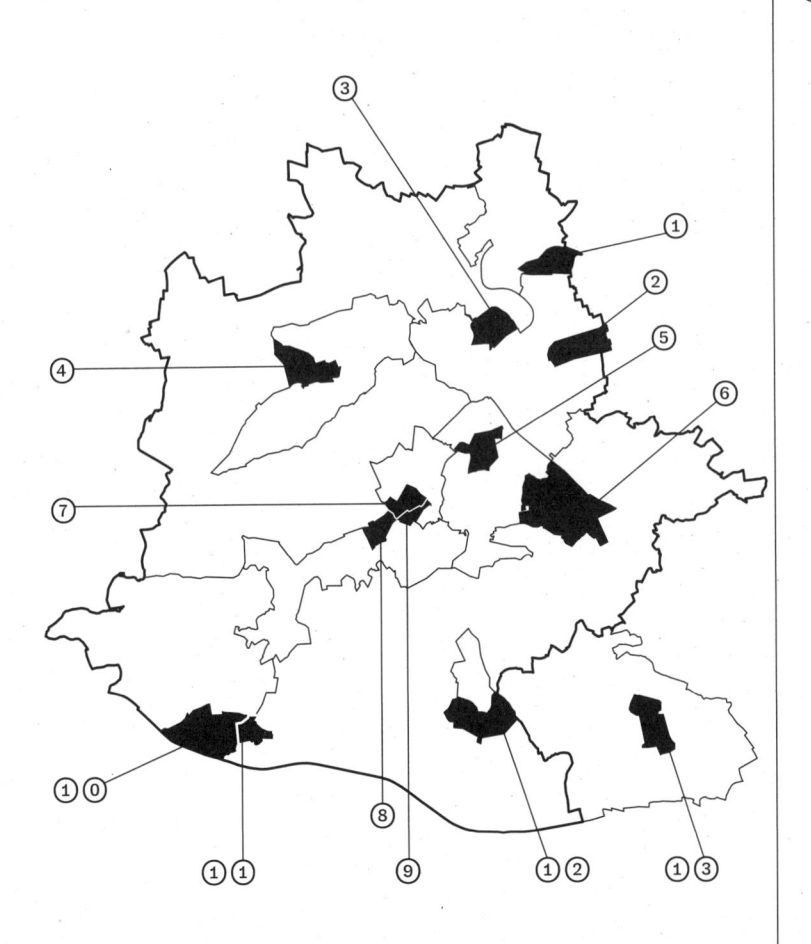

Leben mit der Gewissheit, dass nichts gewiss ist

Viele Demenzerkrankungen wie Alzheimer oder vaskuläre Demenz treten schleichend in ein Leben. Niemand kann vorhersagen, wann sich erste Symptome wie Vergesslichkeit oder Desorientierung bemerkbar machen. Auch wenn der Hirnabbau bereits viele Jahre vor den ersten Auffälligkeiten einsetzt, können viele Betroffene ihren Alltag wie gewohnt bewältigen – dem einen gelingt das gut, dem anderen weniger.

Inwiefern ein Betroffener noch im Stande ist, seinen Alltag aktiv und selbstständig zu gestalten, ist Grundlage für die Entscheidung, wie viel Freiraum der- oder demjenigen zugesprochen werden. Seit 2017 wird der Unterstützungsbedarf für Demenzbetroffene von den Pflegeversicherungen nicht länger anhand der körperlichen Verfassung eingestuft, sondern anhand der Kompetenzen, den Alltag selbstständig zu bestreiten. Sobald eine Einstufung in eine der fünf Pflegegrade erfolgt ist, erhalten die Betroffenen finanzielle Unterstützung und ein versorgungstechnischer Mechanismus setzt sich in Gang, der ihnen bzw. den Angehörigen ermöglicht, auf eine Vielzahl von Unterstützungsmöglichkeiten zurückzugreifen. Hier hat sich in den vergangenen Jahren nicht nur aus versorgungstechnischer Sicht, sondern auch im Bereich der Architektur und der technischen Unterstützung (z. B. Ambient Assisted Living) viel getan.

In der Auseinandersetzung mit dem Thema Demenz wird oft vergessen, dass es auch ein Leben mit Demenz vor einer Diagnose gibt. Es gibt eine Phase, in der Betroffene erst allmählich realisieren müssen, dass etwas nicht stimmt. Diese Phase kann sich über mehrere Monate oder auch Jahre hinziehen. Manche wollen schnell Gewissheit darüber, was los ist, andere wiederum verdrängen den Verlust geistiger Fähigkeiten. Gerade zu Beginn demenzieller Einschränkungen ist es für eine selbstständige Bewältigung des Alltags essenziell, wie das räumliche und soziale Umfeld gestaltet und sensibilisiert ist. Die Frage, welche räumlichen und infrastrukturellen Unterstützungsbedarfe Menschen haben, die noch nicht offiziell als EmpfängerInnen wahrgenommen werden, wurde bisher nur am Rande betrachtet. Das Thema Wohnen und Verbleiben im Quartier ist auch deshalb von Bedeutung, da 89 Prozent der über 80-Jährigen, also die „Risikogruppe Demenz", in Deutschland in privaten Ein- und Zweipersonenhaushalten leben *(vgl. Oswald/Konopik 2015: 401)*.

Mit dem Wegfall der beruflichen Verpflichtungen gilt es, den neuen Alltag aktiv zu gestalten. „Die Gliederung der Zeit fällt in den eigenen Verantwortungsbereich." *(Benze/Kutz 2018: 239)*. Auch der Bezug zum physischen Raum, das Verhältnis zwischen dem Zuhause und der Stadt oder der Ortschaft, verändert sich mit dem Ende der beruflichen Tätigkeit *(vgl. Benze/Kutz 2018: 238)*. Ältere Menschen verbringen nach dem Ende ihrer Erwerbstätigkeit durchschnittlich zwei Drittel der Zeit außerhalb der eigenen vier Wände im näheren Umfeld wie dem eigenen Stadtteil *(vgl. Hieber et al. 2005: 294)*.

Ambient Assisted Living

„Seit gut zehn Jahren werden Wohnungen auch technologisch aufgerüstet. Altersgerechte Assistenzsysteme (AAL: Ambient Assisted Living) mit Komponenten wie Sensorik zur Lokalisierung und Unterstützung der Nutzer, Assistenz bei Gefahren, der Bestimmung von Vitalparametern etc. sowie intelligente Vernetzungen haben sich ausgebreitet. Der in letzter Zeit forcierte ‚Hype' um die Digitalisierung der Lebenswelten wird sich ebenfalls auf altersgerechte Assistenzsysteme auswirken, (...) Allerdings wird bislang das Recht auf informationelle Selbstbestimmung, die Schaffung von Sicherheitsstandards und generell der Diskurs um ethische Anforderungen weitgehend ausgeblendet."

(Heinze 2017: 223)

„An das städtische Umfeld ebenso wie an die eigenen ‚vier Wände' werden komplett andere Erwartungen und Bedürfnisse gestellt, sie werden anders bewohnt und gelebt, verbunden mit einer veränderten Wahrnehmung alltäglicher Orte und neuen Bedeutungszuschreibungen."

(Benze/Kutz 2018: 239)

Alltag älterer Menschen

① Neugereut

Stadtbezirk	Mühlhausen
Bewohner-struktur	7.843 Einwohner, 25,9 % davon sind über 65 Jahre alt
Bebauungs-struktur	82,3 ha Fläche, 34,9 qm Wohnfläche pro Einwohner
Ortsbild	Wohnstadt, schrittweise Aufsiedlung ab 1970, v. a. Hochhausstrukturen, Terrassenhäuser, Einkaufszentrum
Öffentlicher Raum und Verkehr	Fußgängersystem wird im Rahmen des Programms Soziale Stadt modernisiert, gute Anbindung ÖPNV
Landschaft, Umwelt und Erholung	Höhendifferenzen, durchgrünt, geringe Verkehrsbelastung, Naherholungsgebiet Max-Eyth-See im Nachbarstadtteil
Soziale und kulturelle Infrastruktur	2009 Bund-Länder-Programm Soziale Stadt, Bürgerhaus, Kindergärten, (weiterführende) Schulen, Pflegeheimkomplex mit öffentlichem Bereich
Versorgung und Einzelhandel	gute Nahversorgung, Einkaufszentrum, jedoch mit Leerstandsproblematik, Ärzte
Einwohnerin mit Demenz	Helga Jause

KAPITEL 4

Wie in allen Lebensphasen „verlaufen biologische, psychische und soziale Prozesse des Alterns von heute" sehr differenziert *(Höpflinger 2008: 36)*. Es gibt demnach keine pauschale Vorstellung und Ausgestaltung vom Leben im Alter. Jede/r/s Alte/r ist anders *(vgl. Huber 2012: 917 ff.)*.

Tritt eine Demenz in ein Leben, so geht jeder Mensch anders damit um. Eine Diagnose setzt Mechanismen und Bedürfnisse frei, die ab diesem Zeitpunkt dem Leben eines Betroffenen eine andere Richtung geben. Es können sich neue Wege eröffnen oder Optionen verschließen. Wünsche und Bedürfnisse bezüglich der Gestaltung des eigenen Lebensabends können sich mit der Diagnose Demenz schlagartig ändern.

Was die meisten Menschen mit beginnenden demenzbedingten Einschränkungen in ihren Bedürfnissen eint, ist der Wunsch nach verbleibender Selbstständigkeit und Selbstbestimmung in dem eigenen Zuhause und dem umgebenden Quartier *(vgl. Nowossadeck/Block 2017: 5)*. So lange wie es geht, soll weder eine soziale noch eine räumliche Abhängigkeit entscheidender Faktor für ein funktionierendes Leben sein.

Eintrainierte Alltagsabläufe funktionieren auch mit einer beginnenden Demenz noch recht gut. Das mag daran liegen, dass zum Beginn einer (Alzheimer-) Demenz nur das Kurzzeitgedächtnis betroffen, die Vergangenheit aber noch sehr präsent ist. Menschen, die schon längere Zeit im gewohnten Umfeld leben, haben einen Vorteil.

Diagnose Demenz

Die langjährige Bindung zum Wohnumfeld kann aufgrund der Vertrautheit mit dem Ort ein hohes Unterstützungspotenzial bedeuten *(vgl. Deutscher Bundestag 2016: 258)*, was insbesondere dem nachlassenden Orientierungsvermögen beim Eintritt einer Demenz zugutekommen kann. „Es wird vermutet, dass in diesen oft jahrelangen Austauschprozessen objektive Umweltaspekte so lange verinnerlicht werden, dass die alternde Person gewissermaßen mit diesen untrennbar verwächst, d.h. dass Handlungs-und Erlebnisroutinen und Automatismen auftreten und dass Umwelt zur Materie gewordene Biografie werden kann." *(Oswald 2010: 171)* In Deutschland leben die 65- bis 85-Jährigen im Durchschnitt schon seit 31 Jahren in ihrem Zuhause *(vgl. Generali Deutschland 2017: 204)*. Das eigene Nachgehen von Gewohnheiten stärkt die Alltagskompetenz.

Grundsätzlich hilft es Menschen mit Demenz, wenn an der Gestaltung der gewohnten Umgebung möglichst wenig verändert wird *(vgl. DAlzG 2017b: 11)*. Ältere, gut eingeübte Erinnerungen bleiben im Allgemeinen relativ lang zugänglich, während neuere Erfahrungen in Vergessenheit geraten *(vgl. Boger/Craig/Mihailidis 2013: 2)*. Vertraute Umgebungen und routinierte Alltagsabläufe werden zu (lebens-)wichtigen Ankerpunkten und ermöglichen den Betroffenen, die zunehmenden kognitiven Einschränkungen zu kompensieren und ihre Selbstständigkeit zu bewahren. So kommt eine Studie zum Ergebnis, dass das Aktivitätenlevel von zu Hause lebenden Betroffenen um ein Vielfaches höher ist, als bei Menschen mit Demenz, die in stationären Einrichtungen untergebracht sind *(vgl. van Alphen et al. 2016: 5-6)*. Das lässt vermuten, dass draußen zu sein, spazieren zu gehen und Einkäufe

Bedeutung des vertrauten Wohnumfelds

„Die meisten Menschen stellen sich ein gutes Leben im Alter als ein selbstständiges Leben in der eigenen Wohnung und in einer vertrauten Wohnumgebung vor."

(Nowossadeck/Block 2017: 5)

② **Espan**

Stadtbezirk	Bad Cannstatt
Bewohnerstruktur	4.192 Einwohner, 18,8 % davon sind über 65 Jahre alt
Bebauungsstruktur	117,7 ha Fläche, 36,5 qm Wohnfläche pro Einwohner
Ortsbild	bis 1990er-Jahre vorrangig militärische Nutzung, dann Wohnungsbau, Ein- und Mehrfamilienhäuser, Klinikum
Öffentlicher Raum und Verkehr	teilweise hohe Verkehrsdichte, gute Anbindung an ÖPNV, jedoch umständliche Erschließung S-Bahn-Station
Landschaft, Umwelt und Erholung	Stadtteil zum Süden stark abfallend, öffentliche Grünflächen im Wohngebiet, Kleingartenanlagen
Soziale und kulturelle Infrastruktur	städtisches Klinikum, Mehrgenerationenhaus mit offenen Angeboten
Versorgung und Einzelhandel	überschaubare Nahversorgung (Discounter), Stadtteilbibliothek, Bank im angrenzenden Stadtviertel
Einwohner mit Demenz	Wilhelm Rossi

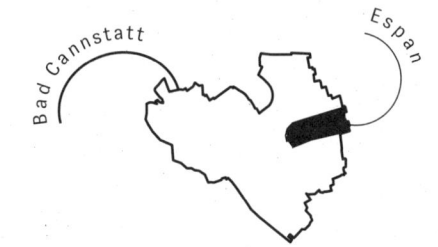

zu erledigen, für Menschen mit Demenz auch positive Auswirkungen auf die Symptome haben kann (vgl. van Alphen et al. 2016). Das Nachgehen von gewohnten Alltagsaktivitäten vermittelt den Eindruck, noch gut alleine zurechtzukommen (vgl. Førsund et al. 2018). Rauszugehen und sich körperlich zu betätigen hat auch einen positiven Effekt auf den allgemeinen Gesundheitszustand und unterstützt dabei, die kognitiven Funktionen länger aufrechtzuerhalten (vgl. Larson et al. 2006). Die Gestaltung der räumlichen Umwelt hat einen bedeutenden Einfluss auf das Leben im Alter (vgl. Kreuzer/Scholz 2008: 83).

Sozialer Raum

Auf sozialer Ebene sind auch Angehörige, NachbarInnen sowie Versorgungs- und Dienstleister Entscheidungsträger darüber, wie lange die Autonomie gewahrt werden kann und ob im Falle von Betreuungs- oder Pflegebedarf entsprechende Unterstützung in erreichbarer Distanz gewährleistet werden kann. Menschen mit Demenz werden zum großen Teil von Angehörigen betreut und gepflegt. Das erfordert Zeitressourcen und räumliche Nähe. Doch das familiale Pflegepotenzial nimmt aufgrund von räumlichen Entfernungen und beruflichen Verpflichtungen ab (vgl. BMFSFJ 2016: 31). Andere Betroffene wollen erst gar nicht auf Hilfe von Angehörigen und Freunden angewiesen sein und suchen nach versorgungstechnischen Alternativen. Die erwartete Zunahme von Demenzbetroffenen und das gleichzeitige „schrumpfende familiale Pflegepotenzial" stärkt die Bedeutung des Quartiers als Ort des sozialen Austauschs (Generali Deutschland 2017: 219).

„Wir entbehren eigentlich nichts, nur was mir fehlt, ist Zeit. Es reicht manchmal kaum für das Alltägliche.", sagt Wilhelm Rossis Frau über den Pflegealltag mit ihrem Mann.

Wohnen mit Demenz

Wohnen bekommt im Alter einen neuen Stellenwert. Nach Ende der Erwerbstätigkeit wird das Zuhause zum Lebensmittelpunkt und ist der bedeutendste Aufenthalts- und Handlungsort (vgl. Saup 1999: 43 ff.). Diese Tendenz verstärkt sich mit dem Verlauf einer Demenz. Die Umweltzufriedenheit stellt dabei einen entscheidenden Faktor für die Lebensqualität dar.

Identitätsstiftend und bedürfnisbefriedigend

Die eigenen vier Wände stiften Identität. Die oftmals ein Leben lang vertrauten Objekte, die räumlichen Zusammenhänge von innen und außen, die vor der Haustüre verknüpften Aktivitäten und Begegnungen mit NachbarInnen spiegeln jeden Tag aufs Neue wider, wer man ist. In der materiellen Umgebung kann sich Identität artikulieren. Sie gibt Einblicke in Werte, Überzeugungen und das Gefühl dazuzugehören (vgl. Ward et al. 2018: 877). Tatsächlich ist vor allem die Verortung des eigenen Zuhauses entscheidend, weniger die Beschaffenheit. Für viele ältere Menschen stellen lokale soziale Beziehungen den entscheidenden Mehrwert dar (vgl. Hillcoat-Nallétamby/Ogg 2014: 1788). Gerade flüchtige, vergängliche Begegnungen fördern das Zugehörigkeitsgefühl und die soziale Verbundenheit von Menschen mit Demenz (vgl. Ward et al. 2018: 878).

„Früher hatte man fünf, sechs Kinder – da blieb einer bei den Eltern." Hans Lorenz

Neben den sozialen und räumlichen Bedürfnissen sind an das Wohnen auch grundlegende biologische Bedürfnisse gekoppelt.

③ Hallschlag

Stadtbezirk	Bad Cannstatt
Bewohnerstruktur	7.353 Einwohner, 14,5% davon sind über 65 Jahre alt
Bebauungsstruktur	97,8 ha Fläche, 30,1 qm Wohnfläche pro Einwohner
Ortsbild	Wohnsiedlung der 1920er Jahre, Römerkastell, Zeilenbauten, zahlreiche Neubauten seit 2010, v. a. einkommensschwache Haushalte
Öffentlicher Raum und Verkehr	Stadtteilsanierung: Umsetzung Freiraumkonzept mit Fußwegen und definierten Grünflächen, gute Anbindung ÖPNV
Landschaft, Umwelt und Erholung	starker Geländeabfall zum Süden, durchgrünte Verbindungen zwischen Freiflächen und Baubestand
Soziale und kulturelle Infrastruktur	2007 Bund-Länder-Programm Soziale Stadt, seitdem deutliche Verbesserung der Lebensbedingungen (Investitionen in Bildung, Kultur) seit 2014
Versorgung und Einzelhandel	Eröffnung Ladengeschäfte und Supermärkte im Römerkastell, Gastronomie, Kleingewerbe, Ärzte
Einwohner mit Demenz	Günther Norte

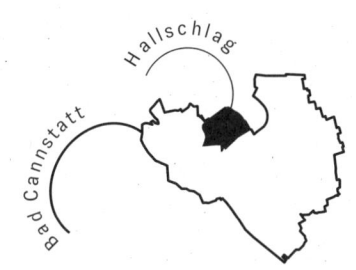

Ein Dach über dem Kopf bietet Schutz, Sicherheit, Geborgenheit und Raum zur Regenerierung. Auch ästhetischen Bedürfnissen und dem Ausdruck der Individualität kann hier nachgegangen werden.

Räume „dazwischen"

Wesentlich ist auch die Bedeutung der Räume „dazwischen". Halböffentliche Räume wie Hausflure, Gartenwege oder Vorgärten sind wichtige „sozial produzierte" und „historisch gewachsene Orte" *(Heite et al. 2015: 9)*, die zwischenmenschliche Kontakte begünstigen und aufgrund ihrer Überschaubarkeit Aneignung ermöglichen. Nachbarschaften bieten Menschen mit Demenz Raum, ihr persönliches Potenzial und ihre Fähigkeiten zu nutzen, um Einschränkungen auszugleichen, die sie aufgrund ihrer Erkrankung erfahren *(vgl. Ward et al. 2018: 877)*.

Die Bedeutung von Quartieren

Wohnen findet nicht nur innerhalb des eigenen Zuhauses statt, sondern umfasst auch das umgebende Quartier und die Nachbarschaften. Das Wohnquartier als „lebensweltlicher Nahraum" wird im Alter zum „zentralen Umweltbereich" *(Heite et al. 2015: 9)*. Außerhalb der eigenen vier Wände verbringen ältere Menschen einen Großteil der Zeit im näheren Umfeld *(vgl. Hieber et al. 2005: 294)*. Diese Gewohnheiten werden auch zu Beginn einer Demenz in der Regel nicht abgelegt, denn sie geben Sicherheit und vermitteln ein Zugehörigkeitsgefühl. Auch mit einer beginnenden Demenz nimmt die Bedeutung des Quartiers nicht ab. Menschen in den frühen Stadien der Demenz schätzen weiterhin die Vorteile der außerhäuslichen Umgebung. Außer Haus mobil zu sein ist ein wesentlicher Faktor für das Wohlbefinden und damit für die Lebensqualität *(vgl. Duggan et al. 2008: 199)*.

Bewegungsradius

Unabhängig von einer Demenz wird mit fortgeschrittenem Alter und dem damit verbundenen Risiko, mit körperlichen und kognitiven Einschränkungen konfrontiert zu werden, der Aktions- und Bewegungsradius immer kleiner. Der Wohnort, die Wohnung oder das Haus und die Nachbarschaft werden mehr und mehr zum räumlich-sozialen Lebensmittelpunkt *(vgl. Saup 1999)*. Dadurch wird auch die wohnortnahe Versorgungs- und Infrastruktur immer existenzieller. Rund 70 Prozent der Aktivitäten finden in der näheren Umgebung von etwa fünf Kilometern statt. Die fußläufige Erreichbarkeit spielt eine wichtige Rolle *(vgl. Oswald/Konopik 2015: 401)*. Die Möglichkeit, sich frei und sicher vor der eigenen Haustür zu bewegen, trägt ganz wesentlich zur Lebensqualität bei *(vgl. Duggan et al. 2008: 202)*. Gestaltung und Entfernungen beeinflussen, wie gut der Alltag gestaltet werden kann und welche Möglichkeit es gibt, am öffentlichen Leben teilzuhaben *(vgl. Burton, Mitchell 2006)*.

Öffentlicher Raum

Der öffentliche Raum ist ein Ort, an dem soziale Teilhabe ermöglicht werden kann. Er ist ein offener Begegnungsraum und kann Identität ausstrahlen. Öffentliche Räume schaffen kollektive und individuelle Erinnerungen, Ideen, Werte, Vorlieben und Bedeutungszuschreibungen. Für die Gewährleistung der Zugänglichkeit ist es deshalb wichtig, dass keine baulichen Barrieren wie hohe Kanten, Treppen, eine unübersichtliche Verkehrsführung, kurze Grünphasen an Fußgängerampeln oder zu wenige Sitzgelegenheiten vorhanden sind.

④ Hohe Warte

Stadtbezirk	Feuerbach
Bewohnerstruktur	4.837 Einwohner, 25,2% davon sind über 65 Jahre alt
Bebauungsstruktur	127,2 ha Fläche,- 58,5 qm Wohnfläche pro Einwohner
Ortsbild	Ruhiges Wohngebiet mit Ein- und Mehrfamilienhäusern (60er-/80er-Jahre), homogene Baustrukturen, Sportanlagen
Öffentlicher Raum und Verkehr	autogerechter öffentlicher Raum, gute Anbindung zur Stadtbahn, jedoch starke Topografieüberwindung, teilweise Treppen
Landschaft, Umwelt und Erholung	angrenzendes Waldgebiet in Höhenlage, Sportanlagen, Mangel an Sitzgelegenheiten
Soziale und kulturelle Infrastruktur	geringes Angebot, vorrangig Wohnen, Sport, Kirche, Schulen
Versorgung und Einzelhandel	ausreichende Nahversorgung, jedoch starke Topografieüberwindung
Einwohner mit Demenz	Werner May

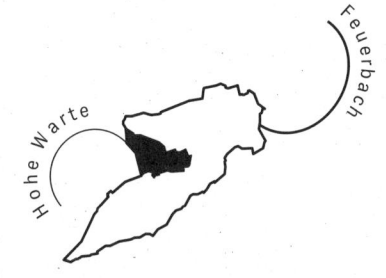

KAPITEL 4

„Menschen nehmen ihre Umgebung anders wahr, wenn sie mit dem Älterwerden an sich selbst körperliche, kognitive oder sensorische Einschränkungen erleben."
(Deutscher Bundestag 2016: 268)

Mit dem Fortschreiten einer Demenz und abnehmendem Bewegungsradius verliert das städtische oder dörfliche Gefüge in einem größeren räumlichen Kontext zunehmend an Bedeutung. Für viele Betroffene wird der öffentliche Raum mehr und mehr ein Ort des Unwohlseins und der Einsamkeit. Dadurch, dass Betroffene aufgrund ihrer kognitiven oder körperlichen Einschränkungen den öffentlichen Raum nicht mehr so selbstverständlich nutzen wie einst, stellt sich mitunter das Gefühl ein, von allen verlassen worden zu sein *(vgl. Førsund et al. 2018)*. Spätestens, wenn es ohne Unterstützung nicht mehr geht, stellt sich die Frage, ob die räumliche und soziale Wohnsituation noch den Anforderungen gerecht wird.

Soziale Teilhabe

„Unter dem Begriff der Teilhabe oder Partizipation ist die aktive Beteiligung von Menschen am politischen, sozialen, ökonomischen und kulturellen Leben zu verstehen. Partizipation ist die Basis der Demokratie und Grundlage zur Entfaltung und Nutzung individueller Potenziale und Ressourcen. Partizipation im Sinne von Inklusion bedeutet die Chance auf Mitbestimmung und Mitgestaltung für alle Menschen ohne Ausnahme. Gemäß der UN-Behindertenrechtskonvention ist die gleichberechtigte gesellschaftliche Teilhabe von Menschen mit körperlichen, geistigen oder psychischen Beeinträchtigungen ein Menschenrecht und kein Akt der Fürsorge."

(Website Im Alter in Form, BAGSO)

Betreutes Wohnen mit öffentlich begehbarem Innenhof

⑤ Ostheim

Stadtbezirk	Stuttgart-Ost
Bewohner-struktur	14.562 Einwohner, 16,3% davon sind über 65 Jahre alt
Bebauungs-struktur	96,6 ha Fläche, 34,7 qm Wohnfläche pro Einwohner
Ortsbild	Bebauung Ende 19. Jh. als Siedlung des Vereins zum Wohl arbeitender Klassen, Einzel-, Mehrfamilienhäuser, Ostendplatz
Öffentlicher Raum und Verkehr	teilweise schmale Fußgängerwege, gute Anbindung ÖPNV
Landschaft, Umwelt und Erholung	angrenzende Parkanlage Villa Berg, sonst wenige Grünflächen, Schwimmbad
Soziale und kulturelle Infrastruktur	Stadtteilzentrum Ostendplatz mit kulturellen und sozialen Angeboten, Stadtteilbibliothek, Kirchen
Versorgung und Einzelhandel	gute Nahversorgung um Ostendplatz, Wochenmarkt, Kleingewerbe, Banken, Ärzte
Einwohner mit Demenz	Hans Lorenz

KAPITEL 4

Wohnorte von Menschen mit Demenz

Wohnen mit Demenz wird oft mit Sonderwohnformen wie Pflegeheimen, Demenz-Wohngemeinschaften oder Generationenhäusern in Verbindung gebracht. Tatsächlich ist die häufigste Wohnform aber eine private Wohnung.

In der fachpolitischen Debatte wird hauptsächlich zwischen selbstständigem Wohnen in der eigenen Zuhause und dem institutionalisierten Wohnen in einer stationären Pflegeeinrichtung unterschieden. Leider unterstützt diese Fokussierung die Tendenz, dass alternative Wohnformen wie ambulant betreute Wohngemeinschaften nur am Rande thematisiert werden. Viele ältere Menschen halten oft aus Unwissenheit über alternative Wohnformen oder aufgrund von Vorurteilen so lange wie möglich an der eigenen Zuhause fest, auch dann, wenn dies mit erheblichen Einschränkungen verbunden ist *(vgl. Beetz/Wolter 2015: 210)*. Nur ein Drittel zieht die Option in Erwägung, in eine altersgerechte Wohnform umzuziehen, zwei Drittel bevorzugen den Umbau des eigenen Zuhauses *(vgl. Michell-Auli 2011: 5)*.

Die Wohnqualität ist ein entscheidender Indikator für die Lebensqualität Älterer, ebenso für Menschen mit Demenz. Doch darüber, wie Wohnqualität konkret auszusehen hat, gibt es vielfältige Vorstellungen. Lebensstile, Wünsche und Bedürfnisse lassen sich auch bei einer Demenz nicht auf einen Nenner bringen.

Ein Großteil der älteren Menschen in Deutschland ist mit der aktuellen Wohnsituation sehr zufrieden *(Heinze 2017: 215)*, obwohl viele der Wohnungen nicht zwangsläufig dem gängigen Verständnis einer alters- bzw. demenzgerechten Wohnform entsprechen.

Mehrfamilienhaus in Stuttgart Vaihingen

⑥ Wangen

Stadtbezirk	Wangen
Bewohnerstruktur	9.305 Einwohner, 16,9 % davon sind über 65 Jahre alt
Bebauungsstruktur	342,6 ha Fläche, 36,2 qm Wohnfläche pro Einwohner
Ortsbild	Stadtteilzentrum mit historisch-dörflichem Charakter, heterogene Wohnbebauung, weitläufige Gewerbegebiete, altes Rathaus
Öffentlicher Raum und Verkehr	verkehrsberuhigtes Stadtteilzentrum mit Einkaufsstraße, gute Anbindung ÖPNV
Landschaft, Umwelt und Erholung	Wangener Berge abfallend zum Neckar, Nähe zum Gewässer nicht spürbar, Naherholungsgebiet Waldebene Ost
Soziale und kulturelle Infrastruktur	städtische und soziale Einrichtungen im Ortskern, traditionelle Vereinsstrukturen, Teilnahme Förderprogramm Quartier 2020
Versorgung und Einzelhandel	gute Nahversorgung, Gastronomie, Leerstandsproblematik im Südostteil des Zentrums, Ärzte
Einwohnerin mit Demenz	Elisa Lamberti

„Auch wenn die eigene Wohnung nicht den Anforderungen des Alters entspricht, unterstützt die Bindung an das etablierte Wohnumfeld, sich auch dann zu arrangieren, wenn die Wohnverhältnisse nur eingeschränkt altersgerecht sind." *(vgl. Heinze 2017: 215)* Es ist anzunehmen, dass diese Einstellung auch auf Menschen mit Demenz zutrifft. Der Umstand, dass ältere Menschen zunächst wenig an ihren Wohnverhältnissen auszusetzen haben, bedeutet im Umkehrschluss nicht, dass es keinen Bedarf gibt, den aktuellen Bestand an Wohnformen und deren Zustand zu hinterfragen. Ältere Menschen tendieren dazu, objektiv schlechten Umweltbedingungen positivere subjektive Bewertungen zuzuschreiben. Soziologen sprechen hier von einem Altersphänomen, dem sogenannten Zufriedenheitsparadox *(vgl. Oswald 2010: 171)*. Die „verzerrten Zufriedenheitseinschätzungen" schützen davor, die eigene selbstverantwortete Wohnsituation zu hinterfragen und womöglich anzupassen oder zu ändern. In Deutschland gibt es etwa elf Millionen Seniorenhaushalte *(vgl. Kremer-Preiß 2014: 20)*. 2014 wurde der Bedarf an barrierefreiem Wohnraum auf etwa 1,12 Millionen Einheiten geschätzt *(vgl. Kremer-Preiß 2014: 22-24)*.

Bisher gibt es keine eindeutigen gesetzlichen Vorschriften, was barrierefreier Wohnraum eigentlich erfüllen muss. Die DIN 18040-2 „Barrierefreies Bauen – Planungsgrundlagen, Teil 2: Wohnungen" formuliert unverbindliche Mindestanforderungen, „deren Einhaltung über ein freiwilliges Zertifizierungsverfahren geprüft wird" *(Kremer-Preiß 2014: 20)* und sich vor allem auf bauliche Barrieren konzentriert. Von weitgehend barrierefreie Wohneinheiten kann gesprochen werden, wenn:

• nicht mehr als drei Stufen zum Haus oder zum Wohnungseingang (ohne technische Hilfen zur Überwindung der Barrieren) vorhanden sind
• keine Stufen innerhalb der Wohnung (ohne technische Hilfen zur Überwindung der Barrieren) vorhanden sind
• ausreichende Bewegungsflächen und Türbreiten im Sanitärbereich vorgehalten werden
• eine bodengleichen Dusche vorhanden ist.

Barrierereduzierte und erst recht barrierefreie Wohnungen sind altengerecht und können auch die Pflege und Betreuung von Menschen mit Demenz im eigenen Zuhause unterstützen. Außerdem haben sie auch einen generationenübergreifenden Aspekt: Denn auch andere Bevölkerungsgruppen wie Familien oder Menschen mit Behinderung profitieren von barrierefreiem Wohnraum *(vgl. Deutscher Bundestag 2016: 281)*. Barrierefreier Wohnraum kann aber nicht als eins zu eins demenzgerecht begriffen werden, da er beispielsweise nicht die Anforderungen an infrastrukturelle und soziale Unterstützungsangebote umfasst.

Möglichst lange zu Hause selbstbestimmt leben zu können entspricht dem Wunsch der meisten älteren Menschen *(vgl. Deutscher Bundestag 2016: XXVI)*. Etwa zwei von drei Demenzbetroffenen wird dieser Wunsch erfüllt; sie leben in ihren eigenen vier Wänden *(vgl. BMFSFJ 2017)*.

„Ich möchte so lang wie möglich hier wohnen bleiben. Das Umfeld ist perfekt und die Orientierung ist da. Ein Grund auszuziehen wäre die Treppe, wenn das Laufen schlechter wird."
Linda Ella

Barrierefreies Wohnen

Wohnen zu Hause

⑦ Rathaus (Bohnenviertel)

Stadtbezirk	Stuttgart-Mitte
Bewohnerstruktur	3.899 Einwohner, 13,5 % davon sind über 65 Jahr alt
Bebauungsstruktur	55,4 ha Fläche, 38,2 qm Wohnfläche pro Einwohner
Ortsbild	Stadterneuerung 1980, orientiert am historischen Stadtgrundriss, Blockrandbebauung, vorwiegend Wohnnutzung
Öffentlicher Raum und Verkehr	verkehrsberuhigt oder autofrei, begrenzt durch Bundesstraßen (B 14, B 27), gute Anbindung ÖPNV
Landschaft, Umwelt und Erholung	lärmgeschützte Innenhöfe mit Spielbereichen und Sitzmöglichkeiten
Soziale und kulturelle Infrastruktur	lebendige Bewohnerstruktur, Fußgängerbereiche fungieren als Treffpunkte, Beratungsstelle, betreutes Wohnen, kulturelle Treffpunkte
Versorgung und Einzelhandel	gute Nahversorgung, Kleingewerbe, Kindergärten, Gastronomie, Büros
Einwohnerin mit Demenz	Ingeborg Klerk

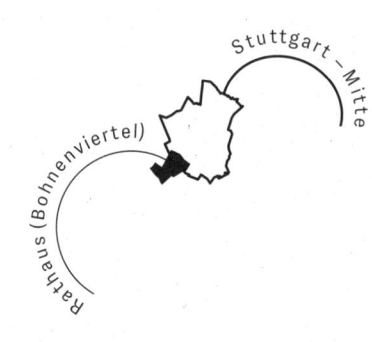

An einer Demenz zu erkranken heißt nicht zwangsläufig, umziehen zu müssen. Es ist möglich, trotz Demenzdiagnose zu Hause zu wohnen. Dies stellt – wenn das Umfeld passt – für viele die bevorzugte Lösung dar. Das eigene Zuhause ist vertraut, ein Ort des Rückzugs und der Sicherheit. Hier kann der Betroffene seinem Rhythmus und Ritualen nach eigenem Tempo nachgehen.

Je nach Bedarf, finanzieller Situation und Verortung stehen zu Hause lebenden pflegebedürftigen Menschen unterschiedliche ambulante Unterstützungsangebote zur Verfügung. Neben den ambulanten Pflegedienstleistungen gibt es teilstationäre Angebote wie Tages- oder Nachpflege oder Kurzzeitpflege. Die Bundesregierung unterstützt das Credo „ambulant vor stationär" nicht nur allein auf dem Wunsch der meisten Menschen begründet, im Falle einer Erkrankung zu Hause versorgt zu werden, sondern auch aus wirtschaftlicher und versorgungstechnischer Sicht. Aufgrund der steigenden Zahlen von Pflegebedürftigen und des akuten Fachkräftemangels ist die ambulante Versorgung eine notwendige Zielvorgabe, um eine große Versorgungslücke zu verhindern und letztendlich Kosten einzusparen *(vgl. Bundesinstitut für Bevölkerungsforschung 2012)*.

Allerdings gibt es keine Garantie, dass ein Umzug mit Verlauf der Demenz unumgänglich wird und nicht doch die bessere Lösung für Betroffene und Pflegende darstellt. Jede Demenz verläuft individuell, jede/r Betroffene/r hat ein anderes soziales und räumliches Umfeld, das auf die heterogenen und sich stetig veränderten Bedürfnissen reagieren muss. Selbst eine barrierefreie Wohnung, zentral verortet und an ambulante Versorgungsdienste angebunden und ein bestehendes familiales Pflegepotenzial, können kein Garant dafür sein, dass ein Leben mit Demenz zu Hause bis zum Ende gelingt.

Ambulant und stationär

„Inzwischen hat sich im Feld integrierter Wohnangebote und alternativer Wohnformen eine ausgeprägte (allerdings heterogene) Experimentierlandschaft entwickelt. Dies ist darauf zurückzuführen, dass auch im hohen Lebensalter nur ein sehr kleiner Teil der Menschen in stationären Einrichtungen beziehungsweise Sonderwohnformen lebt und leben will."

(Deutscher Bundestag 2016: 257)

Mehrfamilienhaus in Dürrlewang

⑧ Karlshöhe

Stadtbezirk	Stuttgart-Süd
Bewohnerstruktur	5,374 Einwohner, 12,2 % davon sind über 65 Jahre alt
Bebauungsstruktur	51,9 ha Fläche, 37,4 qm Wohnfläche pro Einwohner
Ortsbild	mehrgeschossige Gründerzeit- und Jugendstilbauten, Villenviertel entlang der Karlshöhe, Marienplatz
Öffentlicher Raum und Verkehr	Marienplatz, neuer urbaner Treffpunkt, Naherholungsgebiet Karlshöhe, gute Anbindung ÖPNV
Landschaft, Umwelt und Erholung	Karlshöhe mit Weinbergen, Gärten und öffentlichen Grünanlagen als prägende Stadtteilkomponente
Soziale und kulturelle Infrastruktur	lebendiges, junges Viertel, weniger Angebote für ältere Menschen, Kirche
Versorgung und Einzelhandel	gute Nahversorgung, (Discounter, Supermarkt) Gastronomie, Büros
Einwohnerin mit Demenz	Linda Ella

Mehrfamilienhaus in Stuttgart Wangen

Alleine leben

Die Mehrheit der über 85-Jährigen lebt alleine *(vgl. Nowossadeck/Block 2017: 7)*. Das betrifft auch immer mehr Menschen mit Demenz und stellt eine zukünftige Risikogruppe dar *(vgl. Oswald 2016)*. Allein lebende Menschen mit Demenz tendieren dazu, sich stärker zu isolieren und aus dem öffentlichen Leben zurückzuziehen. Durch das Alleine-auf-sich-gestellt-Sein können fehlende Kompetenzen nicht von Angehörigen aufgefangen werden. Herausforderungen wie Hygiene, Sicherstellung der Gesundheitsvorsorge, Ernährung, Sicherheit (im häuslichen Bereich), Betrug, Umgewöhnung (neue technische Geräte, Bankgeschäfte), Instandhaltung Haushalt (Glühbirnen wechseln, Schäden beheben, Reparaturen veranlassen), werden für allein lebende Menschen mit Demenz noch schneller brisant. Fehlt die Initiative, kann das Leben in der eigenen Wohnung auch als ereignisarm, langweilig, ja, gefängnisartig empfunden werden.

„Alleine wohnen macht mich kaputt."
Heiner Lorenz

Ein Umzug im Alter kommt für viele theoretisch infrage, in der Realität bleiben Ältere aber so lange zu Hause wohnen, wie es geht. Zu groß ist die Angst, in einer neuen Umwelt zu versagen und auf Ablehnung zu stoßen. Zu Raum und Umgebung muss eine neue Beziehung aufgebaut werden.

Alternative Wohnform

In den vergangenen Jahren wurden viele Pilotprojekte für demenzgerechte Wohnungsalternativen umgesetzt. Das herkömmliche Alten- und Pflegeheim wurde durch Sonderwohnformen im stationären und ambulanten Bereich ergänzt. Insgesamt wurde das Angebot an stationären Wohnformen stark ausgeweitet. Alternative Wohnformen machen derzeit nur etwa zehn Prozent aus *(vgl. Heinze 2017: 213)*, bei älteren Menschen mit physischen oder kognitiven Einschränkungen sind es rund 25 Prozent. Generell kann keine pauschale Aussage darüber getroffen werden, welche alternativen Wohnformen als demenzgerecht einzustufen sind.

⑨ Heusteigviertel

Stadtbezirk	Stuttgart-Mitte
Bewohner-struktur	3.926 Einwohner, 11,4 % davon sind über 65 Jahre alt
Bebauungs-struktur	21,6 ha Fläche, 41,9 qm Wohnfläche pro Einwohner
Ortsbild	Wohnquartier Anfang 19. Jh., mehrgeschossige Gründerzeit- und Jugendstilbauten, Blockrandbebauung, Bundesstraße (B 14)
Öffentlicher Raum und Verkehr	umliegend Haupt-straßen, Kern des Quartiers fußgänger-freundlich, jedoch viele Stellplätze, gute Anbindung ÖPNV
Landschaft, Umwelt und Erholung	Anstieg zum Süd-Westen, Blockrand-bebauungen mit großzügigen Innen-höfen, kaum öffent-liche Grünflächen
Soziale und kulturelle Infrastruktur	Baudichte begünstigt Nachbarschaften, Begegnungsstätte für ältere Menschen und Einkommens-schwache (von außen kaum wahrnehmbar)
Versorgung und Einzelhandel	gute Nahversorgung (Discounter, Super-markt), Kindergärten, Gastronomie, Klein-gewerbe
Einwohner mit Demenz	Fridolin Sachs

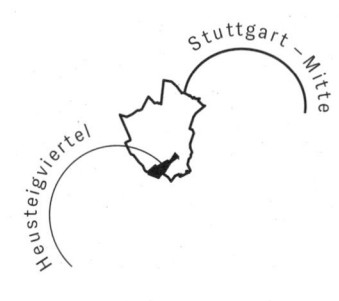

KAPITEL 4

61

Stationäre Pflegeeinrichtungen

Neben dem Wohnen zu Hause sind stationäre Pflegeeinrichtungen die am meisten verbreitete Wohnform. Alten- und Pflegeheime werden entweder von sozialen oder privaten Trägern betrieben und für BewohnerInnen eine Rund-um-die-Uhr-Betreuung und -Pflege gewährleistet. Anforderungen an die maximale Bewohneranzahl (Einrichtung, Zimmer), die Größen (Zimmergröße, Gemeinschaftsflächen) und die Konzeption (z. B. Wohngruppen) gibt es nicht. Durch die Tendenz, erst in ein Pflegeheim zu ziehen, wenn es nicht mehr anders geht, weisen immer mehr BewohnerInnen kognitive Beeinträchtigungen auf.

Sich um nichts mehr kümmern zu müssen, kann bei BewohnerInnen zu einer verfrühten Aufgabe bestimmter Alltagskompetenzen führen und Immobilität verstärken. So verwenden Heimbewohner deutlich öfter Gehhilfen als Personen, die zu Hause gepflegt werden. Menschen im Heim haben oft Schwierigkeiten, diese Wohnform als Zuhause anzuerkennen und fühlen sich von ihrem bisherigen Leben isoliert *(vgl. Olsen et al. 2016: 6 ff.)* Wissenschaftler aus den USA haben herausgefunden, dass mit einem eingeschränkten Lebensraum ein erhöhtes Risiko für kognitive Rückgänge verbunden ist *(vgl. Brorsson et al. 2011)*.

Für Menschen mit Demenz gibt es mittlerweile eine Vielzahl an spezialisierten Pflegeeinrichtungen, die individueller auf Bedürfnisse wie einen ausgeprägten Bewegungsdrang reagieren können. Ein Umzug innerhalb des bisherigen sozialen Umfelds stellt einen entscheidenden Mehrwert dar, da Nachbarschaftskontakte erhalten bleiben können *(vgl. Michell-Auli/Kremer-Preiß/Sowinski 2010: 34)* und eine Bindung zum Ort nicht neu aufgebaut werden muss.

Betreutes Wohnen

Das Betreute Wohnen, auch als Service-Wohnen bezeichnet, richtet sich speziell an ältere Menschen, die sich bewusst für den Umzug in ein barrierefreies Wohnumfeld entscheiden. Sie wohnen selbstständig in einer Miet- oder Eigentumswohnung und buchen je nach Bedarf verschiedene Dienstleistungen dazu. Betrieben wird diese Wohnform von sozialen oder privaten Trägern, was sich auch in unterschiedlichen Standards und Preiskategorien wiederspiegelt. Dem ursprünglichen Konzeptgedanken, vor allem fitten älteren Menschen eine Wohnungsalternative zu bieten, steht die Zunahme an BewohnerInnen gegenüber, die an einer Demenz erkranken.

Straßenansicht einer Anlage für Betreutes Wohnen

①⑩ Rohr

Stadtbezirk	Vaihingen
Bewohnerstruktur	8.195 Einwohner, 23,7 % davon sind über 65 Jahre alt
Bebauungsstruktur	216,5 ha Fläche, 45,3 qm Wohnfläche pro Einwohner
Ortsbild	ursprünglich Arbeiterdorf, Wohngebiete mit Ein- und Mehrfamilienhäusern
Öffentlicher Raum und Verkehr	Fußgängerfreundlich, gute Anbindung an ÖPNV (S-Bahn) mit Busverbindungen
Landschaft, Umwelt und Erholung	leichte Gefälle, durchgrünt, Rohrer Park, angrenzend Glemwald, Kleingartenanlagen
Soziale und kulturelle Infrastruktur	Pflegeheim und ambulante Pflege, geringes kulturelles Angebot, vorrangig Wohnen, Kirche
Versorgung und Einzelhandel	überschaubare Nahversorgung, Gastronomie, Ärzte
Einwohner mit Demenz	Wolfgang Rudel

Viele Betreiber setzen bei Einzug eine gewisse körperliche wie geistige Fitness voraus, um sich konzeptionell von Altenheimen abzugrenzen und attraktiv zu bleiben. Das erklärt auch, warum gebaute Anlagen nicht explizit auf die Bedürfnisse von Menschen mit Demenz wie Lesbarkeit oder Übersichtlichkeit eingehen. Bewährt hat sich die bauliche wie konzeptionelle Kopplung an eine stationären Einrichtung. Im Falle einer Verschlechterung des Gesundheitszustandes kann der oder die Bewohner/in innerhalb des Areals die Wohnform wechseln.

Die Betreuung und Pflege ist in ambulant betreuten Wohngemeinschaften im Gegensatz zu Pflegeeinrichtungen kleinteiliger und persönlicher. In der Regel leben sechs bis zwölf BewohnerInnen in einer Wohnung zusammen und werden ambulant durch einen Pflegedienst betreut, der selbstbestimmt von den Angehörigen oder den rechtlichen Betreuern beauftragt wird *(vgl. DAlzG 2017a: 1 ff.)*. Je nach Bedarf ist das Pflegepersonal nicht zwingend permanent vor Ort, „was den Charakter des privaten, selbstbestimmten Wohnens so gut wie möglich gewährleisten soll" *(Deutscher Bundestag 2016: 257)*. Angehörige sind in den meisten Wohngemeinschaften aufgefordert, sich aktiv in den WG-Alltag einzubringen und Besorgungen zu erledigen. Konzepte von ambulant betreuten Wohngemeinschaften verfügen über individuell gestaltbare Bewohnerzimmer, einen Wohn- und Aufenthaltsbereich, Sanitärbereiche, eine Wohnküche und Balkone oder geschützte Außenbereiche. Die Wohnung ist nur mit Einverständnis der Angehörigen durch Dritte betretbar und BewohnerInnen gestalten ihren Alltag selbstbestimmt.

„Mein Kopf ist nicht mehr so groß." Ingeborg Klerk

Ambulant betreute Wohngemeinschaften

Nachbarschaftshaus u. a. mit Tagespflege, Pflegeheim, ambulant Betreuter Wohngemeinschaft, Begegnungsstätte mit offenen Atelier mitten im Stadtviertel Scharnhauser Park

①① Dürrlewang

Stadtbezirk	Vaihingen
Bewohner-struktur	3.913 Einwohner, 19,2 % davon sind über 65 Jahre alt
Bebauungs-struktur	51,2 ha Fläche, 36,4 qm Wohnfläche pro Einwohner
Ortsbild	Großsiedlung der 60er-Jahre, v. a. Mehrfamilienhäuser, Reihenhäuser, 3 Hochhäuser, Zeilenbauweise
Öffentlicher Raum und Verkehr	Trennung von Fuß- und Autoverkehr, 2016 Anbindung an Stadtbahn
Landschaft, Umwelt und Erholung	eben, großzügig angelegte Grünflächen, jedoch kaum als Freiflächen wahrnehmbar (Restflächen)
Soziale und kulturelle Infrastruktur	seit 2016 Bund-Länder-Programm Soziale Stadt, Begegnungszentrum
Versorgung und Einzelhandel	Geschäftsaufgaben in der zentralen Ladenstraße, im Bau: Discounter am Rand der Siedlung
Einwohner mit Demenz	Walter Armin

Generationenwohnhaus mit ambulant betreuter Wohngemeinschaft

Mehrgenerationenhäuser

Mehrgenerationenhäuser sind gemeinschaftliche Wohnformen, die ein solidarischer, nachbarschaftlicher Gedanke verbindet. Anders als in Wohngemeinschaften, in denen mehrere Personen einen Haushalt bilden, schließen sich hier mehrere in sich geschlossene Haushalte zusammen. Die BewohnerInnen leben selbstständig in ihren eigenen Wohnungen und teilen sich oft Gemeinschaftsflächen. Wie im privaten Wohnen auch, steht es Menschen mit Hilfebedarf natürlich frei, auf ambulante Unterstützungsangebote zurückzugreifen. Die Initiative geht entweder von BewohnerInnen oder Anbietern aus und richtet sich in der Regel an ein generationenübergreifendes Klientel. Inwiefern diese Wohnform auch für Menschen mit Demenz geeignet ist, hängt von der persönlichen Bereitschaft und Konzeption des jeweiligen Modells ab.

„Früher war auch nicht alles besser." Helga Jause

Demenzdörfer

Kaum eine andere Wohnform hat in den vergangenen Jahren die Gemüter so gespalten wie Demenzdörfer. Und das, obwohl es bisher nur vereinzelte Beispiele gibt. Kritiker mahnen, diese Wohnform baue eine Scheinwelt auf und exkludiere Betroffene aus der Gesellschaft. Befürworter sehen den Konzeptgedanken einer „kultur- und randgruppensensiblen Altenhilfe" (Kaiser/ Rohe 2014: 108) positiv. Der Begriff Demenzdorf ist nicht eindeutig definiert und leitet sich bisher von Praxisbeispielen ab. 2008 eröffnete das Pilotprojekt De Hogeweyk in Weesp nahe Amsterdam. Hier leben 152 Menschen mit fortgeschrittener Demenz in einem circa 15.000 Quadratmeter großen Areal. In dem Dorf gibt es 23 unterschiedlich gestaltete Wohngemeinschaften mit jeweils sechs bis sieben BewohnerInnen.

①② Birkach-Süd

Stadtbezirk	Birkach
Bewohner-struktur	3.309 Einwohner, 18,4 % davon sind über 65 Jahre alt
Bebauungs-struktur	154,0 ha Fläche, 41,4 qm Wohnfläche pro Einwohner
Ortsbild	bäuerliche Vergangenheit im Stadtbild teilweise sichtbar, Ein-, Doppel- und Mehrfamilienhäuser
Öffentlicher Raum und Verkehr	fußgängerfreundlich, gute Anbindung ÖPNV
Landschaft, Umwelt und Erholung	ruhig, durchgrünt, Spielplätze, angrenzende landwirtschaftliche Flächen mit Durchwegungen, Filderebene
Soziale und kulturelle Infrastruktur	Wohnviertel mit begrenztem Angebot, Schulen, Kirchen
Versorgung und Einzelhandel	ausreichende Nahversorgung (Discounter, Metzgerei)
Einwohner mit Demenz	Theo Reis

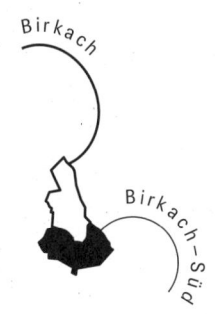

Sieben unterschiedlich gestaltete Wohnwelten sollen in Möblierung, Dekoration sowie Farb- und Materialkonzept verschiedene Lebensstile wiederspiegeln *(vgl. Kaiser/Rohe 2014: 107-108)*. Neben Grünanlagen und einem Theater gibt es auch Dienstleitungsangebote wie Supermarkt, Friseur und Arztpraxis. Das Gelände wird über einen zentralen, kontrollierten Eingang erschlossen. Innerhalb des Dorfes können sich die BewohnerInnen frei bewegen. 2014 wurde in Deutschland das erste Demenzdorf Tönebön am See mit 52 BewohnerInnen eingeweiht.

Welche Wohnformen für Menschen mit Demenz jeweils am besten geeignet sind, muss individuell und im Verlauf der Erkrankung immer wieder abgewogen werden. Manche Betroffene fühlen sich in Einrichtungen mit sozialer Nähe und einer familienähnlichen Umgebung wohl (z. B. ambulant betreute Wohngemeinschaften). Andere wiederum könnten von größeren Strukturen profitieren, um ihrem starken Bewegungsdrang nachzukommen (z. B. spezialisierte stationäre Pflegeeinrichtungen) *(vgl. DAlzG 2017a: 2)*. Verschiedene Bedürfnisse spiegeln sich in unterschiedlichen Wohnformen wieder, die sich auch ökonomisch und sozial in einem ständigen Wandel befinden.

„Die Abkopplung und Trennung Demenzerkrankter vom normalen Leben ist das Gegenteil des in Deutschland geförderten Quartiersgedankens, der die Integration und Inklusion aller Mitglieder der Gesellschaft und ihre diversen Wohnformen in normalen Wohnquartieren anstrebt."

(Kaiser/Rohe 2014: 108)

Die richtige Wohnform für Menschen mit Demenz

①③ Scharnhauser Park

Stadtbezirk	Ostfildern
Bewohner-struktur	8.461 Einwohner, 10,8 % davon sind über 65 Jahre alt
Bebauungs-struktur	ca. 150 ha Fläche, k. A. zur Wohnfläche pro Einwohner
Ortsbild	junger Stadtteil, Bauzeit 1996 - vrsl. 2020, kompakter Siedlungskörper mit prägender Land-schaftstreppe
Öffentlicher Raum und Verkehr	teilweise breite Fuß-gängerwege, jedoch mit offener Entwäs-serung, Hauptstraßen durch Zentrum, gute Anbindung ÖPNV
Landschaft, Umwelt und Erholung	nach Süden leicht abfallend, öffentliche Freianlagen, Elemente der Regenwasserge-winnung sichtbar
Soziale und kulturelle Infrastruktur	zentrales Stadthaus mit kulturellem Angebot, VHS, Nach-barschaftshaus mit ambulanter und stationärer Pflege und halböffentlichen Bereich
Versorgung und Einzelhandel	gute Nahversorgung, zentraler Marktplatz mit Wochenmarkt, Ärzte
Einwohnerin mit Demenz	Eleonore Weiss

Welche ko-kreativen Methoden bieten Freiraum, um Antworten zu finden, ohne dabei den Bezug zur diversen Welt der Demenz zu verlieren und im wissenschaftlichen Diskurs zu bestehen?

WISSEN VON MENSCHEN MIT DEMENZ

5.

Lernen, lehren und forschen mit Menschen mit Demenz

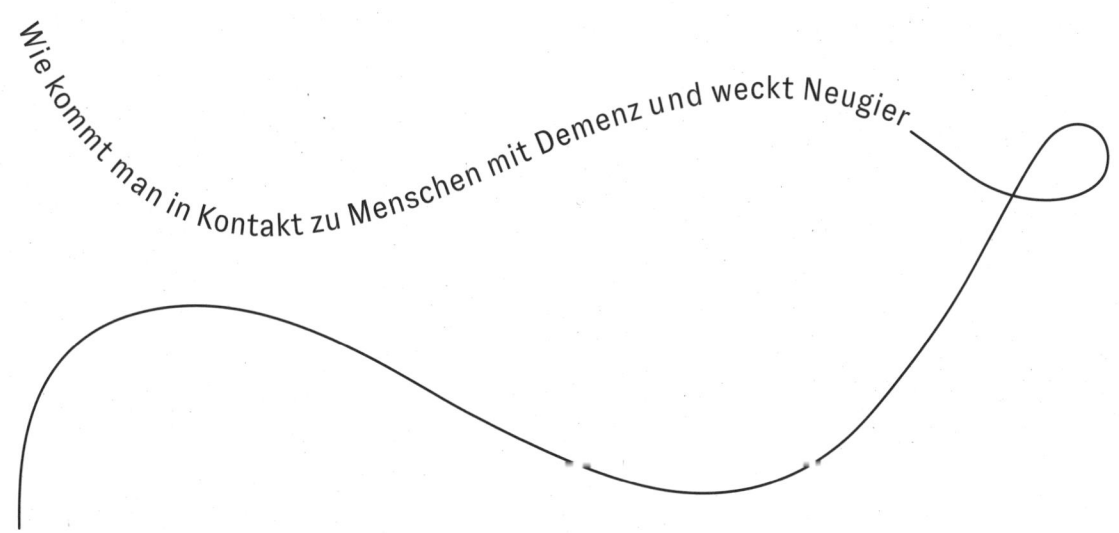

Wie kommt man in Kontakt zu Menschen mit Demenz und weckt Neugier und schafft Vertrauen damit sie sich an einem Forschungsprojekt beteiligen?

Wissenschaftlich betrachtet hatten Demenz und Stadt bisher wenig miteinander zu tun. Dabei begegnen sich diese zwei Phänomene im Grunde jeden Tag. Menschen mit Demenz leben in Städten, nutzen Infrastrukturen und identifizieren sich mit ihrem urbanen Lebensumfeld. Dennoch gibt es kaum wissenschaftliche Erkenntnisse oder praktische Beispiele, wie die stadtgestaltenden Disziplinen ihrer Berufspraxis auf die heterogenen Bedürfnisse von Menschen mit kognitiven Einschränkungen eingehen können.

    In der Planungslandschaft herrscht Unklarheit darüber, wie eine Herangehensweise von der Analyse über die Konzeptentwicklung und Entwurfsphase bis hin zur Umsetzung aussehen kann. Es fehlt an definierten Methoden, um Anforderungen und Bedürfnisse einer Nutzergruppe zu erheben, die sich nur schwer aktiv an öffentlichen und wissenschaftlichen Diskursen beteiligen kann.

    Um Einblicke in Aspekte des Alltagshandelns von Menschen mit Demenz im urbanen Kontext zu erhalten und die Auswirkungen von definierten städtebaulichen Rahmenbedingungen untersuchen zu können, wurden im Rahmen eines Lehrformats Kooperationen zwischen Studierenden und Menschen mit Demenz initiiert. Der Einbezug von 13 Betroffenen in ein didaktisches Konzept ermöglichte es, den zukünftigen PlanerInnen und GestalterInnen differenzierte Einblicke in den Lebensalltag mit Demenz zu geben, kreative und experimentelle Methoden zu erproben, sich mit ihrer disziplingebundenen Rolle auseinanderzusetzen und weiterführende Forschungsbeiträge zu generieren.

Transformativer Forschungsansatz

Demenz stellt vieles infrage und bringt viele(s) an Grenzen. Damit fordert Demenz neue, unter Umständen innovative Betrachtungsweisen und Strategien ein, um dem kollektiven Wunsch und versorgungstechnischen Notwendigkeit nachzukommen, ein selbstbestimmtes und selbstständiges Leben trotz Demenz möglichst lange zu bewahren. Um diese Vision zu verfolgen, müssen nicht nur im sozialen, sondern im räumlichen Umfeld Transformationsprozesse eingeleitet werden. Das vorliegende Forschungsvorhaben baute auf dem Selbstverständnis auf, praxisbezogene Antworten nur in einer (trans-)disziplinübergreifenden Zusammenarbeit finden zu können.

Zukünftige Ideen und Visionen lassen sich entweder aus Erfahrungen der Vergangenheit oder durch Beobachtungen der Gegenwart entwickeln. Da gestaltende Disziplinen bisher wenig Erfahrung in Bezug auf Demenz vorweisen können, lag es auf der Hand eine empirische Herangehensweise zu wählen. Darüber hinaus fordert das Thema Demenz, als individuelle Herausforderung identifiziert, die Beachtung und Darstellung von individuellen Schicksalen und Biografien ein. Das wiederum mag zu Teilen dem evidenzbasierten Generalisierungsdruck der Wissenschaft im Wege stehen, denn eine Allgemeingültigkeit von personenzentrierten Aussagen und offenen Beobachtungen ist nicht einfach herzustellen.

Aber: Demenz ist heterogen, genauso wie die Menschen, die von dieser Erkrankung betroffen sind. Ebenso werden in der Raumtheorie eindeutige, begründete Ansätze wiederum in den komplexen Lebens- und Raumumgebungen der Stadt oft vielfältiger erlebt *(vgl. Hall 2012: 14)*. Wie schaffen wir also es in einem wissenschaftlichen Vorhaben, authentische Problemsituationen einer Demenz mit einem (stadt-)gestalterischen Praxisbezug in Verbindung zu setzen?

Als mögliche Antwort hat die vorliegende Untersuchung eine angewandte, ko-kreative Forschungsgestaltung im Rahmen eines transdisziplinären Lehrforschungsprojektes gewählt. Ziel des Lehrforschungsprojektes war es von Anfang an, den angestrebten innerwissenschaftlichen Diskurs einerseits zur Praxis und andererseits zur Lehre zu öffnen. Entscheidend ist nicht nur, was betrachtet wird, sondern auch wie. Vor diesem Hintergrund waren zwei theoretische Überlegungen in Bezug auf die Methodik forschungsleitend:

• Durch einen empirischen Ansatz mit qualitativem Schwerpunkt sollen die Potenziale kreativer, entwurfsbasierter Disziplinen ausgeschöpft werden. Methodisch orientierte sich das Projekt zum Teil am Selbstverständnis der transdisziplinären Forschung *(vgl. Schneidewind/Singer-Brodowski 2014; WBGU 2016)*, die eine transdisziplinäre Zusammenarbeit mit anderen Fachbereichen und betroffenen „gesellschaftlichen Akteuren" (hier: Menschen mit Demenz und Angehörige) zugrunde legt.

• Mit der Ansiedlung des Forschungsprojektes an einer Hochschule wurde der integrative Rahmen für eine Implementierung der Lehre als angewandte Forschungsmethode geschaffen. Die beiden Forschungspartner Hochschule und Stiftung legten außerdem eine ergebnisoffene, experimentelle und prozesshafte Herangehensweise zugrunde. Unter diesen Voraussetzungen sollte eine Wissensplattform entstehen, die einen transdisziplinären Austausch fördert, Experimente (Lehre, Methodik) verwirklicht und flexibel auf Prozesse reagieren kann.

In den Forschungsprozess wurden verschiedene Akteure mit unterschiedlichen Wissensschätzen eingebunden: Menschen mit Demenz, Studierende, ExpertInnen und Lehrende. Die transdisziplinäre Verknüpfung der Wissensschätze hatte eine (stadt-)raumbezogene Ausrichtung und wurde auf konkrete Gestaltungsherausforderungen gelenkt. So entstand eine Wissensplattform unterschiedlicher Wissensbestände:

„Verstehen als ein kreativer Ideenfindungsprozess kann (eigentlich) nur erfahren werden."

(Seggern 2008: 212)

Lehrforschungsprojekt

„Methodischer Kern eines Lehrforschungsprojektes ist die enge Verknüpfung von Forschung und Lehre. Zugrunde gelegt wurde in diesem Lehrforschungsprojekt eine experimentelle Didaktik, die Ideen einer transformativen Wissenschaft aufgreift und projektbezogenes und erfahrungsbasiertes Lernen synergetisch kombiniert. Aus innovativen methodischen und didaktischen Konzepten in der Forschung und Lehre entstehen im Ergebnis neue Erkenntnisse für Wissenschaft und Praxis."

(Christina Simon-Philipp)

Transdisziplinäre Forschung

„Transdisziplinäre Forschung liefert Beiträge zur Lösung gesellschaftlich relevanter Probleme. Sie ist dabei zwangsläufig interdisziplinär und vernetzt unterschiedliche Wissenschaftsdisziplinen. Zudem bezieht sie nicht-wissenschaftliche Akteure des Problemfeldes in ihre Forschung ein, um zu umsetzbaren Handlungsempfehlungen zu kommen. (...) Der zentrale Unterschied zu ‚einfacher' Interdisziplinarität liegt bei transdisziplinärer Forschung darin, dass die Forschungsprobleme nicht innerwissenschaftlich, sondern zusammen mit betroffenen gesellschaftlichen Akteuren (z. B. aus Politik, Wirtschaft, Umweltbewegungen, Gewerkschaften) definiert und bearbeitet werden."

(Schneidewind/Singer-Brodowski 2014: 42)

		Menschen mit Demenz …	… in der Stadt
Szenario			
Fragen	Was	Welche Merkmale und Strategien unterstützen Menschen mit Demenz?	Welche Merkmale und Strategie hindern Menschen mit Demenz?
		Potenziale	Herausforderungen
	Wie	Welche Impulse und Lösungsansätze können stadtgestaltende Disziplinen beitragen und welche ko-kreativen Herangehensweisen eignen sich?	
Methodik		Trans-/interdisziplinärer Forschungsansatz	

[Diagramm: Gesellschaft / Wissenschaft mit inter- und trans-disziplinären Verbindungen]

Akteure	Expertenrunde ● ExpertInnen → Input → ● Studierende ◐ Menschen mit Demenz
	ko-kreative Zusammenarbeit / Expertenrunde / Übersetzung
Wissensschätze	Systemwissen → Zielwissen → Transformationswissen
Erkenntnisse	Hintergrundwissen: Diagnose, Verlauf, Verhaltensweisen …	Identifizierung von Herausforderungen und Potenzialen, Bedürfnissen und Anforderungen	Entwurfsbasierte Lösungsansätze

Während die Fachdisziplinen der Medizin und Psychologie, der Soziologie, der Sozialen Arbeit, der Architektur und Stadtplanung, des Kommunikationsdesigns und der Politik den Pool vor allem mit Systemwissen speisten, um den Istzustand zu beschreiben, gab die ko-kreative Zusammenarbeit mit Demenz-Betroffenen Hinweise bezüglich konkreter Veränderungsbedarfe (Zielwissen), dem Sollzustand einer demenzfreundlicheren Stadt.

Unter der Annahme, dass viele Menschen mit Demenz Schwierigkeiten haben würden, ihre Bedürfnisse wissenschaftskonform zu artikulieren, Handlungspraktiken dazuzulegen und auf gegenwärtige Herausforderungen und zukünftige Wünsche hinzuweisen, stand die zentrale Frage im Raum: Unter welchen Gegebenheiten kann die Planungs- und Gestaltungspraxis ein Sprachrohr für Menschen mit Demenz werden, um Transformationswissen zu generieren? Mit welchen Methoden können lebensweltliche Praktiken und die Problemfelder von Menschen mit Demenz im urbanen Raum identifiziert und in entwurfsbasierte Lösungsansätze übersetzt werden?

Als Antwort darauf wurde auf die Ressource Lehre zurückgegriffen. Im Rahmen eines neuen Lehrformats mit dem Titel „Where is my Mind?" wurden Kooperationen zwischen Studierenden gestalterischer und planerischer Disziplinen und Menschen mit Demenz initiiert. Dabei schuf das Format vertrauenswürdige Räume, die es Menschen mit Demenz ermöglichten, individuelle Erfahrungen, Bedürfnisse und Wünsche zu äußern und sich aktiv in den Forschungsprozess einzubringen. Die Studierenden fungierten als Sprachrohr für die Betroffenen, als BeobachterInnen, ForscherInnen, ÜbersetzerInnen und Komplizen. Sie transportierten die Diversität demenziell bedingter Herausforderungen in den Forschungskontext und untersuchten mögliche Anknüpfungspunkte zur Gestaltung von entwurfsbasierten Lösungsvorschlägen. Diese entworfenen Szenarien und Lösungsansätze konnten so mit den Bedürfnissen und „Werturteilen betroffener Akteure" *(Schneidewind/Singer-Brodowski 2014: 71)* direkt in Verbindung gesetzt werden. Dadurch wurde der Stellenwert individueller Demenz-Biografien beachtet, anstatt „nur" das Krankheitsbild zu erforschen.

Ganz entscheidend für eine Zusammenarbeit mit Betroffenen (und ihren Angehörigen) sprach aber vor allen dieses Argument: Diejenigen, die es betrifft, sollten einbezogen werden.

Systemwissen, Zielwissen, Transformationswissen

„In der transformativen Wissenschaft beschreibt der Begriff Systemwissen die Wissensgenerierung empirischer Fragestellungen bezogen auf den gegenwärtigen Istzustand, während der Begriff Zielwissen den Veränderungsbedarf und erwünschte Ziele realistischer Zukünfte beschreibt. Wie man vom Istzustand zum Sollzustand gelangt, fasst der Begriff Transformationswissen zusammen und bezieht sich auf Handlungsmöglichkeiten zur Veränderung bestehender bzw. die Implementierung neuer Praktiken."

(Pohl/Hirsch Hadorn 2006: 32)

„Neben der Grundlagenforschung, die für einen elementaren Wissenszuwachs unverzichtbar ist, kann Forschung Transformationsprozesse befördern, indem sie sowohl die für die urbane Transformation nötigen Innovationen generiert, als auch zu einem grundlegenderen Verständnis von Wandlungsprozessen beiträgt."

(WBGU 2016: 63)

Aufbau und Bausteine

Um den Wissensbedarf bezüglich empirischer und praxisrelevanter Fragestellungen im Kontext Demenz und Stadt einzugrenzen, wurde zu Beginn des Forschungsprozesses eine interdisziplinäre Expertenrunde eingeladen. Im Dialog wurden aktuelle empirische Erkenntnisse und Zusammenhänge erschlossen, Werteorientierungen diskutiert und Erkenntnisbedarfe aus den unterschiedlichen fachlichen Blickwinkel abgefragt.

Expertenrunde Vol. 1

Darauf eingehend wurde ein offenes Lehrformat entwickelt, das sowohl die Studierenden als auch Menschen mit Demenz aktiv in den Forschungskontext einbeziehen sollte und neben der Wissensvermittlung und Themensensibilisierung Folgendes zum Ziel hatte: die Vielfalt an Perspektiven über das Alltagshandeln von Menschen mit kognitiven Einschränkungen im urbanen Kontext zu identifizieren, und erste entwurfsbasierte Lösungsansätze auf Grundlage identifizierter Herausforderungen und Potenziale zu generieren. Das Lehrformat sollte das Forschungsvorhaben unterstützen, ein Grundverständnis für das Themenfeld Demenz und Stadt zu erlangen, Situationskontexte ersichtlich zu machen und stadtraumbezogene Anknüpfungspunkte festzulegen.

Offenes Lehrformat: „Where is my Mind?"

Aus hochschuldidaktischer Sicht beinhaltete die transdisziplinäre Zusammenarbeit zwischen den Studierenden als Forschende und den Betroffenen als Teilnehmende zentrale Aspekte des projektorientierten Lernens sowie handlungsorientiertes, kontextbasiertes und studierendenzentriertes Lernen. Lerninhalte konnten direkt mit eigenen Erfahrungen verknüpft werden. Auf der anderen Seite diente das Lehrformat als Sensibilisierungsapparat für die zukünftigen PlanerInnen und GestalterInnen gebauter Strukturen und urbaner Räume. Die Studierenden übernahmen aktiv gesellschaftliche Verantwortung und bestätigten so auch die angestrebte Praxisrelevanz der Aufgabe.

Die Erkenntnisse und Ergebnisse wurden nach Abschluss der Lehr- und Forschungsphase in einer weiteren Expertenrunde vorgestellt. Vertieft wurde die Frage diskutiert, inwiefern generelle Erkenntnisse für die Planungs- und Gestaltungspraxis abgeleitet werden und die erarbeiteten Lösungsvorschläge überhaupt eine praktische Wirksamkeit gewährleisten können. Diskutiert wurde auch, ob die Lösungsansätze dem Gemeinwohl dienlich sind und unter welchen Voraussetzungen eine Implementierung im realen städtebaulichen Kontext weiter zu diskutieren wäre.

Expertenrunde Vol. 2

Akteure

Die forschungsleitende Zielsetzung war, Menschen mit Demenz nicht als passive Empfänger zu kategorisieren, mit denen man etwas macht, sondern sie vielmehr zu Akteuren werden zu lassen, die etwas mitzuteilen haben.
    Demenz ist ein breiter Begriff, der weder **eine** Diagnose beschreibt, noch auf eindeutige Verhaltensweisen und Defizite der Betroffenen schließen lässt. Eine personenzentrierte Zusammenarbeit mit unterschiedlichen Betroffenen mit verschiedenen Hintergründen sollte es ermöglichen, ein differenziertes Bild von Demenz zu zeichnen.

Menschen mit Demenz

„Sie kennen einen Alzheimerkranken? Damit kennen Sie jedoch nur einen von vielen."

(Peter Wißmann, Website www.alzheimer.ch)

Das Lehrformat richtete sich an die gestaltenden und planenden Studiengänge Stadtplanung, Architektur und Städtebau, Innenarchitektur, Produktdesign und Kommunikationsdesign. Während das Lehrformat zunächst an ArchitektInnen (Bachelor, Master) und StadtplanerInnen (Master) gerichtet war, wurde der interdisziplinäre Ansatz im zweiten Jahr auf weitere Gestaltungsdisziplinen ausgeweitet. Nun waren auch InnenarchitektInnen (Master) sowie Kommunikations- und IndustriedesignerInnen (Diplom) eingeladen, an dem experimentellen Wahlfach teilzunehmen. Den Studierenden wurde eine forschende Rolle zugeschrieben, deren Potenzial vor allem darin gesehen wurde, disziplineigene systemische und vernetzende Denkweisen anzuwenden, kreative Forschungsmethoden zu entwickeln sowie erste entwurfsbasierte Lösungsansätze mit der realen Lebenswelt zu verknüpfen. Es bestätigte sich die vorangegangene Annahme, dass gerade eine intuitive Herangehensweise der fachfremden Studierenden neue Impulse setzen kann.
    Nicht bestätigt wurde die Befürchtung, dass Studierende ohne sozialpädagogischen Hintergrund der Zusammenarbeit mit den Betroffenen nicht gewachsen sein könnten. Ein wesentlicher Grund dafür war sicherlich, dass die teilnehmenden Studierenden ein persönliches Interesse für die Thematik „Alter und Demenz" vorwiesen, das oft auf familiäre Erfahrungen mit Demenz zurückzuführen war.

Studierende

    Ein weiterer impulsgebender und reflexiver Bestandteil war der stetige Austausch mit ExpertInnen der Fachbereiche Altenhilfe, Soziale Arbeit, Soziologie, Architektur, Kunst sowie Wohnungswirtschaft und der Kommunen. Bemerkenswert war hier vor allem, dass sich die gestaltungs- und planungsfernen Disziplinen längst über die Bedeutung der gebauten Strukturen für Menschen mit Demenz bewusst waren, während auf Seite der PlanerInnen und GestalterInnen bisher noch wenig Interesse und Motivation wahrgenommen wurde.

ExpertInnen

    Im Rahmen des Lehrformats kam den Lehrenden nicht nur eine wissensvermittelnde Rolle zu, sondern auch eine forschungsbegleitende. Der festgelegte Rahmen von maximal 16 TeilnehmerInnen ermöglichte

Lehrende

eine intensive Betreuung sowie einen stetigen Erfahrungsaustausch. Auf das bestehende Netzwerk an ExpertInnen und Wissensschätzen des Forschungsprojektes konnte stetig zurückgegriffen werden, und es unterstützte Arbeitsschritte wie den Einbezug von ExpertenInnen fachfremder Disziplinen und die Vermittlung von den teilnehmenden Menschen mit Demenz.

„Ziel muss die Kultur einer Wertschätzung anderer Disziplinen sein – getragen von der Erkenntnis des Reichtums anderer disziplinärer Betrachtungsweisen."

(Schneidewind/Singer-Brodowski 2014: 46)

Das erste Kennenlernen: Die Studierenden haben Kuchen mitgebracht

„(...) Where is my mind?
Way out in the water
See it swimmin'
With your feet on the air
And your head on the ground
Try this trick and spin it, yeah
Your head will collapse
If there's nothing in it
And you'll ask yourself
Where is my mind? (...)"

Auszug Songtext
„Where is my Mind"
der Pixies, 1988

Lehrkonzept „Where is my Mind?"

Das interdisziplinäre Lehrformat „Where is my Mind?" wurde in drei Phasen unterteilt. Die 1. Phase „Physische und kognitive Sensibilisierung" schuf die Grundlage für die direkte Zusammenarbeit zwischen Studierenden und Menschen mit Demenz (2. Phase):

Ergänzend zur fachlichen Wissensvermittlung erfolgte eine Sensibilisierung am eigenen Leib. In dem Selbsttest „Einmal eine Runde älter durch die Stadt" erhielten die Studierenden einen physischen Eindruck, wie es sich mit motorischen und sensorischen Einschränkungen durch die Stadt bewegen lässt. Ausgestattet mit Alterssimulationsanzügen, Rollstühlen, Rollatoren und Simulationsbrillen wurde entlang eines Parcours der Innenstadtbereich erkundet und bauliche sowie kognitive Barrieren identifiziert. Jede/r hatte dabei eine Aufgabe in unterschiedlichen Kontexten und mit variierenden Schwerpunkten zu bearbeiten, welche die beabsichtigte Sensibilisierung gekoppelt an Bauwerke, Straßenüberquerung, Stadtmöblierung und Ausschilderungen verstärkte.

Phase 1: Physische und kognitive Sensibilisierung

In Vorbereitung auf die Begegnungen mit den Betroffenen wurden die Studierenden in Impulsvorträgen (ExpertInnen-Inputs) in Kooperation mit der Alzheimer Gesellschaft Baden-Württemberg und der Demenz Support Stuttgart über Symptome und Herausforderungen bei Demenzerkrankungen aufgeklärt und in Bezug auf Kommunikationsstrategien mit Menschen mit Demenz geschult.

Darauf aufbauend stand in der 2. Phase die transdisziplinäre Zusammenarbeit zwischen den Studierenden und den Betroffenen im Mittelpunkt. Die Studierenden schlossen sich in Zweier- oder Dreierteams zusammen und bildeten mit einem Betroffenen, ihrem sogenannten Paten, ein Team. Im Zeitraum von mehreren Wochen fanden circa vier Treffen im vertrauten Wohnumfeld der Betroffenen statt.

Phase 2: Transdisziplinäre Zusammenarbeit

In der 3. Phase erarbeiteten die Studierenden in interdisziplinären Teams entwurfsbasierte Lösungsansätze, die auf die identifizierten Herausforderungen und Potenziale eingehen. Das transdisziplinäre Lehrformat wurde im Rahmen eines Seminars zweimal durchgeführt und richtete sich im ersten Durchlauf an die zukünftigen StadtplanerInnen und ArchitektInnen. Im zweiten Jahr wurden auch InnenarchitektInnen, KommunikationsdesignerInnen und IndustriedesignerInnen angesprochen. Die damit einhergehende Erwartung, durch unterschiedliche Herangehensweisen, Maßstäbe und Entwurfspraktiken weitere Impulse zu erhalten und Dynamiken anzuregen, wurde erfüllt.

Phase 3: Erkenntnis und Entwurf

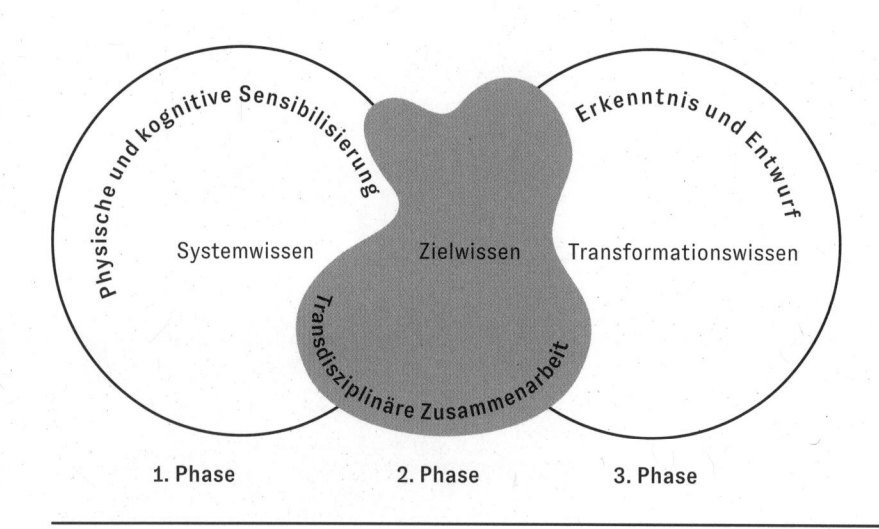

"Man unterhält sich und stellt plötzlich fest, dass niemand neben einem läuft ..."

(Studierender über seine Erfahrung in einem Alterssimulationsanzug)

Einmal eine Runde älter durch die Stadt:

Studierende erkunden die Stadt aus Perspektive des Alters

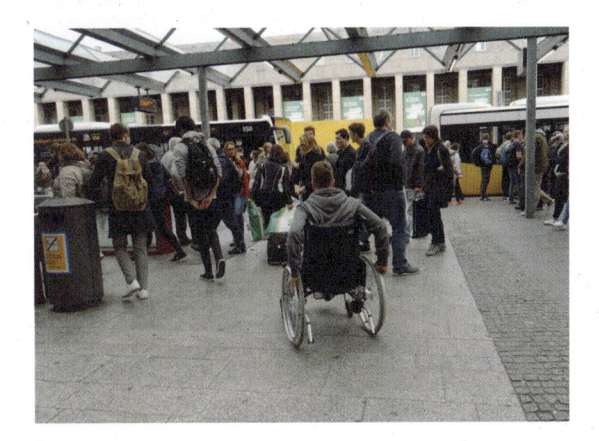

Unterwegs im Rollstuhl

Sitzversuche in einem Alterssimulationsanzug

KAPITEL 5 79

Interdisziplinärer Workshop

Abschluss-präsentation in Anwesenheit von Betroffenen, Vermittlern und ExpertInnen

Expertenrunde mit Studierenden

Ablauf und Einblicke in die transdisziplinäre Zusammenarbeit

Die aktive Einbeziehung von Menschen mit Demenz stellt in der Lehre der Disziplinen Stadtplanung und Architektur aber auch in der Hochschullandschaft ganz allgemein eine ungewohnte Herangehensweise dar. Eine vertrauensvolle Zusammenarbeit ist nicht nur von der Neugier und Bereitschaft der Betroffenen abhängig, einen persönlichen Einblick in ihren Alltag zu gewähren. Studierende sind aufgefordert mit Empathie, sozialer Kompetenz und Zuverlässigkeit nicht nur in ihrer Rolle als Lernende, sondern auch als Forschende aufzutreten. Sie übernehmen Mitverantwortung für den Verlauf der Zusammenarbeit und lassen sich auf einen offenen Lehr- und Forschungsprozess ein.

„Um das Verhalten von Demenzkranken besser zu verstehen, ihre Wohnumwelten passgenauer auf ihre Bedürfnisse zuzuschneiden und das selbstständige Wohnen zu unterstützen, bedarf es vor allem der Kenntnis über die Auswirkungen der Räume und Wohnwelten auf ihr komplexes Erleben und Handeln."

(Myllymäki-Neuhoff 2009: 31)

Zwei Studierende bildeten mit einem Betroffenen, ihrem Paten, ein Team. Im Vorfeld erhielten beide Seiten in einem kurzen Steckbrief einen Überblick über Alter und Geschlecht, Interessen und körperliche Gesundheit sowie biografische Eckdaten über die persönliche Lebensgeschichte. Der Personenschlüssel 2:1 erwies sich als geeignet, da die Studierenden ihre Erfahrungen unmittelbar miteinander teilen und forschungsleitende Vorgehensweisen spontan festlegen konnten. Für die Betroffenen stellte der Umgang mit zwei jungen Menschen eine überschaubare Situation dar. Bei den Betroffenen, die in einer Partnerschaft lebten, nahm der oder die PartnerIn in der Regel eine gleichwertige Rolle ein und war bei den Treffen präsent.

Teambildung

Der erste Termin wurde zumeist in Absprache mit der Vermittlerperson vereinbart, die auch zu Beginn des ersten Treffens anwesend war. Insgesamt waren in wöchentlichen Abständen bis zu vier mehrstündige Treffen vorgesehen. Den jungen ForscherInnen wurde eine grobe Strukturierung der Termine (Kennenlernen, Ortsbegehung, Befragung) vorgeschlagen, jedoch ohne Vorgabe, diese chronologisch und vollumfänglich abzuhandeln. Aufgrund der Möglichkeit, dass sich persönliche Gegebenheiten und Bereitschaft jederzeit ändern, wurde nicht der Anspruch erhoben, einen verbindlichen Ablauf vorzuzeichnen. Dieser zwangsläufig offene Rahmen ermöglichte im positiven Sinne flexible und spontane Gestaltungsmöglichkeiten und sorgte für eine ruhige und entspannte Arbeitsatmosphäre.

Vier Treffen

Das erste Treffen diente allein dem Kennenlernen. Ohne Erwartungsdruck sollte die Möglichkeit geschaffen werden, gegenseitiges Vertrauen aufzubauen und das Forschungsinteresse darzustellen. Aufgrund der Anwesenheit einer Vertrauensperson zeigten sich die meisten Teilnehmenden bereits zu Beginn der Kennenlernphase offen und neugierig. Bei Kaffee und Kuchen wurden biografische Eckdaten ausgetauscht, die soziale Situation erfasst und die Sicht auf das eigene Leben beschrieben. Manche Betroffenen gingen dabei offen auf ihr Leben mit Demenz ein. Die Mehrheit aber umschrieb Demenz mit dem Begriff Vergesslichkeit oder Metaphern wie „Siehste, jeder hat halt einen Vogel.". (Ingeborg Klerk)

Kennenlernen

„Siehste, jeder hat halt einen Vogel."
Ingeborg Klerk

Bei allen Teams stellte sich bereits beim zweiten Treffen eine vertrauensvolle Kommunikation ein. Es wurden persönliche Fragen diskutiert wie „Was kann ich meiner Umgebung zumuten?" oder „Gibt es einen Punkt, an dem ich keinem mehr zu Last fallen möchte?". Themen fernab von städtebaulichen Fragestellungen wie Einsamkeit, Depression und Isolation wurden diskutiert. Für einige Paten schien es befreiend, sich neutralen, jungen GesprächspartnerInnen mitteilen zu können. Begleitende, regelmäßige Supervisionstermine an der Hochschule in Anwesenheit aller Studierenden boten die Gelegenheit, bewegende Erlebnisse und besondere Situationen zu reflektieren und den Erfahrungsschatz aller kollektiv zu weiten. Zu realisieren, dass auch KommilitonInnen bewegende, herausfordernde und interessante

Supervision

Erfahrungen und Beobachtungen machten, bestärkte die allgemeine Erkenntnis, dass Demenz keine vorschnellen Verallgemeinerungen zulässt und vielseitig und ambivalent verlaufen kann.

Ortsbegehungen

Das Ziel bzw. der Wegverlauf der gemeinsamen Ortsbegehungen wurde von den Betroffenen festgelegt. Mit dieser Geste wurde ihnen indirekt die Rolle der Führenden zugeteilt. Die Studierenden teilten sich auf in BegleiterIn (läuft neben dem oder der Führenden her und stellt gezielte Fragen) und BeobachterIn (folgt ein paar Schritte weiter hinten, markiert die Route auf einem Plan und dokumentiert die offenen, teilnehmenden Beobachtungen). Die Spaziergänge führten entlang alltäglicher Wege, durch öffentliche Grünflächen oder zu definierten Zielen wie Begegnungsstätten, Wochen- und Supermärkten oder Freizeitstätten. Die Dauer der Ortsbegehung wurde individuell, je nach körperlicher und mentaler Fitness, spontan festgelegt.

Es war mindestens eine Ortsbegehung vorgesehen. Die meisten Paten waren bereit, auch zwei oder drei Ortsbegehungen zu unternehmen und manche empfingen die Studierenden sogar schon an der Wohnungstür erwartungsvoll in Straßenbekleidung.

Befragungen

Bei einem weiteren Treffen führten die Studierenden ein leitfadengestütztes Interview durch, das zumeist in den Wohnungen der Betroffenen stattfand. Bei einigen Teams wurden die Fragen aufgrund der beeinträchtigten Auffassungsgabe des Teilnehmenden auf zwei Termine verteilt oder beiläufig während der Ortsbegehung gestellt. Der Fragebogen mit insgesamt 24 Fragen war in drei Kategorien aufgeteilt: Zuhause, (räumliches) Wohnumfeld, soziales Umfeld. Den Befragten wurde individuell Zeit gegeben, Fragen zu verstehen und Antworten zu finden. Bei Bedarf wurde die Frage durch Paraphrasen umformuliert. Aufgrund der unterschiedlichen kognitiven Verfassung der Befragten wurde es den Interviewenden freigestellt, welche Fragen tatsächlich gestellt werden sollten. Außerdem war es durchaus erwünscht weitere Fragen anzufügen oder andere Methoden zur Erkenntnisgewinnung anzuwenden (z. B. Entwicklung eines Bilderrätsels).

„Es gibt einen Anfang und es gibt ein Ende. Den Anfang erlebt man nicht mit, sondern da wird man geboren. Da liegt man als Baby plötzlich da. Aber das Ende bekommt man sehr plastisch mit."
Wilhelm Rossi

Vom Suchen und Finden von Menschen mit Demenz

Demenz, als wahrgenommenes gesellschaftliches Tabuthema, stellte das Forschungsvorhaben vor die Herausforderung, sowohl Studierende als auch Menschen mit leichter Demenz und ihre Angehörigen für die Mitwirkung am Lehrforschungsprojekt zu gewinnen.

Nicht viele jungen Menschen spricht die Thematik „Alter und Demenz" an – ganz im Gegenteil. Alter ist heute vor allem negativ konnotiert. Eine alternde und damit zwangsläufig „demente" Gesellschaft ist für viele eine „schlechte Gesellschaft" (Schenk 2008: 15) und wird allzu oft ausschließlich mit Gebrechlichkeit, Vergesslichkeit, Starrsinn und Einsamkeit in Verbindung gebracht.

Tabuthema Demenz

Das macht sich auch in der Gestaltungssprache bemerkbar. Viele gestalterische Lösungen orientieren sich vor allem an den Defiziten des Alters bzw. einer Demenz, also an dem, was jemand im Alter mit einer demenziellen Einschränkung nicht mehr kann. Die Gestaltungssprache ist oft sehr klinisch, steril und kühl und wird so assoziativ mit den Begriffen krank, gebrechlich und alt in Verbindung gebracht. Anstatt Alter und Demenz als spannende gestalterische Herausforderungen zu verstehen und als Chance zu sehen, unsere gesellschaftlichen Werte und Gestaltungsprinzipien neu zu überdenken, wird das Thema oft einfach ignoriert oder verdrängt. Und obwohl sich das Gesellschaftsbild von Menschen in der zweiten Lebenshälfte allmählich differenzierter darstellt und auch mit positiv besetzten Begriffen wie „Silver Surfers", „Engagement", „die neuen Alten" verknüpft wird, setzt sich bei vielen Alten die negative Haltung zum Alter fort. Jenseits der 65 empfinden sich viele als Last und ziehen sich mehr und mehr aus dem gesellschaftlichen Leben zurück.

Defizitorientierte Wahrnehmung

Noch stärker zeichnet sich diese Tendenz beim Eintreten einer Demenz ab. In der Anfangsphase nimmt der Betroffene die Veränderungen, die in ihm vorgehen, bewusst wahr. Aufgrund der unkalkulierbaren Gedächtnislücken baut sich ein immenser Leistungsdruck auf. Dieser führt dazu, dass die Betroffenen durcheinandergeraten, sich missverstanden oder gedemütigt fühlen (vgl. BMG 2016: 27). Aus Selbstschutz und Scham verschließen sich viele zunehmend Neuem und Fremdem und isolieren sich fernab des gesellschaftlichen Lebens in einer Parallelwelt. Andere wiederum entwickeln kreative Taktiken, um ihre Einschränkungen zu vertuschen und suchen aktiv den Kontakt zu Menschen und Orten. Dies vermittelt ihnen Bestätigung, Sicherheit und ein Zugehörigkeitsgefühl. Und dennoch: Offen zu seiner Erkrankung zu stehen, stellt für einen Großteil der Betroffenen eine enorme Hürde dar. Zu groß ist die Angst, abgewiesen zu werden und Selbstbestimmung aufgeben zu müssen.

„Die meisten älteren Menschen möchten so lange wie möglich zu Hause wohnen bleiben – auch im Falle einer gesundheitlichen Beeinträchtigung. Wie kann das städtische Umfeld Sie dabei unterstützen, diesem Wunsch nachzukommen? Woran orientieren Sie sich? Haben Sie Lieblingsorte? Fühlen Sie sich in Ihrer Nachbarschaft gut aufgehoben?"

(Auszug aus dem Info-Flyer der an potenzielle TeilnehmerInnen verteilt wurde.)

Auf der Suche nach potenziellen Teilnehmenden zeigte sich, dass offene und allgemein gerichtete Einladungen, sich an dem Lehrforschungsprojekt zu beteiligen (z. B. Plakate in Begegnungszentren, Flyerverteilung), aufseiten der Demenzbetroffenen auf keine Resonanz stießen. E-Mail-Anfragen, etwa über Angehörige, blieben in der Regel unbeantwortet. Auch hier schien die Stigmatisierung des Alters potenzielle Teilnehmende daran zu hindern, sich zu „outen".

Kein Weg ohne Vermittlerperson

Der entscheidende Türöffner war die persönliche Ansprache durch Vermittlerpersonen. In Kooperation mit sozialen Trägern und Wohlfahrtsverbänden wurden Betroffene und Angehörige gezielt auf das Forschungsvorhaben aufmerksam gemacht. Die MitarbeiterInnen der sozialen Träger und Wohlfahrtsverbände hatten in der Regel bereits eine Vertrauensbasis, die es ihnen ermöglichte vorab über die Ziele, Fragenstellungen und den Ablauf zu informieren und auf Bedenken und Fragen einzugehen. Die persönliche Beziehung zu den Betroffenen und ihren Angehörigen war für eine positive Interessensbekundung entscheidend.

In der Kommunikation mit den potenziellen Teilnehmenden brachte die Verwendung des Begriffes Demenz einen individuellen Abwägungsprozess mit sich. Bei jeder teilnehmenden Person wurde in Absprache mit Vermittlerpersonen oder Angehörigen individuell abgewogen, inwiefern die Demenz offen angesprochen oder durch Begriffe wie Vergesslichkeit oder Desorientierung ersetzt werden sollte. Um die Transparenz zu wahren, wurden die Ziele des Forschungsvorhabens vor und während der Zusammenarbeit stetig verbalisiert. Voraussetzung für die Teilnahme der Betroffenen war ihre freiwillige und informierte Einwilligung. Die Betroffenen und ihre Angehörigen konnten jederzeit ihre Teilnahme abbrechen.

Trotz der bereitwilligen Unterstützung einer Vielzahl ortsansässiger sozialer Träger und Wohlfahrtsverbände war die Suche nach Betroffenen, die mitmachen wollten, zeitintensiv. Grund dafür mag neben der bereits beschriebenen Tabuisierungs- und Stigmatisierungsproblematik auch die Tatsache gewesen sein, dass die Betroffenen und Angehörigen gerade zu Beginn einer Demenz vor vielen neuen Herausforderungen stehen und eine Beteiligung an einem „offenen Prozess" ein zusätzlicher Kraftakt ist.

Aufgrund der Schwierigkeit überhaupt potenzielle Zielpersonen zu finden, wurden keine Auswahlkriterien zu Wohnort, Geschlecht oder Alter festgelegt. Vorgabe war jedoch, dass die Teilnehmenden in einem Privathaushalt oder in ambulant betreuten Einrichtungen leben und ihren Alltag weitestgehend selbst gestalten. Voraussetzung war auch, dass die Betroffenen eine leichte bis mittlere Demenz aufweisen und den Alltag noch größtenteils eigenständig bewältigten (bestehende Alltagskompetenz). Die Teilnehmenden sollten sich außerdem einen Mehrwert versprechen (Abwechslung, Ablenkung, erfahrene Wertschätzung, Kontakt zu jungen Menschen). Per Zufall ergaben sich demnach Wohnort, Geschlechterverhältnis und Altersstruktur.

Verwendung des Begriffs Demenz

*„Was erwartet ihr?
Ich bin dement."
Fridolin Sachs*

Teilnahmevoraussetzungen

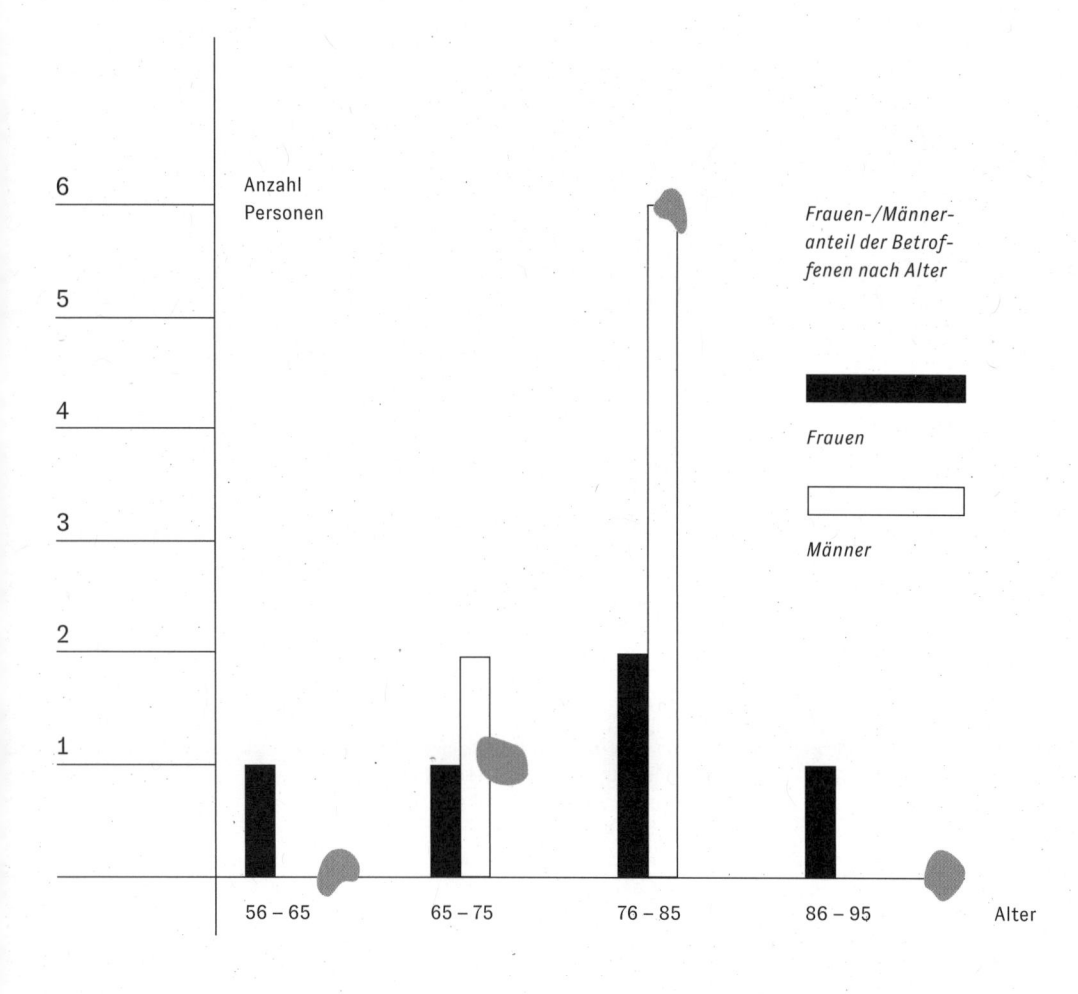

Frauen-/Männeranteil der Betroffenen nach Alter

■ *Frauen*
□ *Männer*

NOTIZEN AUS DER TRANSDISZIPLINÄREN FORSCHUNG — WS 2017/2018 + WS 2018/2019

Neue Wege, neue Perspektiven: Einblicke in eine transdisziplinäre Zusammenarbeit

Studiengänge:

- Master Stadtplanung
- Bachelor und Master Architektur
- Master Innenarchitektur
- Dipl. Kommunikationsdesign
- Dipl. Industriedesign

Akteure:

– 27 Studierende (ForscherInnen)

– 13 Menschen mit Demenz (Betroffene)

– Angehörige und MitarbeiterInnen sozialer Träger und Wohlfahrtsverbände (Vermittlerpersonen)

– ExpertInnen aus Altenhilfe und Pflegewissenschaften (Inputgebende)

– Lehrende und Forschende (Inputgebende, Evaluierende)

Lehrformat:

Wahlfach (4 SWS)

Zeitraum, Frequenz:

1. Wintersemester 2017/2018, Okt. – Dez.

2. Wintersemester 2018/2019, Okt. – Dez.

Auf dem Notizblock ist eine Auswahl studentischer Beobachtungen und Forschungsmethoden dokumentiert.

Ortsbegehungen

Die Paten legten Wegverlauf und Ziel in Absprache mit den Studierenden fest und übernahmen so die führende Rolle. Orientierungsstrategien und Handlungslogiken konnten auf diese Weise spielerischer erfasst werden.

„Je höher der Berg, desto besser"
Elisa Lamberti

„Irgendwo da geht's lang"
Ingeborg Klerk"

Ingeborg Klerk

Elisa Lamberti

Stimmungskurve

Wie reagiert der/die Betroffene auf das städtische Umfeld?

Erfassung der psychischen Verfassung des Paten während einer Ortsbegehung. Es wird deutlich, dass die Orientierungsfähigkeit und Auffassungsgabe mit dem Verlauf der Zeit abnimmt.

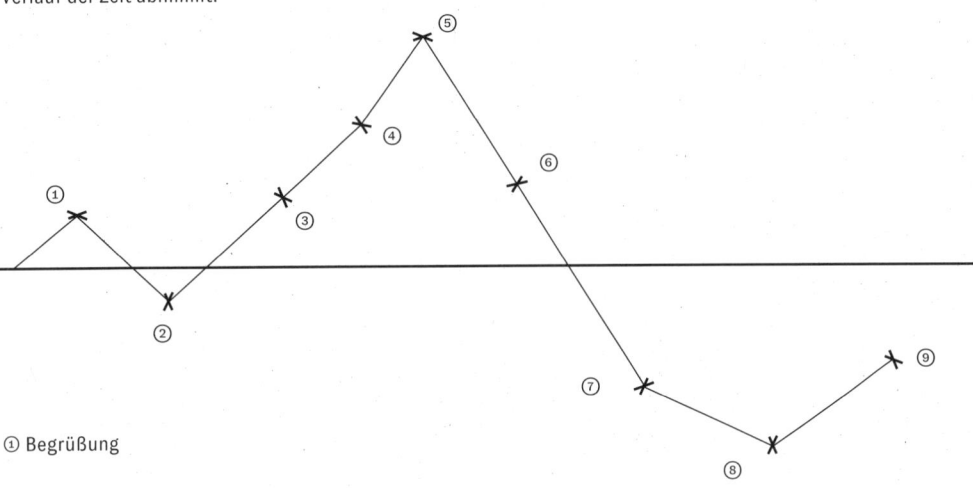

① Begrüßung

– Wolfgang Rudel erkennt uns vom Steckbrief

② Gespräch mit Sohn

– Fragt wiederholt nach Uhrzeit, wirkt etwas verwirrt
– Sohn spricht stark auf ihn ein
– Erklärt uns die Umgebung von seinem Balkon aus

③ Hinfahrt

– Erklärt uns Fixpunkte
– Kennt Abkürzungen

④ Ergotherapie

– Wir sind „Besuch"
– Körperlich fit

⑤ Spaziergang

– Will mit uns irgendwo hingehen
– Aufmerksam, beobachtet viel
– Erklärt uns die Umgebung

⑥ Café

– Erklärt uns die Schwabengalerie
– Freut sich
– Möchte uns einladen

⑦ Rückfahrt

– Andere Bushaltestelle
– Sehr verwirrt

⑧ Zuhause

– Totale Unruhe
– Ärgert sich

⑨ Verabschiedung

– „Tschüss und Danke"
– Denkt, er kommt mit

Barrieren

Als die Studierenden sich mit Ingeborg Klerk auf den Weg in den Tiergarten machen, müssen Sie zunächst viermal Aufzug fahren, um an das richtige Gleis zu kommen.

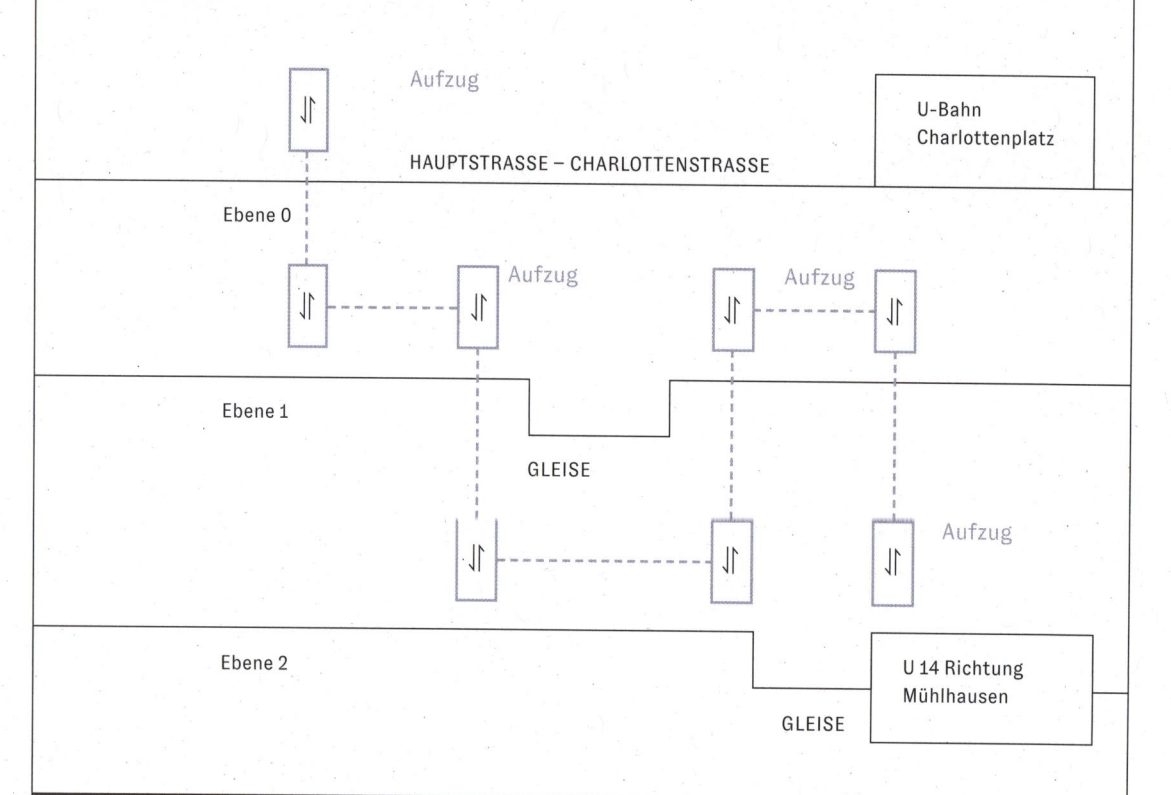

Aufzug

U-Bahn Charlottenplatz

HAUPTSTRASSE – CHARLOTTENSTRASSE

Ebene 0

Aufzug   Aufzug

Ebene 1

GLEISE

Aufzug

Ebene 2

U 14 Richtung Mühlhausen

GLEISE

Bilderrätsel: Identifikation baulicher Merkmale

Günther Norte werden zwei Bilder von ähnlichen Supermärkten vorgelegt, und gefragt, welcher Supermarkt „seiner" ist.

„… doch, das obere ist unser Einkaufsmarkt… Nee, nee, halt, das hier! Das erkenne ich an den Säulen."

Günther Norte erkennt „seinen" Supermarkt anhand der markanten Säulen.

Befragungen

„… schön wäre es, wenn wir wie die Natur einen Winterschlaf machen könnten. Energie tanken und neu starten", sagt Linda Ella.

„Frau Ella plagen vor allem in der kalten Jahreszeit Stimmungsschwankungen. Sie beschäfigt die Frage, bis wann ein Leben mit Demenz überhaupt lebenswert ist."

„Frau Jause, gibt es etwas, was Sie Ihrer Nachbarschaft stört, oder was Ihnen fehlt?" – „Stören tut mich eigentlich nichts, der Berg ist das Einzige. Wie kann man den ein Pflegeheim auf einen Berg bauen? Vollkommen unverständlich."

① Ausschnitt aus Fragebogen
② Ausschnitt aus Fragebogen

①
18. Haben Sie einen Lieblingsort?
Hoch oben auf dem Berg

②
18. Gibt es ausreichend öffentliche Toiletten in Ihrem Stadtteil?
☐ Ja   ☒ Nein → KEINE! GROSSES PROBLEM! ICH MUSS TATSÄCHLICH HEIM LAUFEN! MANCHMAL MUSS ICH SOGAR LAUFEN LASSEN ABER DAS GEHT NICHT IM WINTER MIT NER NASSEN HOSE HEIM ZU GEHEN, BEIM BÄCKER IST ES AUCH PROBLEMATISCH PIN EINGEBEN. DIE EINZIGE MÖGLICHKEIT IST DIE TOILETTE IN DER KIRCHE. MAN MUSS WISSEN WOHIN ES IST NICHTS AUSGESCHILDERT.

19. Nutzen Sie öffentliche Toiletten?
☒ Ja   ☐ Nein

Randnotizen

Auszug Randnotizen über die Treffen mit dem Ehepaar Reis:

1. Treffen: Die Unterhaltung wird hauptsächlich von Frau Reis geführt. Herr Reis schaut sie immer wieder an, trägt aber nicht viel zur Unterhaltung bei.

2. Treffen: Herr Reis wirkte bei Gesprächen anwesender und versuchte, sich in das Gespräch einzubringen. Beim Erzählen von Geschichten aus der Vergangenheit wirkt er besonders glücklich.

3. Treffen: Heute war Herr Reis sehr entspannt und gesprächig. Er hat diesmal sehr viel erzählt und ist beim Spaziergang auf Sachen eingegangen, die ihm auffielen.

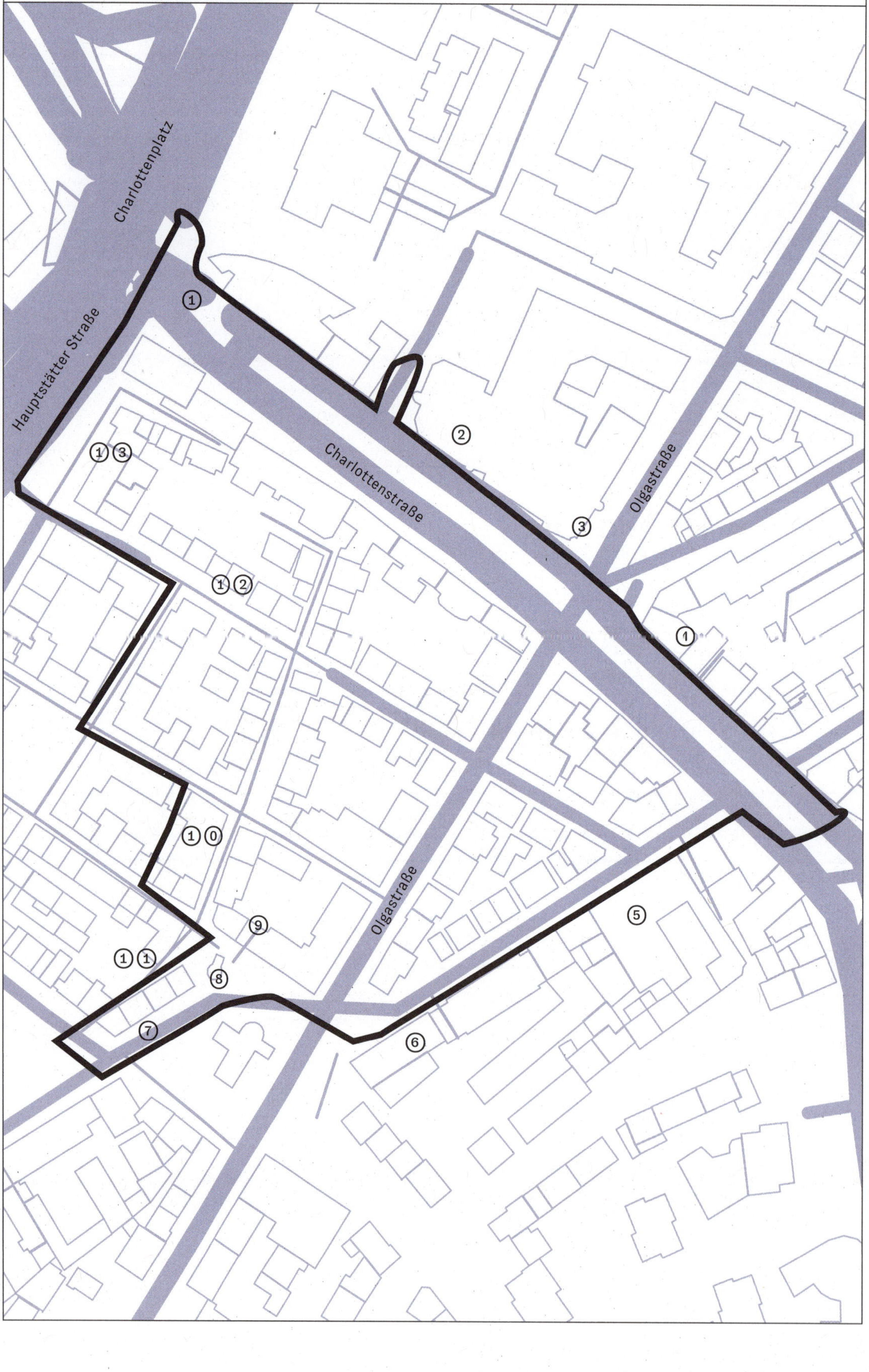
Charlottenplatz
Hauptstätter Straße
Charlottenstraße
Olgastraße
Olgastraße
1
2
3
1
13
12
10
11
9
8
7
6
5

Route einer Ortsbegehung

Bei den Ortsbegehungen waren die Studierenden aufgefordert, ihre offenen Beobachtungen zu dokumentieren. Woran orientiert sich euer Pate? Sind bestimmte Orientierungsstrategien zu beobachten? Welche baulichen Eigenschaften und Merkmale (Ankerpunkte) wie bestimmte Gebäude, Kunstwerke, Brunnen, Briefkasten, Straßenschild, etc. helfen oder hindern bei der Orientierung?

① Straßenüberquerung

– Grüne Ampelphase ist bei allen drei aufeinanderfolgenden Übergängen sehr kurz.

② BW Bank

– Hier geht Ingeborg Klerk immer Geld abheben, den PIN kann sie sich aber nicht merken, weshalb sie lieber am Schalter abhebt.

③ Copyshop

– Hier geht sie manchmal vor Weihnachten hin um Karten kopieren zu lassen, die sie dann versendet.

④ Apotheke

– Ingeborg Klerk weiß auswendig, dass samstags nur bis 14 Uhr geöffnet ist.

⑤ Discounter

– Hier geht sie immer einkaufen, entweder mit Einkaufstasche oder Rolli. Sie ist froh, dass der Laden in ihrer Nähe ist. Sie sagt, dass immer mindestens ein Bettler davor sitzt, und gibt gerne etwas Kleingeld.

⑥ DHL

– Ingeborg Klerk sagt, früher wäre es eine große Filiale gewesen, jetzt nur noch ein Automat. Sie wundert sich, für was die großen Antennen auf dem Dach gut sind.

⑦ Kunstladen

– Ingeborg Klerk sagt, im Schaufenster wären neue Exponate, das wechsele immer wieder.

⑧ Am Straßenrand

– Ingeborg Klerk flüstert, das sei ein Puff.

⑨ Weinstube

– Ingeborg Klerk sagt, sie sei zwei- bis dreimal hier eingeladen gewesen, es sei sehr eng oben drin.

⑩ Friseur

– Sie sagt, früher sei hier ein Antiquitätenladen gewesen, zu dem sie ab und zu gegangen ist, der Eingang sei auf der anderen Seite.

⑪ Am Straßenrand

– Ingeborg Klerk zeigt Richtung Nord-Westen und sagt, da unten sei der Breuninger (Kaufhaus).

⑫ Friseur

– Hier geht Ingeborg Klerk immer zum Friseur, letztes Mal war sie aber nicht zufrieden.

⑬ „CityTree" Sitzmöbel

– Sitzmöbel ist aus Holz und hat eine angenehme Sitzhöhe. Als wir fragen, ob wir kurz sitzen bleiben sollen springt sie auf und sagt: „Nein! Wir sind ja gleich da!"

Bilderrätsel: Farberkennung

① Welche Farbe hat das S-Bahn Schild in Stuttgart? Ingeborg Klerk zögert einen Moment und gibt schließlich die richtige Antwort.

② Bei einer Ortsbegehung zeigt Elisa Lamberti typische Gebäude ihres Quartiers. So auch das alte Rathaus. Zwei Wochen später erkennt sie das Gebäude auf einer einfachen Strichzeichnung ③, die ihr die Studierenden vorlegen sofort wieder: „Das Rathaus habe ich sofort erkannt."

Ortsbegehungen

„Herr Rudel, warum müssen wir die Straße überqueren?" – „Ja, das weiß ich auch nicht."

„I lauf ned gern an der Straße, wo Autos fahren."
Helga Jause

Helga Jause

Wolfgang Rudel

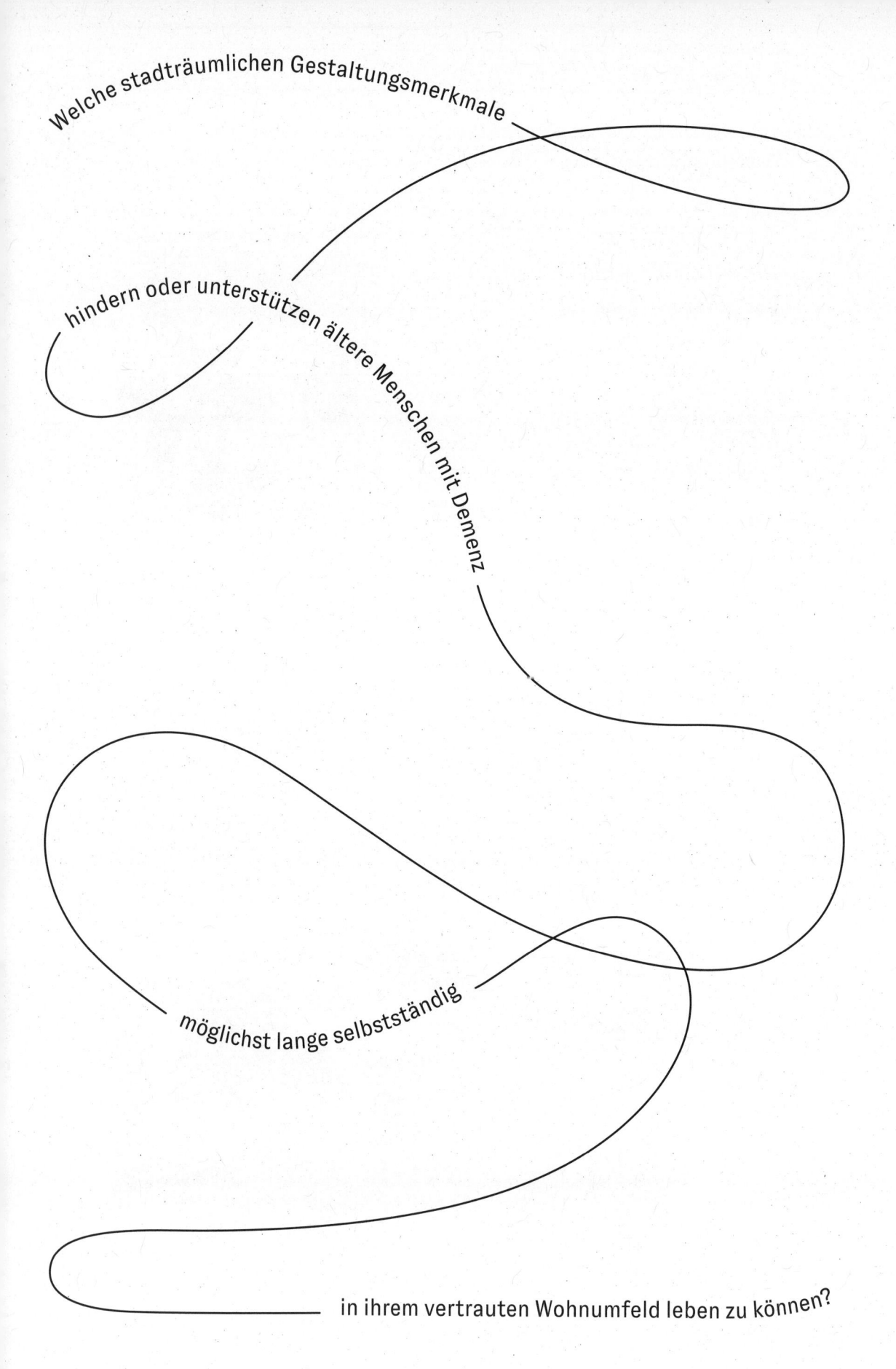

Welche stadträumlichen Gestaltungsmerkmale hindern oder unterstützen ältere Menschen mit Demenz möglichst lange selbstständig in ihrem vertrauten Wohnumfeld leben zu können?

WISSEN VON MENSCHEN MIT DEMENZ

6.

Linda Ella, Fridolin Sachs und Wilhelm Rossi: Menschen mit Demenz in der Stadt

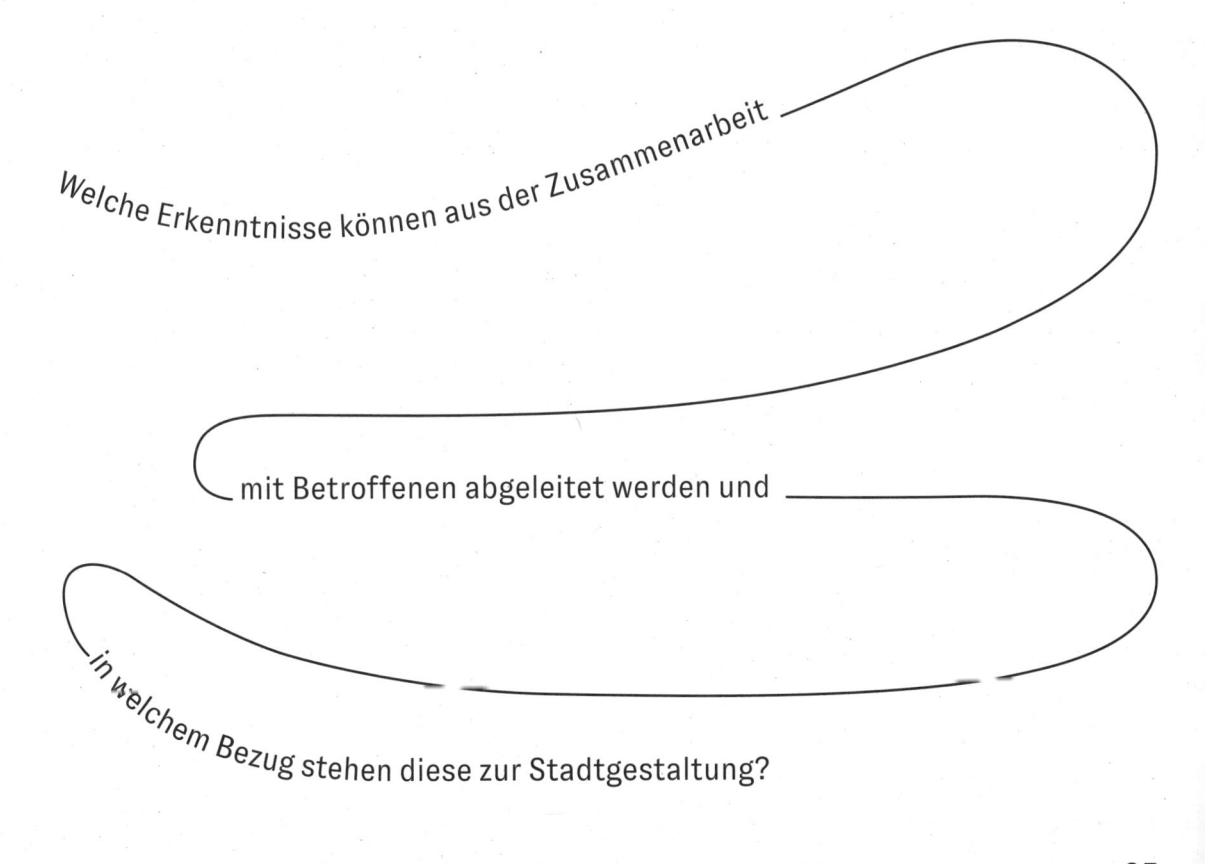

Welche Erkenntnisse können aus der Zusammenarbeit mit Betroffenen abgeleitet werden und in welchem Bezug stehen diese zur Stadtgestaltung?

(Städte-)bauliche Strukturen haben einen unmittelbaren Einfluss darauf, wie und wo eine Demenz zum Ausdruck kommt. Doch ist die daraus resultierende Verantwortung den planenden und gestaltenden Disziplinen nicht immer bewusst. Genauso wenig besteht ein Selbstverständnis darüber, welche Anknüpfungspunkte und Handlungsspielräume sich für die Perspektive Stadtgestaltung ergeben.

Dieses Kapitel lenkt die Perspektive der stadtgestaltenden Disziplinen auf das Thema Demenz. Nachdem im 4. Kapitel ein räumlicher Überblick von 13 Wohnorten der Menschen mit Demenz gegeben wurde, wird in diesem Kapitel auf Grundlage der studentischen Beobachtungen (5. Kapitel) ein Perspektivwechsel eingeleitet.

Der Perspektivwechsel erweitert den räumlichen Betrachtungswinkel durch die menschliche Perspektive Demenz und setzt gebaute Strukturen mit lebensweltlichen Handlungen in Verbindung.

Als stadtraumbezogener Untersuchungsrahmen diente der definierte Betrachtungsradius von Lynne Mitchell und Elizabeth Burton von 800 bzw. 500 Metern (vlg. Seite 17). Sie beschränken die städtebauliche Dimension eines Wohnumfelds von Demenz-Betroffenen auf Radien, ausgehend von der Wohnungstür und nicht, wie in der Stadtbaupraxis üblich, auf Stadtteilgemarkungen bzw. Grenzen.

Dieser Kreis beschreibt den primären Betrachtungsradius von 500 Metern der Wohnorte der Menschen mit Demenz. Im Mittelpunkt • befindet sich der Wohnort welcher zum Zwecke der Anonymisierung nicht eindeutig zuzuordnen ist.

Dieser Kreis beschreibt den sekundären Betrachtungsradius von 800 Metern der Wohnorte der Menschen mit Demenz.

Menschen mit Demenz:

① Helga Jause
② Wilhelm Rossi
③ Günther Norte
④ Werner May
⑤ Hans Lorenz
⑥ Elisa Lamberti
⑦ Ingeborg Klerk
⑧ Linda Ella
⑨ Fridolin Sachs
①⓪ Wolfgang Rudel
①① Walter Armin
①② Theo Reis
①③ Eleonore Weiss

KAPITEL 6

Perspektive Stadtgestaltung: stadträumliche Gegebenheiten am Beispiel von 13 Wohnorten in Stuttgart

Betrachtungsraum Stuttgart

Die baden-württembergische Landeshauptstadt Stuttgart ist mit dem südöstlich angrenzenden Landkreis Esslingen Untersuchungsstandort des Lehrforschungsprojektes. Die Wahl erfolgte nicht nur aufgrund des heterogenen städtebaulichen Gefüges und eines breiten Spektrums an Lebensformen, sondern auch aufgrund des dort ansässigen Hochschulstandorts. Es bot sich die Chance, Lehre und Forschung miteinander zu verknüpfen.

Die polyzentrische Stadt Stuttgart ist in 23 Stadtbezirke und 152 Stadtteile gegliedert. 2018 lebten hier circa 612.000 EinwohnerInnen *(vgl. Landeshauptstadt Stuttgart 2018: 1)*. Stuttgart gehört zu den am dichtesten besiedelten Großstädten der Bundesrepublik Deutschland und verfügt neben den Innenstadtgebieten (Mitte, West, Nord, Ost und Süd) mit großstädtischem Bebauungscharakter über Stadtbezirke unterschiedlicher städtebaulicher Typologie (z. B. Degerloch), stetig gewachsene Industriegemeinden (z. B. Feuerbach) und Stadtteile mit historisch geprägten dörfliche Strukturen (z. B. Wangen). Als wirtschaftsstarker und dynamischer Standort ist Stuttgart aktuell mit einem angespannten Wohnungsmarkt, zunehmender Mobilität und Fragen sozialer Ausgewogenheit und Integration konfrontiert. Es setzen verstärkt Verdrängungsprozesse ein, von denen auch ältere Menschen mit geringem Renteneinkommen mehr und mehr betroffen sind. Stuttgart steht sinnbildlich für andere Groß- und Unternehmerstädte, die aufgrund vieler junger dort lebender und arbeitender Menschen gute Zukunftsvoraussetzungen haben, zugleich aber vor der Herausforderung stehen, den heterogenen Bedürfnissen von Kindern und Jugendlichen, Familien, Studierenden und Auszubildenden, Erwerbstätigen und älteren Menschen gerecht zu werden.

Demenz in Stuttgart

Zur Anzahl Demenzbetroffener in Stuttgart gibt es keine genauen Zahlen. Ein geschätzter Näherungswert kann von den Zahlen der Erkrankten über 65 Jahre in Deutschland auf die Landeshauptstadt abgeleitet werden. Demnach lebten 2017 in Stuttgart circa 110.000 Menschen über 65 Jahre. Nach Schätzungen der Deutschen Alzheimer Gesellschaft *(vgl. Bickel 2018: 1)* sind etwa 9,99 Prozent der in Deutschland lebenden Menschen über 65 Jahre von einer Demenz betroffen. Somit kann davon ausgegangen werden, dass in Stuttgart knapp 11.000 Menschen demenziell erkrankt sind.

Stadtplanerische Praxis

Bestandsaufnahmen und -analysen sind feste Bestandteile der stadtplanerischen Praxis. Am Anfang von Planungsprozessen werden Gebiets- und Umgebungsmerkmale (Dichte, Größe, Heterogenität) eines Quartiers, Stadtteils oder der Gesamtstadt erfasst, ausgewertet und interpretiert. Als Werkzeuge zur Untersuchung von Stadträumen bieten sich verschiedene Analysemethoden an, die beispielsweise anhand von Karten geschichtliche und bauliche Entwicklungen darstellen, Gebäudetypologien und Nutzungen kategorisieren, Frei-, Verkehrs-, Industrie- und Wohnflächen in ein Verhältnis setzen oder Gebiete nach Stärken und Schwächen analysieren. Hard Facts sozialer Gegebenheiten und Nutzerbedürfnisse fließen entweder datenbasiert oder anhand von Umfragen (z. B. Bürgerbeteiligungen) in die Untersuchung mit ein.

Die Aufgabe von Stadtplanung und anderen gestaltenden und planenden Disziplinen liegt darin, Räume, Quartiere, bauliche Strukturen und Mobilität so in Einklang zu bringen, dass das Gesamtbild den sozialen und räumlichen Bedürfnissen der BewohnerInnen und NutzerInnen entspricht. Doch welche Bedürfnisse haben Menschen mit Demenz? Welche Herausforderungen und Potenziale lassen sich in Bezug auf das stadträumliche Umfeld identifizieren? Wo liegen mögliche Anknüpfungspunkte oder Verantwortungsbereiche aus der Perspektive der Stadtgestaltung und anderer planender Disziplinen?

Demenz ist mehrdimensional und fordert eine komplexe Betrachtung aus unterschiedlichen Perspektiven. Für den Betrachtungsraum Stadt bedeutet dies, Forschungsbemühungen nicht allein auf (stadt-)räumliche Strukturen zu beziehen, sondern gleichermaßen auch alltagsprägende Abläufe, Rituale und Gegebenheiten zu untersuchen. Welche demenzspezifischen Herausforderungen betreffen überhaupt den städtischen Kontext? Sind es bauliche Merkmale, die eine Orientierung erleichtern oder erschweren? Sind es infrastrukturelle Maßnahmen, die entscheidend sind, ob sich ein Mensch mit kognitiven Einschränkungen in Sicherheit, frei und selbstständig außerhäuslich bewegen kann? Ist es die Gestaltung und Verortung öffentlicher Räume, die eine räumliche und soziale Teilhabe ermöglichen oder verhindern? Sind es die Ankerpunkte eines Stadtviertels, die Identität stiften?

Der ko-kreative Austausch mit Betroffenen ermöglichte einen Perspektivwechsel und damit die Chance Antworten auf diese Fragen zu finden. Von der Betrachtung der Perspektiven von Menschen mit Demenz konnten schließlich Erkenntnisse darüber erlangt werden, welche Berührungspunkte Demenz und Stadt tatsächlich haben.

„Wenn wir alle von den Folgen städtebaulicher Maßnahmen betroffen werden, so müssen wir auch alle sagen, was wir brauchen und wünschen."

(Froriep/Halstenberg/Wolff 1959: 9)

Perspektive Demenz: raumbezogene Wünsche und Bedürfnisse von 13 Menschen mit Demenz

In der Anfangsphase einer Demenz sind Betroffene imstande, Aussagen über ihre persönlichen Bedürfnisse, Ängste und Werte zu treffen und authentische Einblicke in ihren Alltag zu gewähren *(vgl. Bödecker 2015; Cantley und Steven 2004)*. Ausgehend von dieser Einsicht wurden gemeinsam mit Betroffenen Stadträume erforscht und ko-kreative Methoden konzipiert und angewendet, um die Perspektive Demenz auf die Perspektive Stadtgestaltung zu projizieren bzw. zu übersetzen. Für die Zusammenarbeit mit Betroffenen war es entscheidend, den Menschen mit all seinen (sozial-)räumlichen Beziehungen zu betrachten sowie offen und intuitiv auf situativ-spontane Gegebenheiten eingehen zu können und diese festzuhalten. Das Einnehmen der Perspektive Demenz, also Betroffene dabei offen zu beobachten, wie sie sich durch ihr vertrautes Wohnquartier bewegen und mit gebauten Strukturen und Menschen interagieren, zeichnete ein differenziertes Bild vielschichtiger Herausforderungen, Bedürfnisse, Wahrnehmungen sowie Potenziale ab, und verdeutlichte die Komplexität des Themenbereichs Demenz und Stadt. So konnten stadträumliche Herausforderungen und Potenziale identifiziert und eine realitätsbezogene Grundlage geschaffen werden, um relevante Anknüpfungspunkte zur Generierung von entwurfsbasierten Lösungsansätzen aus Perspektive der Stadtgestaltung zu erarbeiten.

Auf den folgenden Seiten werden die Beobachtungen und Erkenntnisse aus der Zusammenarbeit mit 13 Menschen mit Demenz in einen stadträumlichen Kontext gesetzt und bauliche Merkmale, Ankerpunkte, Phänomene, Rituale, Herausforderungen und Potenziale sichtbar gemacht.

Perspektivwechsel

„Unterschiedliche Perspektiven erlauben uns, über Räume anders nachzudenken."

(Lucas 2016: 9)

① Helga Jause: die gute Seele

① Das Altenheim mit Betreutem Wohnen ist ihr Wohnort.

② Die Litfaßsäule ist ihr zentraler Ankerpunkt.

③ Hier lebte sie mit ihrem Mann knapp 30 Jahre in einer Mietwohnung.

④ In dem Supermarkt arbeitete sie viele Jahre und begegnet auch heute noch ehemaligen Kunden, wenn sie unterwegs ist.

– Der tägliche Spaziergang ist Dreh und Angelpunkt in der Tagesplanung.

– Helga Jause ist Sonnenanbeterin und plant ihre Wege gerne nach dem Sonnenstand.

– Vor knapp einem Jahr ist Helga Jause ins Betreute Wohnen mit angegliederten Altenheim gezogen. Ihre alte Wohnung ist nur wenige hundert Meter entfernt, was ihr die räumliche Orientierung sehr erleichtert.

„Normalerweise gehe ich hier nach links, aber da ist so spät keine Sonne mehr."

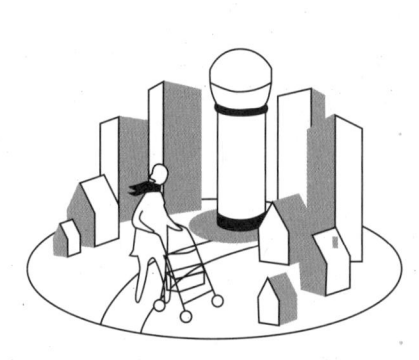

Auf ihrem täglichen Weg durch Neugereut begegnen Helga Jause viele bekannte Gesichter, mit denen sie gerne ein „Wörtchen schwätzt". Lange Jahre hat sie in dem zentral gelegenen Supermarkt im Einkaufszentrum gearbeitet. Bevor sie ins Betreute Wohnen umziehen musste, hat sie gemeinsam mit ihrem verstorbenen Mann über 50 Jahre in einer nahe gelegenen Wohnung gelebt. Das Verlassen gewohnter Räume und Strukturen führte zunächst zu einer Verschlechterung ihrer demenziellen Erkrankung. Dieser kritische Zustand konnte dank der Einführung eines geregelten Tagesablaufs gut abgefangen werden. Helga Jause hat eine Tochter und Enkelkinder, die zwar nicht unmittelbar in der Nähe wohnen, aber sich dennoch sehr aufmerksam um sie kümmern. Täglich ruft die Tochter an und erkundigt sich nach ihrem Befinden. Helga Jause liegt das Wohlbefinden ihrer Gäste sehr am Herzen, sodass sie immer eine Kleinigkeit zum Verkosten zu Hause vorrätig hat.

Alter	81 Jahre alt
Familienstand	verwitwet, 2 Kinder
Charakter	kontaktfreudig, umsorgend, gutmütig
Demenz und Kompetenz im Alltag	leichte Demenz, bezeichnet sich als vergesslich, sucht die Nähe und den Austausch zu anderen Menschen, versorgt sich selbst
Orientierung	nach Umzug zeitliche Desorientierung, durch geregelten Tagesablauf abgefangen, sehr gute räumliche Orientierung
Wohnform	lebt seit 1 Jahr im Betreuten Wohnen, 1-Zi.-Appartement, EG
Quartier und Identität	starke Verbundenheit, hat hier mit ihrem Mann über 50 Jahre gewohnt, kauft täglich ein und trifft dabei viele Bekannte
Räumliche und soziale Teilhabe, Sicherheit	ist durch ihre langjährige Arbeit an der Supermarktkasse bekannt, bewegt sich gern und viel im gesamten Quartier
Stadtteil	Neugereut

② Wilhelm Rossi: der Heimatverbundene

① Hier befinden sich alle relevanten Dienstleister des alltäglichen Bedarfs: Discounter, Post und Bäcker.

② Bibliothek

③ Bank

④ Mehrgenerationenhaus mit offenen Angeboten für die Quartierbewohner-Innen

⑤ S- und U-Bahn

– Zugang zur S-Bahn ist nur über Treppen möglich. Dadurch ist das Ehepaar gezwungen öfter das Auto nutzen.

– Frau Rossi erledigt alle Besorgungen im Quartier und ist mit dem Angebot in ihrem Stadtviertel zufrieden.

– Aufgrund seiner Knieprobleme geht Wilhelm Rossi eigentlich nicht mehr vor die Tür. Im Herzen fühlt er sich mit „seinem" Quartier dennoch tief verbunden.

„Wir lieben beide unsere Stadt. Etwas mehr Sauberkeit auf den Straßen wäre wünschenswert."

Wilhelm Rossi ist 81 Jahre alt und wird von seiner Ehefrau gepflegt und betreut. Er zeigt leichte bis mittlere demenzielle Einschränkungen und ist sich dessen bewusst. Er hat Knieprobleme, ist nicht mehr gut zu Fuß und steigt ungern Treppen. Als Folge geht er nur noch selten vor die Tür, was ihn aber nicht weiter stört. Im Herzen fühlt er sich immer noch stark mit „seinem" Quartier verbunden. Hier wurde er geboren und lange Jahre hat er sich ins stadtpolitische Geschehen eingebracht. Wilhelm Rossi ist diplomierter Maschinenbauer und hat im Bereich Patentvergabe gearbeitet. Was seinen Beruf betrifft, weiß er noch immer sehr gut Bescheid und erzählt begeistert davon. Einmal die Woche wird er von einem Fahrdienst abgeholt, um eine Betreuungsgruppe für Menschen mit Demenz zu besuchen. Hier geht er sehr gerne hin, um zu basteln und Spiele zu spielen. Früher hätte er sich nicht vorstellen können, dass ihm „so etwas" mal Freude bereitet.

Alter	81 Jahre alt
Familienstand	verheiratet, 2 Kinder
Charakter	partnerschaftlich, interessiert, höflich
Demenz und Kompetenz im Alltag	leichte bis mittlere Demenz, bewusster Umgang mit Erkrankung, Kniebeschwerden, auf Rollator angewiesen, schlechte Kondition, Inkontinenz, Pflege durch Ehefrau und ambulanten Pflegedienst
Orientierung	räumliche Orientierung nicht zu beurteilen, abnehmende zeitlichen Orientierung
Wohnform	Eigentumswohnung, Mehrfamilienhaus, EG (7 Stufen), seit 45 Jahren
Quartier und Identität	starke Verbundenheit, interessiert am Ortsgeschehen, Angebote wie Betreuungsgruppe werden gezielt genutzt, Besorgungen erledigt die Ehefrau
Räumliche und soziale Teilhabe, Sicherheit	verlässt nur noch selten die Wohnung aus Sorge zu stolpern oder es konditionell nicht zu schaffen, Kontakt zu anderen Menschen wird gezielt gesucht, Betreuungsgruppe
Stadtteil	Espan

③ Günther Norte: der Stadtführer

① Das Generationenhaus bezeichnet Herr Norte treffend als „braunen Klotz", denn das Gebäude ist braun gestrichen.

② Das Römerkastell ist ein zentraler Orientierungspunkt für Günther Norte.

③ Den Supermarkt mit markanter Außenfassade hat er auf Bildern wiedererkannt.

– Eigentlich gibt es keine Orte, die Günther Norte meidet. Er bezeichnet sich selber als Entdecker.

– Günther Norte verknüpft mit gebauten Strukturen und dessen Architekturen, Materialitäten, Farben und historischen Merkmalen bildhafte Narrative und sein explizietes Wissen. So auch mit dem Römerkastell, das er an den Sandsteinen erkennt.

„Ich bin ein Baumfan!"

Alter	80 Jahre alt
Familienstand	verheiratet, 1 Kind
Charakter	neugierig, redegewandt, belesen
Demenz und Kompetenz im Alltag	leichte bis mittlere Demenz, wird nicht thematisiert, gut zu Fuß, neigt zu Wiederholungen, pflegt und kleidet sich selbst, alle anderen Alltagsaufgaben werden von seiner Tochter übernommen (Einkauf)
Orientierung	räumliche Orientierung setzt teilweise aus, abnehmende zeitlichen Orientierung
Wohnform	ambulanter Wohngemeinschaf, Bewohnerzimmer, 4. Stock, mit Aufzug, seit 3 Monaten
Quartier und Identität	keine starke Ortsbindung, jedoch interessiert an der Umwelt („Entdecker"), gemeinschaftliches Leben in der WG wird wertgeschätzt
Räumliche und soziale Teilhabe, Sicherheit	naturverbunden, geht gerne spazieren, verbindet gebauten Strukturen mit Geschichten und explizitem Wissen, genießt es, sein Wissen zu teilen, fühlt sich in Begleitung sehr sicher
Stadtteil	Hallschlag

Seit vier Monaten wohnt Günther Norte mit seiner Frau im kürzlich eingeweihten Generationenhaus mitten im Stadtviertel Hallschlag. Das neue Leben in einer ambulanten Wohngemeinschaft war zu Beginn gewöhnungsbedürftig, aber mittlerweile hat sich Günther Norte gut eingelebt. Das mag vor allem an der konstanten Präsenz seiner Tochter liegen, die sich aktiv in den WG-Alltag einbringt. Alle BewohnerInnen haben ihr eigenes Zimmer. Die Wohnung bietet außerdem Rückzugsorte wie einen großen Balkon mit Ausblick auf die Nachbarschaft. Günther Norte war Lehrer der alten Schule. Bei gutem Wetter geht er täglich in Begleitung spazieren. Alleine würde er sich wahrscheinlich verlaufen, denn seine Neugier bringt ihn gern mal vom Weg ab. Bei Spaziergängen bereitet es ihm große Freude, seine Mitmenschen auf bauhistorische Merkmale hinzuweisen und – im positiven Sinne – zu belehren. In seinem Quartier fehlen ihm am meisten Grünflächen und Bäume.

④ Werner May: der Umsorgte

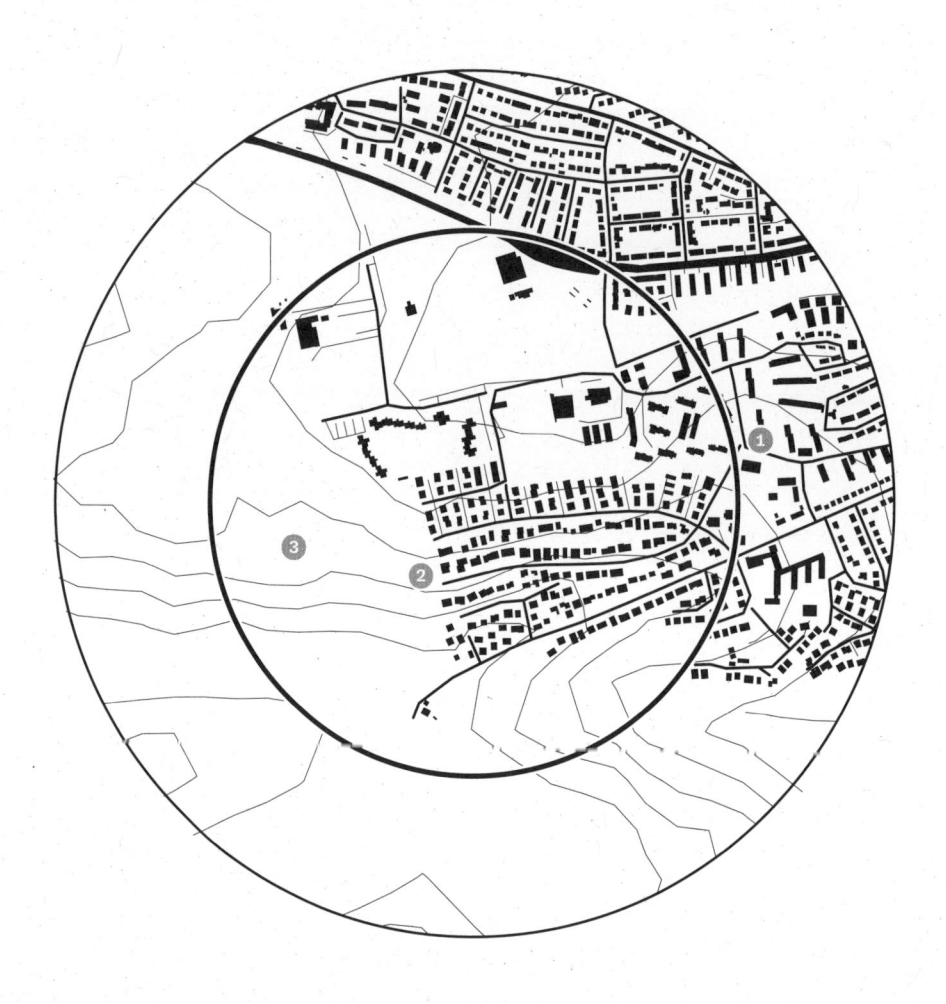

① Der nächste Supermarkt ist zu weit entfernt, sodass dieser nur mit dem Auto erreichbar ist.

② Die Topografie des Quartiers mit vielen Stufen ist für die Bedienung eines Rollators ungeeignet.

③ Das Ehepaar geht oft im nahe gelegenen Wald spazieren.

– Frau May „kompensiert" die Demenz ihres Mannes. Sie ist der ausschlaggebender Faktor, für das Verbleiben ihres Mannes in der eigenen Wohnung. In den Augen von Frau May fehlt es dem Ehepaar an nichts.

– Das Bad wurde vergangenes Jahr barrierefrei umgebaut, um die Pflege von Werner May zu vereinfachen und somit die Chancen zu erhöhen, möglichst lange in der Wohnung leben zu können.

„Eigentlich fehlt es uns an nichts."

Werner May lebt mit seiner Ehefrau in einer Eigentumswohnung in Feuerbach. Das Ehepaar hat drei Töchter, die in der Nähe leben und regelmäßig vorbeischauen. Für das Ehepaar steht fest: „Wir möchten so lange es geht hier wohnen bleiben." Ihre Töchter wünschen sich, dass die Eltern bald ins Betreute Wohnen ziehen. Das wollen Werner May und seine Frau vorerst aber nicht. Im Falle einer Verschlechterung des Gesundheitszustands kommt für die beiden höchstens die Inanspruchnahme ambulanter Versorgungsoptionen infrage. Werner May weiß über seine Demenz Bescheid, man redet aber nicht drüber. Er hat Knieprobleme und ist auf einen Rollator angewiesen. Frau May befindet sich körperlich und geistig in sehr guter Verfassung, pflegt und betreut ihren Mann rund um die Uhr. Ohne sie geht nichts. Einmal die Woche geht Werner May in die Tagespflege, damit seine Frau ihren Hobbys nachgehen und etwas zur Ruhe kommen kann.

Alter	84 Jahre alt
Familienstand	verheiratet, 3 Kinder
Charakter	lebensfroh, zufrieden, bescheiden
Demenz und Kompetenz im Alltag	leichte Demenz, wird nicht thematisiert, Demenz und eingschränkte Motorik (Kniebeschwerden) werden stark durch die Ehepartnerin ausgeglichen, auf Rollator angewiesen
Orientierung	räumliche Orientierung in gewohnten Strukturen gut, abnehmende zeitlichen Orientierung
Wohnform	gute räumliche Orientierung in gewohnten Strukturen, abnehmende zeitlichen Orientierung
Quartier und Identität	starke Verbundenheit, v.a. mit den eigenen vier Wänden, ein Umzug kommt nicht infrage, einmal die Woche Tagespflege mit Fahrdienst
Räumliche und soziale Teilhabe, Sicherheit	unternimmt gerne Spaziergänge mit seiner Frau, um in Bewegung zu bleiben, Ausflüge werden mit dem PKW unternommen (Frau fährt), Topografie erschwert die aktive Nutzung des Viertels
Stadtteil	Hohe Warte

⑤ Hans Lorenz: der Zugezogene

① Das Betreute Wohnen befindet sich in der Straßenflucht zurückversetzt und auf einem Hügel. Dadurch ist Hans Lorenz schon mehrmals daran vorbeigelaufen.

② Der Kirchturm ist ein wichtiger Ankerpunkt für ihn.

③ Der nächste Supermarkt ist für ihn zu groß und zu unübersichtlich.

– Im Herzen lebt er weiter in der Pfalz.

– In verwirrten Momenten denkt Hans Lorenz, dass er im Urlaub bei seiner Tochter in Stuttgart sei.

– Die räumliche und zeitliche Orientierungsfähigkeit von Hans Lorenz hat sich mit dem Umzug stark verschlechtert. Zeitweise findet er den Weg in den Speisesaal nicht. Das Gelände verlässt er, aus Angst sich zu verlaufen, nur in Begleitung.

„Wir sind zu weit gelaufen. Das Haus war schwer zu erkennen."

Alter	83 Jahre alt
Familienstand	verwitwet, 2 Kinder
Charakter	schüchtern, bescheiden, nachdenklich
Demenz und Kompetenz im Alltag	leichte Demenz, ist sich seiner Erkrankung bewusst, umschreibt diese gelegentlich, beginnende Parkinson-Erkrankung, dennoch körperlich fit, sehr eigenständig, Einkäufe erledigt Tochter
Orientierung	Umzug hat Demenz verschlechtert, insbesondere räumliche Orientierung, lebt oft in der Vergangenheit
Wohnform	Betreutes Wohnen, 1-Zi.-Appartement, 2. Stock, mit Aufzug, seit ein paar Monaten
Quartier und Identität	keine Ortsbindung, Stuttgart-Ost ist durch vorherige Besuche bekannt, hängt stark an seiner Heimat Pfalz, nutzt die Angebote im Haus
Räumliche und soziale Teilhabe, Sicherheit	geht eigentlich gerne nach draußen, hat aber Angst sich zu verlaufen, zügiger Gang, bei unebenen Stellen teilweise unsicher und „tapsig", scheut aus Angst, abgelehnt zu werden, den Kontakt mit Bewohnerinnen (ca. 70 Frauen, 2 Männer)
Stadtteil	Ostheim

Hans Lorenz ist erst vor Kurzem ins betreute Wohnen gezogen. Seine Tochter lebt seit 20 Jahren in Stuttgart-Ost und hat ihren Vater, nachdem er mehrmals nachts „umhergewandert" war und die Betreuung durch eine 24-Stunden-Hilfskraft nicht gut funktionierte, nach Stuttgart geholt. Sein ganzes Leben hat er in Neustadt an der Weinstraße (Rheinland-Pfalz) gewohnt. Dort hatte er ein Haus mit Garten und baute leidenschaftlich Obst an. Hans Lorenz ist gelernter Maurer und interessiert am aktuellen Politikgeschehen. Gedanklich lebt er oft in der Vergangenheit. Und dennoch kann er sich selber versorgen, lebt seinen Tagesrhythmus, bereitet sich einfache Gerichte zu, pflegt und kleidet sich. Obwohl er nun in der Nähe seiner Tochter lebt, fühlt sich Hans Lorenz in seinem neuen Zuhause sehr einsam. Er vermisst seine alte Heimat Rheinland-Pfalz.

⑥ Elisa Lamberti: die Umtriebige

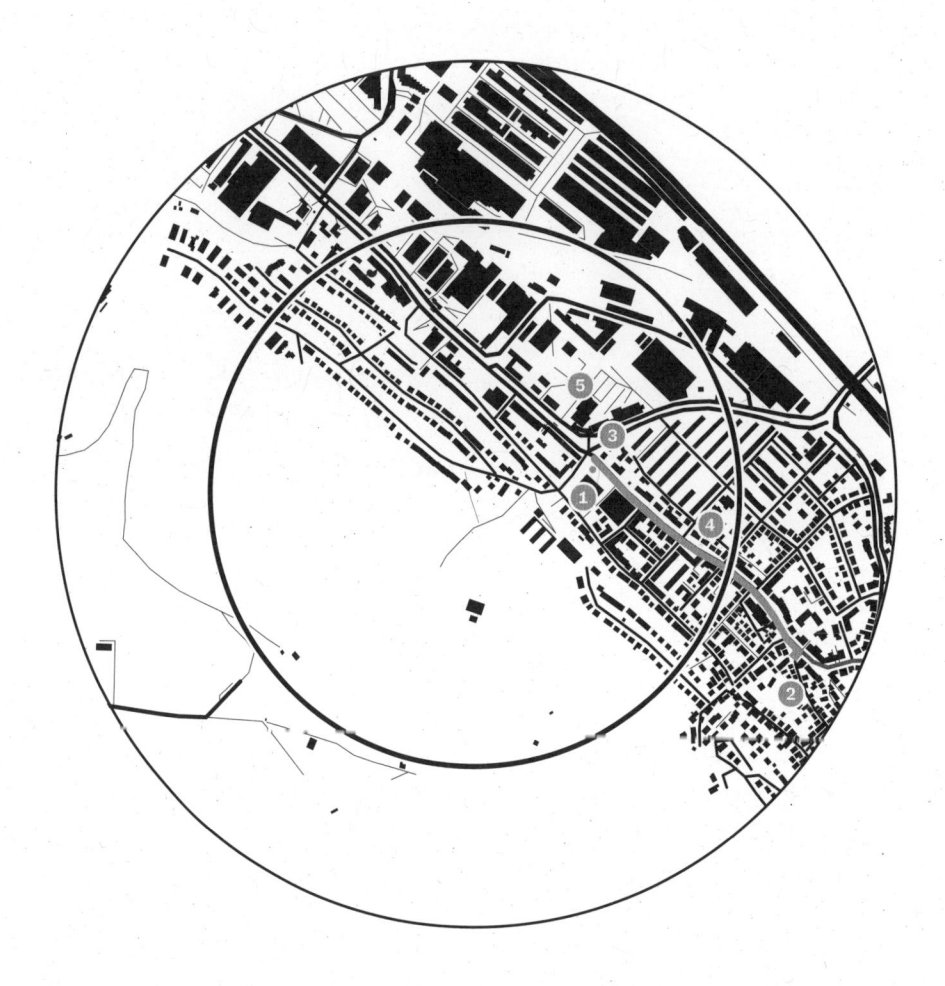

❶ Das markante Kunstwerk am Ortseingang ist ein wichtiger Ankerpunkt.

❷ Am Ende der Einkaufstraße steht ein weiterer Ankerpunkt: das alte Rathaus.

❸ Der Verlauf der Straßenbahn leitet Elisa Lamberti rechts in die zentrale Einkaufstraße.

❹ Die zentrale Einkaufstraße weist städtebauliche Charakterzüge einer Dorfstraße auf: breite Gehwege, Grünstreifen, reduzierter Verkehr, wahrnehmbarer Anfang und Ende.

❺ Eine intuitive „Grenze" ihrer kognitiven Karte ist das Industriegebiet.

– Elisa Lamberti orientiert sich ohne darüber nachzudenken.

– Die dörflich anmutende Struktur des Stadtviertels spielt für die Orientierung und Selbstständigkeit von Elisa Lamberti eine zentrale Rolle. Ihre beiden wichtigsten Ankerpunkte sind das markante Kunstwerk am Beginn der Einkaufstraße und das alte Rathaus am Ende.

„Geschmackssache – das Kunstwerk kann man gut finden oder nicht."

Elisa Lamberti lebt seit 52 Jahren in Deutschland, kommt aber ursprünglich aus Italien. Die meisten ihrer Angehörigen wohnen dort noch immer. Sie hat als Fremdsprachenkorrespondentin gearbeitet, war Marathonläuferin und Bergsteigerin. Bis heute ist sie körperlich sehr fit und gut zu Fuß unterwegs. Ihre Demenz überspielt Elisa Lamberti charmant. Vor ihrer Erkrankung hat sie den Kontakt zu anderen Menschen eher gemieden, jetzt sucht sie ihn. Ihre Alltagskompetenz hat in den vergangenen Wochen stark abgenommen. Einkäufe erledigt sie zwar eigenständig, aber die Zubereitung von Essen bereitet ihr immer größere Schwierigkeiten. Ihre befreundete Nachbarin, eine Rentnerin, hat „ein Auge" auf sie geworfen und hilft ihr bei vielen Alltagsaufgaben. Außerdem wird Elisa Lamberti von einer Mitarbeiterin eines sozialen Trägers betreut. Regelmäßig besucht sie den Mittagstisch eines Begegnungszentrums und nimmt an Gymnastikstunden teil. Es passiert gelegentlich, dass sie zur falschen Zeit erscheint.

Alter	72 Jahre alt
Familienstand	ledig, keine Kinder
Charakter	kommunikativ, sportlich, lebendig
Demenz und Kompetenz im Alltag	mittlere Demenz, wird tabuisiert, großer Bewegungsdrang, Spaziergänge schenken Selbstsicherheit und wirken beruhigend, Alltagskompetenz nimmt stetig ab
Orientierung	sehr gute räumliche Orientierung, ausgeprägte kognitive Karte, stark abnehmende zeitliche und situative Orientierung
Wohnform	Mietwohnung, Mehrfamilienhaus, 2.OG, seit einem Jahr
Quartier und Identität	starke Verbundenheit, orientiert sich intuitiv, nutzt Angebote des Begegnungszentrums, kauft selbst ein (ist dort bekannt)
Räumliche und soziale Teilhabe, Sicherheit	bewegt sich sicher und selbstbewusst durch ihr Quartier, mit Eintreten der Demenz ist sie zu einer kontaktfreudigen Person geworden, pflegt ein sehr gutes Verhältnis zu ihrer Nachbarin
Stadtteil	Wangen

⑦ Ingeborg Klerk: die Lebenskünstlerin

❶ Das Betreute Wohnen in dem Ingeborg Klerk zu Hause ist, hat neben den Appartements zur Miete ein Gemeinschaftszentrum und einem kleinen ruhigen Innenhof – mitten in der Stadt.

❷ In der Bank geht sie immer Geld abheben. Den PIN kann sie sich aber nicht merken, weshalb sie lieber am Schalter abhebt.

❸ Die grüne Ampelphase ist bei allen drei aufeinander folgenden Übergängen sehr kurz und bringen sie regelmäßig in Stresssituationen.

❹ Für das Theater hat sie ein Abo.

– Ingeborg Klerk wohnt in einem sanierten Stadtviertel, das durch einen historischen Standgrundriss geprägt, von Kopfsteinpflaster durchzogen und verkehrsberuhigt ist. Eine nahezu komplett umlaufende Bundesstraße markiert für sie eine imaginäre Grenze.

„Wo ist denn der Supermarkt wo Sie hinwollten?" – „Ach, jetzt gehen wir weiter, vielleicht kommen wir dann dahin..."

Ingeborg Klerk lebt seit zwölf Jahren mitten in der Stuttgarter Innenstadt in ihrem liebevoll eingerichteten Appartement im Betreuten Wohnen eines sozialen Trägers. Sie nutzt die zentrale Lage für die alltäglichen Erledigungen, geht regelmäßig ins Theater oder trifft sich mit Bekannten zum Essen. Selbstständigkeit und Unabhängigkeit sind Ingeborg Klerk sehr wichtig. Bisher meistert sich ihren Alltag alleine. Auf ihren Wegen durch die Stadt beobachtet sie sehr aufmerksam die gebaute Umwelt und erfreut sich an kleine Details wie Fassaden, Farben und Materialität. Das ist sicherlich auch auf ihre künstlerische Ader zurückzuführen. Ingeborg Klerk ist Künstlerin. So geht sie auch kreativ mit ihrer beginnenden Demenz um. Erinnerungen werden oft von visuellen Erfahrungen getriggert: Im Discounter fällt ihr beim Anblick von Bananen ein, dass sie keine mehr zu Hause hat, oder als sie mit der U-Bahn an der Haltestelle Stöckach vorbeifährt, stellt sie fest, dass sie hier einmal gewohnt hat.

Alter	88 Jahre alt
Familienstand	ledig, keine Kinder
Charakter	kreativ, aufgeschlossen, schwungvoll
Demenz und Kompetenz im Alltag	leichte Demenz, bezeichnet sich selbst als etwas vergesslich, Diabetikerin, ist sehr aktiv und selbstständig, versorgt sich selbst, legt großen Wert auf ihr Äußeres
Orientierung	gewohnte Wege funktionieren gut, neue Wege stiften Unsicherheit, ausgeprägtes visuelles Gedächtnis
Wohnform	Betreutes Wohnen, 1,5-Zi.-Appartement, 2. Stock, mit Aufzug, seit 12 Jahren
Quartier und Identität	schätz das Leben in der Stadt, ist kulturell sehr aktiv, hat Jahreskarte fürs Theater, geht zum Zeichnen in den Tierpark, pflegt Freundschaften
Räumliche und soziale Teilhabe, Sicherheit	geht gerne raus, steht in Kontakt zu anderen BewohnerInnen, meidet Menschenmengen und stark befahrene Straßen, diese verunsichern und verursachen Stress
Stadtteil	Rathaus (Bohnenviertel)

⑧ Linda Ella: bewusst dement

❶ Linda Ella orientiert sich am Stuttgarter Fernsehturm. Dieser steht auf dem „Kesselrand" und ist von den zulaufenden Straßenachsen sichtbar. Entfernung und Himmelsrichtung geben ihr Aufschluss darüber, wie weit sie von ihrem Zuhause entfernt ist.

❷ Sie pflegt eine enge Beziehung zu ihrer Schwester, die auch nur ein paar Häuser weiter lebt.

❸ Die Verortung der Caritas, wo sie auch Unterstützung erhält, verbindet sie mit dem Kopfsteinpflaster.

– Sie könnte ins 20 Kilometer entfernte Betreute Wohnen ziehen, möchte aber in ihrem vertrauten Wohnumfeld bleiben.

– Linda Ella ist viel im und außerhalb des Quartiers unterwegs. Dabei nutzt sie regelmäßig den ÖPNV und die Bahn. Hauptstraßen meidet sie.

„Haben Sie einen Lieblingsort?" – „Grüne Flächen, die in der Höhe liegen."

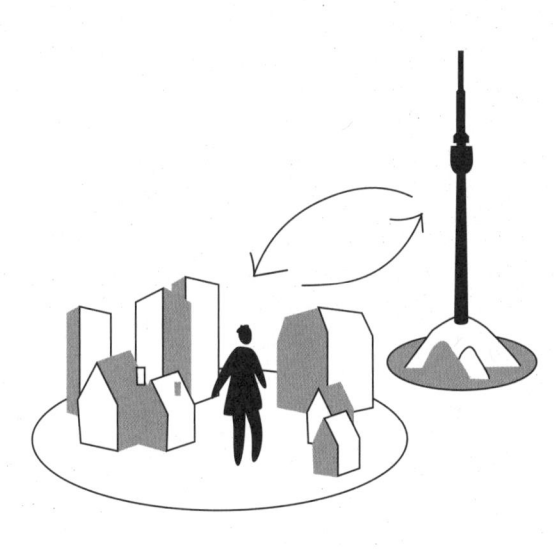

Linda Ella ist gelernte pharmazeutisch-technisch Angestellte und musste aufgrund ihrer Alzheimer-Diagnose ihren Beruf vorzeitig aufgeben. Sie setzt sich bewusst mit ihrer Demenz auseinander und möchte auch mit Fortschreiten der Erkrankung niemandem zur Last fallen. Dieser Wunsch führt zu vielen inneren Konflikten und gelegentlicher Niedergeschlagenheit. Um ihrem nachlassenden Kurzzeitgedächtnis entgegenzuwirken, wendet sie verschiedene Gedächtnisstützen wie Notizzettel an und übt den Umgang mit einem Smartphone. Linda Ella ist sehr selbstständig und auch außerhalb Stuttgarts viel unterwegs. Sie pflegt einen Demenzpatienten, bei dem die Erkrankung bereits weiter fortgeschritten ist. Freundschaften und Familie sind ihr wichtig. Seit ihrer Diagnose wird sie von einer Mitarbeiterin eines sozialen Trägers betreut.

Alter	60 Jahre alt
Familienstand	ledig, keine Kinder
Charakter	nachdenklich, zurückhaltend, reflektiert
Demenz und Kompetenz im Alltag	leichte Demenz, reflektierte Auseinandersetzung mit Alzheimer-Erkrankung, Diagnose verunsichert sie sehr und löst Ängste aus, eigenständige Haushaltsführung
Orientierung	gute räumliche Orientierung, neue Wege werden vorab auf Karten-App abgerufen
Wohnform	2-Zi.-Mietwohnung, 2. Stock, Altbau, kein Aufzug, seit 25 Jahren
Quartier und Identität	starke Verbundenheit, schätzt die kurzen Wege, soziale und infrastrukturelle Angebote im Quartier, Karlshöhe (Grünfläche)
Räumliche und soziale Teilhabe, Sicherheit	ist täglich unterwegs, sozial eingebunden, Schwester lebt mit ihrer Familie einige Straßen weiter, unternimmt Reisen in die Berge, Tendenz, sich aus Angst zu verlaufen, weniger rauszugehen
Stadtteil	Karlshöhe

⑨ Fridolin Sachs: der Großstadtsingle

① Seit seiner Demenz-Diagnose besucht Fridolin Sachs fast täglich das Café eines sozialen Trägers. Hier erhält Fridolin Sachs auch Unterstützungsangebote.

② Die Besitzerin des Friseursalons gegenüber seines Appartements hat „ein Auge" auf ihn geworfen und gibt der Tochter Bescheid, wenn etwas nicht stimmen sollte. Hier bekommt er auch einen vergünstigten Preis.

– Fridolin Sachs bezahlt für sein möbliertes 18 qm Appartement 482 € warm. Das macht die Hälfte seiner Rente aus.

– Er zieht die Innenstadt der günstigeren Vorstadt vor und hat sich mit seinem reduzierten Wohnraum arrangiert.

– Fridolin Sachs geringes Renteneinkommen stellt eine soziale Barriere im Alltag dar, die ihn von der Stadtgesellschaft isoliert.

„Das mit der Demenz wird auch wieder besser."

Als geselliger Mensch hat sich Fridolin Sachs bewusst für ein Leben in der Stadt entschieden. Dabei kann er sich das Leben dort aufgrund seiner geringfügigen Rente kaum leisten. Die Miete macht die Hälfte seines Renteneinkommens aus. Nach Abzug aller Fixausgaben bleiben Fridolin Sachs pro Tag etwa 6 Euro zum Leben. Das bedeutet wiederum, dass er kaum Möglichkeiten hat, am Stadtleben teilzunehmen. Aus diesem Grund verbringt er oft mehrere Tage am Stück allein in seinem Appartement. Er hat seine Alzheimer-Diagnose erst vor wenigen Wochen erhalten und geht offen damit um. Die Diagnose hat ihm die Tür zu sozialen Angeboten im Quartier geöffnet. Nun besucht er regelmäßig den erschwinglichen Mittagstisch eines sozialen Trägers um die Ecke. Da er viele Jahre als Kurier in Stuttgart tätig war, hat er auch trotz leichter kognitiver Einschränkungen ein ausgesprochen gutes räumliches Orientierungsvermögen. Er hat eine Tochter, die in Stuttgart-Vaihingen lebt, und zu der ein enger Kontakt besteht.

Alter	72 Jahre alt
Familienstand	geschieden, 1 Kind
Charakter	kontaktfreudig, redegewandt, humorvoll
Demenz und Kompetenz im Alltag	leichte Demenz, redet offen darüber, körperlich fit trotz Thrombose-Erkrankung, bewegt sich gerne, braucht aber Gründe um rauszugehen, sonst Gefahr der Isolation, versorgt sich selber
Orientierung	er war Kurier und hat eine sehr gute räumliche Orientierung, Termine werden notiert und auswendig gelernt
Wohnform	1–Zi.-Appartement zu Miete, 2. Stock, Altbau, kein Aufzug, seit circa 6 Jahren
Quartier und Identität	schätzt das Leben in der Stadt, kann sich jedoch vieles nicht leisten, geringe Rente, zweimal wöchentlich Mittagstisch um die Ecke
Räumliche und soziale Teilhabe, Sicherheit	geht eigentlich gerne raus, das wenige Geld hindert ihn aber oft, kein fester Freundeskreis, obwohl er den Kontakt zu Menschen sehr genießt, er bewegt sich selbstbewusst durch die Stadt
Stadtteil	Heustegiviertel

①⓪ Wolfgang Rudel: Vater-und-Sohn-Gespann

— Solange im Leben von Wolfgang Rudel alles seine gewohnten Bahnen verläuft, geht es ihm gut. Wesentliche Konstante ist die Beziehung zu seinem Sohn.

— Wolfgang Rudel hat sich das Busnetz eingeprägt und fährt Strecken auch allein, so zum Beispiel zur Ergotherapie in den nächsten Stadtteil.

— Einmal die Woche wird er von einem Fahrdienst abgeholt, um in einer Tagespflege mit anderen Betroffenen bei Spiel und Musik Zeit zu verbringen.

— Die Nachbarn wissen über seine Situation Bescheid.

„Haja, ich hab nichts verlernt!" Wolfgang Rudel hält der Studentin die Jacke zum Anziehen hin.

① Wolfgang Rudel kennt den genauen Fahrweg der Buslinie 82. Anhang der Linie orientiert er sich durch das ganze Quartier.

② Bushaltestelle

Wolfgang Rudel wohnt seit 17 Jahren alleine in einem Mehrfamilienhaus in Stuttgart Rohr. Wichtigster Halt ist neben einem geregelten Tagesablauf mit festen Terminen die Beziehung zu seinem Sohn. Die beiden stehen täglich in Kontakt und pflegen viele Rituale wie den Wocheneinkauf, Fußballschauen und Verabschiedungsrituale. So lange alles in gewohnten Bahnen verläuft, geht es Wolfgang Rudel gut. Alles Neue und Unvorhergesehene wirft ihn aber aus der Bahn. An seinem Wohnumfeld schätzt Wolfgang Rudel die gute Anbindung zum öffentlichen Nahverkehr (ÖPNV) und die gut funktionierende Nachbarschaft. Wolfgang Rudel hat alltägliche Wege verinnerlicht. So geht er eigenständig einmal wöchentlich eine Strecke von etwa drei Kilometern zur Ergotherapie und zurück. Die Strecke setzt sich aus einer Busfahrt und einem Fußweg zusammen. Obwohl er ein Jahresabonnement hat, zahlt er bei jeder Fahrt ein Einzelticket. Außerplanmäßige Routen oder die Verlegung der Haltestelle können bei ihm zu großen Verwirrungen führen.

Alter	75 Jahre alt
Familienstand	verwitwet, 1 Kind
Charakter	hilfsbereit, fürsorgend, aufgeschlossen
Demenz und Kompetenz im Alltag	vaskuläre Demenz, mittleres Stadium, Diabetiker, Grauer Star, körperlich fit, reagiert stark auf nonverbale Kommunikation, führt Haushalt eigenständig (Wocheneinkauf mit Sohn)
Orientierung	hat gewohnte Wege verinnerlicht, kennt Fahrwege der Buslinien auswendig, neue Wege funktionieren nicht
Wohnform	Eigentumswohnung, 2-Zi.-Wohnung, 2. Stock, Mehrfamilienhaus, Neubau, kein Aufzug
Quartier und Identität	starke Verbundenheit, nimmt regelmäßig Angebote eines sozialen Trägers aktiv wahr, fährt wöchentlich selbstständig zur Ergotherapie
Räumliche und soziale Teilhabe, Sicherheit	Nachbarn wissen v.d. Demenz, Beziehung zum Sohn ist wichtigster Ankerpunkt, gibt Struktur, unter stetiger Absprache sind selbstständig Busfahrten möglich. Tendenz, sich aus Angst zu verlaufen, weniger rauszugehen
Stadtteil	Rohr

①① Walter Armin: der Schüchterne

❶ Zentrale Ladenstraße mit vielen Leerständen. Hier läuft Walter Armin oft entlang.

❷ Im Begegnungszentrum ist er oft zu Gast. Hier gibt es auch einen Mittagstisch.

❸ Aktuell gibt es im Quartier keinen Nahversorger. Ein Discounter ist im Bau.

— Walter Armins Demenz ist schon weit fortgeschritten und dennoch findet er sich alleine gut in seinem Quartier zurecht. Es ist schwer zu sagen, woran das liegt.

„Orientieren Sie sich an diesem blauen Haus?", Studentin zeigt auf das Wohnhaus von Walter Armin. Er sagt daraufhin: „Welches blaue Haus?"

Alter	79 Jahre alt
Familienstand	verheiratet, 3 Kinder
Charakter	schüchtern, zurückhaltend, unsicher
Demenz und Kompetenz im Alltag	mittlere Demenz, redet nicht über seine Einschränkung, Persönlichkeitsveränderungen wie Aggressionen und offener Humor, hilft im Haushalt mit, braucht Anweisungen
Orientierung	ausgeprägte kognitive Karte, er spaziert fast täglich alleine durch das Quartier
Wohnform	3-Zi.-Mietwohnung, 2. Stock, Mehrfamilienhaus, kein Aufzug, seit 40 Jahren
Quartier und Identität	das gewohnte Quartier unterstützt seine Selbstständigkeit, fast täglich besucht er die Begegnungsstätte, auch ohne Begleitung seiner Frau
Räumliche und soziale Teilhabe, Sicherheit	ist viel alleine auf gewohnten Strecken unterwegs, aufgrund seiner Schüchternheit geht er Menschen wohl eher aus dem Weg
Stadtteil	Dürrlewang

Seit 40 Jahren ist der Stadtteil Dürrlewang das Zuhause von Walter Armin und seiner Frau. Zusammen leben beide in einem Mehrfamilienhaus in Zeilenbauweise. Aufgrund verschiedener Erkrankungen ist Frau Armin stark in ihrer Mobilität eingeschränkt. Das hält Walter Armin nicht davon ab, fast täglich Spaziergänge durch das Quartier zu unternehmen. Obwohl seine Demenz schon im mittleren Stadium angekommen ist und ihn schwere Wortfindungsstörungen plagen, gelingt ihm die räumliche Orientierung auf gewohnten Strecken noch sehr gut. Was ihm dabei hilft, sind die vielen Erinnerungen aus der Vergangenheit, die Walter Armin noch präsent und im Quartier verortet sind. Beim Spazierengehen helfen ihm diese Erinnerungen bei der Wegfindung. Fast täglich schaut er im zentralen Begegnungszentrum eines sozialen Trägers vorbei. Er meidet aber eher den Kontakt zu anderen Menschen, als dass er diesen sucht.

① ② Theo Reis: der Radfahrer

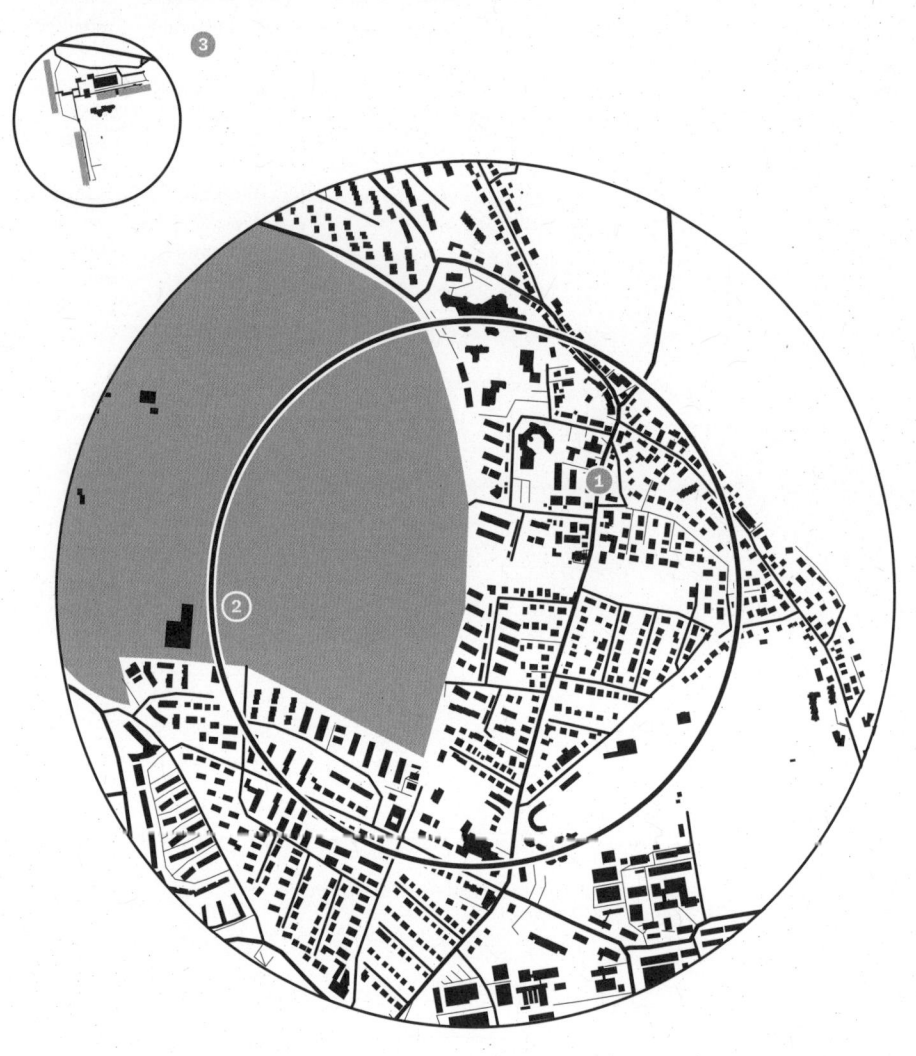

① Discounter, Bäcker, Post, Friseur und Metzger befinden sich alle in der „Hauptstraße", was ihm bei der Orientierung hilft.

② Theo Reis fährt noch alleine Fahrrad. Am liebsten radelt er entlang der Ackerflächen, den Fildern.

③ Die Wohnsiedlung Asemwald besteht aus drei Hochhäusern und ist von Weiten erkennbar.

— Der Stadtteil Birkach-Süd ist umgeben von Ackerflächen (Fildern). In der Ferne sieht man den Flughafen mit Messegelände und den Asemwald, eine bekannten Hochhaussiedlung. Alle drei Merkmale stellen in Kombination wichtige Orientierungspunkte für Theo Reis dar.

— Die Beschilderung im Ort ist nach Aussage von Theo Reis viel zu klein.

„Der Bus kommt immer alle 10 Minuten um 8. Ist leicht sich das zu merken."

Seit 40 Jahren wohnt Theo Reis mit seiner Ehefrau in Birkach. Da er eine eher zurückhaltende Person ist, merkt man ihm seine Demenz nicht direkt an. Bei Gesprächen oder in ungewohnten Situationen hält er sich oft zurück und orientiert er sich an den Reaktionen seiner Frau. Erinnerungen aus der Vergangenheit sind Kern seiner Gesprächsthemen. Für seine 80 Jahre ist Theo Reis körperlich sehr fit. Gelegentlich fährt er noch auf gewohnten Strecken Fahrrad. Er liebt die Weite, die seinen Stadtteil umgibt.
Frau Reis koordiniert den Haushalt und überträgt Aufgaben wie das Einkaufengehen an ihren Mann. Die Besorgungen macht er noch alleine, das Sortiment im Supermarkt kennt er in- und auswendig. Beim Spazierengehen springen Theo Reis vor allem markante Fassadendetails ins Auge, und er nimmt Veränderungen in seiner Umwelt bewusst wahr. So fällt ihm direkt auf, dass eine ehemalige Wiese nun zu einem Parkplatz umfunktioniert wurde.

Alter	82 Jahre alt
Familienstand	verheiratet, 3 Kinder
Charakter	bedacht, ruhig, beobachtend
Demenz und Kompetenz im Alltag	leichte bis mittlere Demenz, nachlassende kognitive Leistung wird durch den Ehefrau ausgeglichen, vergangenheitsorientiert, körperlich fit (zügiger Gang), erledigt Einkäufe mit Zettel alleine
Orientierung	relativ gute Orientierung, radelt alleine durch das Quartier, tätigt eigenständig Einkäufe
Wohnform	Eigentumswohnung, 3-Zi.-Wohnung, 2. Stock, Mehrfamilienhaus, Neubau, kein Aufzug, seit 40 Jahren
Quartier und Identität	starke Verbundenheit, alleine im vertrauten Supermarkt einkaufen zu gehen gibt Selbstsicherheit, trifft sich regelmäßig mit ehemaligen Arbeitskollegen
Räumliche und soziale Teilhabe, Sicherheit	geht gerne auf den Fildern spazieren oder erledigt Einkäufe für seine Frau, er fährt immer noch Fahrrad, er bewegt sich auch zu Fuß zügig von A nach B
Stadtteil	Birkach-Süd

①③ Eleonore Weiss: die Vorbildliche

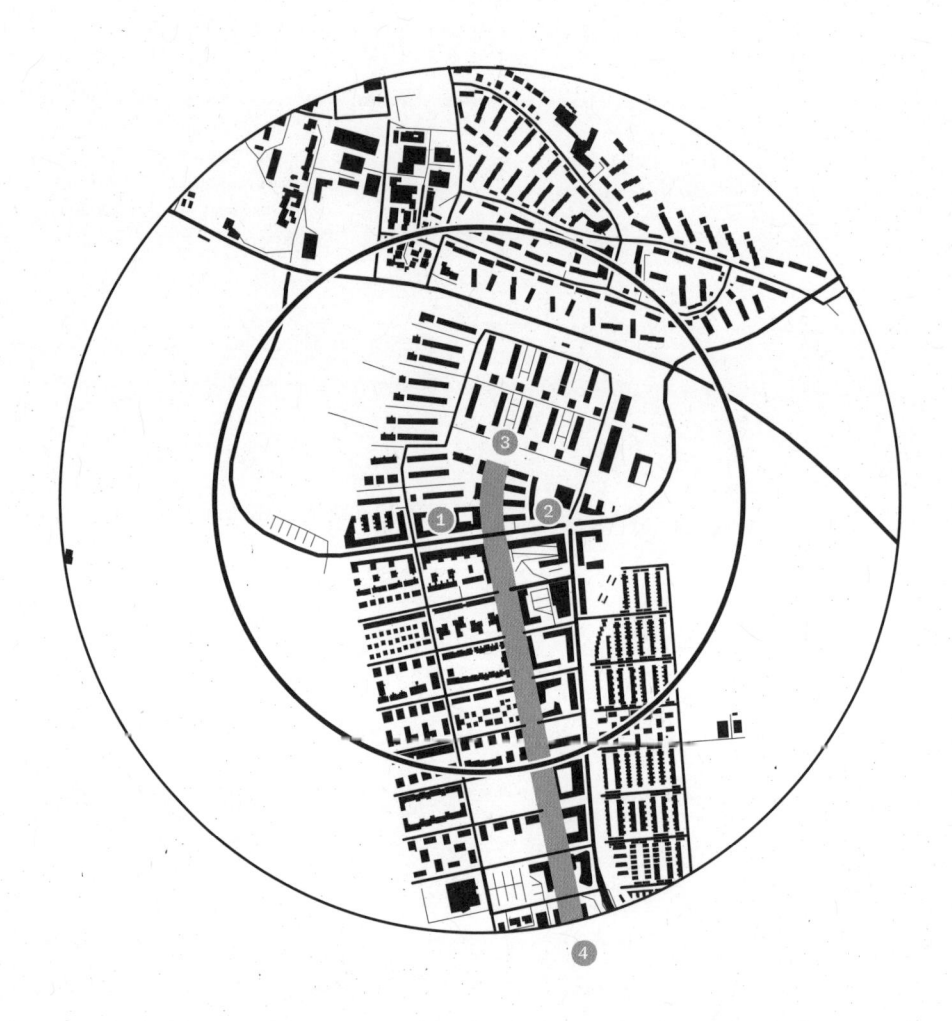

① Das sogenannte Nachbarschaftshaus u. a. mit Tagespflege, Pflegeheim, Begegnungsstätte mit offenen Atelier ist Mitten im Quartier verortet.

② Auf dem Wochenmarkt geht Eleonore Weiss regelmäßig allein für die WG einkaufen.

③ Sie orientiert sich an landschaftlichen Merkmalen und Grünflächen. Zentrale Orientierungshilfe ist die Landschaftstreppe.

④ Am Ende der Landschaftstreppe sieht man die landenden und startenden Flugzeuge. Ihr Lieblingsort: Haus und Garten der Tochter in Kirchheim, die sie selbstständig mit den ÖPNV besucht.

— Zentraler Ankerpunkt, an dem sich Eleonore Weiss orientiert, ist die sogenannte Landschaftstreppe mit Blick auf den Flughafen. Einmal hier angekommen, bereitet ihr jedoch die Aneinanderreihung identischer Bäume Schwierigkeiten, richtig abzubiegen.

„Ich hab alles, was ich brauch."

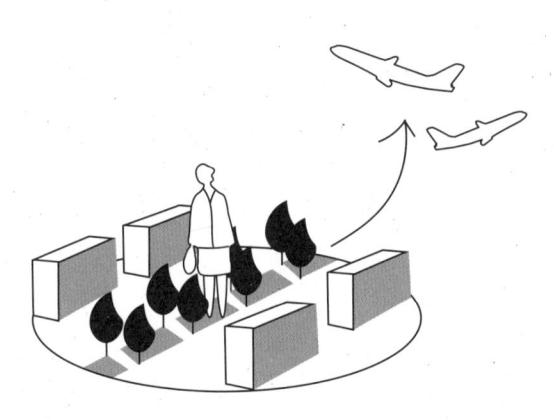

Frau Weiss geht vorbildlich mit ihrer Demenz-Erkrankung um. Sie ist bewusst in eine ambulante Wohngemeinschaft gezogen. Diese ist wiederum an ein Pflegeheim angebunden und mitten im Quartier verortet – ebenso vorbildlich. Als bei ihr erste Anzeichen einer Demenz auffällig wurden, entschied sie sich vorsorglich, in die WG umzuziehen. Ein unüblicher Schritt, denn die meisten älteren Menschen haben den starken Wunsch, möglichst lange in ihrem vertrauten Wohnumfeld zu leben. Eleonore Weiss ist noch relativ selbstständig, geht alleine einkaufen und hat eine gute räumliche Orientierung. Das mag auch daran liegen, dass sie bereits vor ihrem Umzug 50 Jahre in der Nähe gelebt hat. Sie hat eine sehr enge Beziehung zu ihrer Tochter, und besucht diese regelmäßig mit dem ÖPNV zu Hause. Die Tochter engagiert sich ehrenamtlich in der Wohngemeinschaft. Im „Offenen Atelier", das an die Einrichtung angliedert ist, hat Eleonore Weiss ihre Leidenschaft für Malerei entdeckt.

Alter	80 Jahre alt
Familienstand	verwitwet, 2 Kinder
Charakter	sorgsam, taktvoll, gewissenhaft
Demenz und Kompetenz im Alltag	leichte bis mittlere Demenz, entgeht der Thematik Demenz charmant, körperlich sehr fit, gepflegt, hört aufmerksam Gesprächen zu, hilfsbereit, kauft auf dem Wochenmarkt ein, sehr gläubig
Orientierung	einstudierte Wege funktionieren gut, neue nur in Begleitung, sie wartet oft auf Hinweis, was zu tun ist
Wohnform	ambulante Wohngemeinschaf, Bewohnerzimmer, 3. Stock, mit Aufzug, seit 1 Jahr
Quartier und Identität	schnelle Eingewöhnung dank bereits bekannter Umgebung, regelmäßige Termine wie Wochenmarkt oder Bastelstunde geben Struktur
Räumliche und soziale Teilhabe, Sicherheit	Pflegt inniges Verhältnis zu ihrer Tochter, die sich in der ambulanten Wohngemeinschaft engagiert und viel Zeit mit ihrer Mutter verbringt
Stadtteil	Scharnhauser Park

Welche Aufgabenbereiche ergeben sich im Kontext Demenz und Stadt für die stadtgestaltenden Disziplinen?

WISSEN VON MENSCHEN MIT DEMENZ

7.

Perspektiven anwenden: entwurfsbasierte Lösungsansätze der Stadtgestaltung

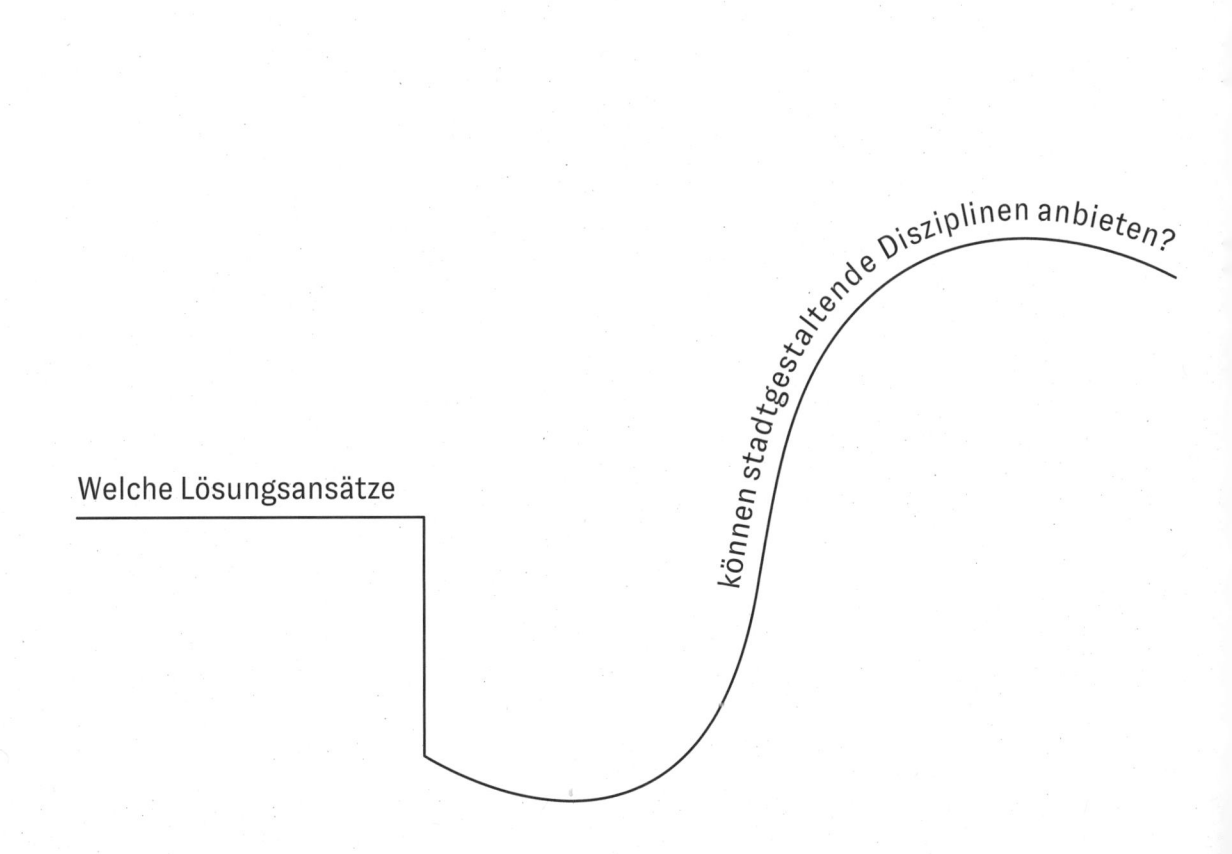

Welche Lösungsansätze können stadtgestaltende Disziplinen anbieten?

Im Rahmen des Lehrformats „Where is my Mind?" bot sich Studierenden planender und gestaltender Disziplinen die Chance, Perspektiven von Menschen mit Demenz einzunehmen und identifizierte Herausforderungen und Potenziale in eine stadträumliche Relation zu setzen. Zeit mit 13 Betroffenen in ihrer vertrauten Umgebung zu verbringen, zu beobachten, wie sie mit ihrer Umwelt interagieren oder zu fragen, was ihre raumbezogenen Wünsche und Bedürfnisse sind, führte zu differenzierten Erkenntnissen. So konnten auf der einen Seite Herausforderungen und Hindernisse im Stadtraum identifiziert und auf der anderen Seite kreative Strategien offenbart werden, mit denen Menschen mit Demenz sich durch (städte-)bauliche Strukturen bewegen. Das Einnehmen der Perspektive Demenz verwies auf urbane Merkmale, die die räumliche und situative Orientierung von Betroffenen unterstützen. Es zeichnete sich ein differenziertes Bild heterogener Wünsche, Anforderungen, Herausforderungen und Potenziale ab, das die Komplexität des Themenbereichs Stadt und Demenz noch einmal verdeutlichte. Darauf aufbauend wurden aus der Perspektive der Stadtgestaltung erste entwurfsbasierte Lösungsansätze generiert, die hier vorgestellt werden.

Entwicklung einer Entwurfsstrategie

Die Erkenntnisse aus der Zusammenarbeit mit Betroffenen haben verdeutlicht, dass das Leben mit Demenz komplexe und heterogene Forderungen an das stadträumliche Umfeld stellt. So gibt es unmittelbare objektive städtebauliche Merkmale wie Orientierungspunkte (Ankerpunkte) oder bauliche Barrieren, aber auch subjektive, schwer fassbare Verbindungen zwischen Demenz und Stadt, die sich beispielsweise im Identitätsbewusstsein oder Schutzbedürfnis Betroffener bemerkbar machen. Menschen mit kognitiven Einschränkungen haben es beim Verlassen ihres Zuhauses mit differenzierten Herausforderungen zu tun und die Zusammenarbeit mit 13 Betroffenen hat offengelegt, dass jedes Individuum anders damit umgeht und mit seiner Umwelt interagiert. Die eine Lösung, die demenzfreundliche Stadt, kann und wird es nicht geben. Aber es gibt Strategien, Wege, Strukturen und Konstellationen, die es Menschen mit kognitiven Einschränkungen erleichtern, sich in ihrer Umwelt zu bewegen. Wie müssen solche Wege, Strukturen und Konstellationen gestaltet sein? Welchen Beitrag können die stadtplanenden Disziplinen leisten, Menschen mit Demenz dabei zu unterstützen, sich sicher, selbstständig und gerne durch ihre Stadt zu bewegen?

Im Rahmen des Lehrformats „Where is my Mind?" wurde Studierenden in interdisziplinären Teams die Möglichkeit gegeben, die gewonnenen Erkenntnisse aus der transdisziplinären Zusammenarbeit in einer Entwurfsphase beispielhaft in erste anwendungs- und entwurfsbasierte Lösungsansätze zu transferieren. Das Erlebte, das Erkannte und das Identifizierte konnte anhand einer begleitenden Entwurfsstrategie in die stadtplanenden Disziplinen übertragen werden.

Im ersten bis dritten Schritt wurden die Erkenntnisse aus der Zusammenarbeit mit den Betroffenen (Perspektive Demenz) reflektiert, sortiert und analysiert, um eine Wissensgrundlage für den darauf eingehenden Entwurfsprozess Perspektive Stadtgestaltung im vierten und fünften Schritt zu schaffen.

„Design ist unsichtbar. (...) Wir sind nicht nur von sichtbaren Gegenständen umgeben, sondern müssen den unsichtbaren Bereich, die soziale Dimension mitgestalten."

(Burckhardt 2004: 7)

Die Zusammenarbeit mit Betroffenen erlaubte jungen PlanerInnen und GestalterInnen die Perspektive Demenz einzunehmen und die offenen Beobachtungen, individuellen Erfahrungen und Erkenntnisse in einen städtebaulichen Kontext zu setzen.

1. Einnehmen der Perspektive Demenz

Zur Sortierung und Auswertung der Erkenntnisse wurde ein Cluster entworfen, das es ermöglichte, die vielschichtigen Beobachtungen aus der Perspektive Demenz zu reflektieren, auszuwerten und nach Herausforderungen und Potenzialen zu sortieren.

2. Identifizierung von Herausforderungen und Potenzialen

Um den Bezug zum städtebaulichen Kontext herauszuarbeiten, wurden die identifizierten Herausforderungen und Potenziale diesen Kernthemen zugeordnet: räumliche und soziale Teilhabe, Identität, Orientierung (räumlich, zeitlich, situativ), Schutz und Sicherheit sowie Sensibilisierung und Aufklärung der Öffentlichkeit im urbanen Raum und Planungsdisziplinen.

3. Fokussierung auf urbanen Kontext

Die Identifizierung von Herausforderungen und Potenzialen von Menschen mit Demenz in der Stadt und das in Bezug setzen in den städtebaulichen Kontext, schafften eine substanzielle Wissensgrundlage, um sich aus der Perspektive Stadtgestaltung aufkommenden Fragestellungen mit disziplineigenen Entwurfsmethoden zu nähern. Frei wählbar war dabei der Maßstab, auf den sich der Lösungsansatz bezog (Möblierung, Materialität, Straßenlayout, Beschriftung, etc.).

4. Übergang in Perspektive Stadtgestaltung

Für den Entwurfsprozess wurde auf das Potenzial einer interdisziplinären, maßstabübergreifenden Zusammenarbeit zurückgegriffen. Übergeordnetes Ziel der Entwurfsphase war die Konzeption und der Entwurf anwendungsorientierter Lösungsansätze zur Kompensation der Alltagskompetenz und Aufrechterhaltung der Selbstständigkeit von Menschen mit Demenz.

5. Ko-kreatives Entwerfen von Lösungsansätzen

Entwurfsstrategie im Überblick:

1. Einnehmen der Perspektive Demenz	Transdisziplinäres Zusammenarbeiten mit Menschen mit Demenz
2. Identifizierung von Herausforderungen und Potenzialen	Auswerten und sortieren der Beobachtungen nach Herausforderungen und Potenzialen
3. Fokussierung auf urbanen Kontext	In Bezug setzen mit den stadträumlichen Anknüpfungspunkten
4. Übergang in Perspektive Stadtgestaltung	Annähern mit Entwurfsmethoden der planenden und gestaltenden Disziplinen
5. Ko-kreatives Entwerfen von Lösungsansätzen	Fokussieren des Entwurfsprozesses auf einen anwendungsorientierten Lösungsansatz

Anwendung der Strategie am Beispiel von fünf studentischen Arbeiten

Nach der Phase der transdisziplinären Zusammenarbeit, dem Einnehmen der Perspektive Demenz, ging es für die Studierenden der Disziplinen Stadtplanung, Architektur und Städtebau, Innenarchitektur, Produktdesign und Kommunikationsdesign in der Entwurfsphase darum, ihre individuellen Erfahrungen und offenen Beobachtungen in die Erarbeitung entwurfsbasiertre Lösungskonzepte einfließen zu lassen. Ziel sollte es sein, anwendungsorientierte Lösungsansätze zur Kompensation der Alltagskompetenz und Aufrechterhaltung der Selbstständigkeit von Menschen mit Demenz zu entwerfen und in einen stadtbezogenen Kontext zu stellen.

Die zweimalige Durchführung des Lehrformats ermöglichte den Entwurfsprozess begleitend zu bewerten und zu verbessern. So wurde anstelle eines eigenständigen Entwurfsprozesses mit optionalen Korrekturgesprächen im ersten Jahr im zweiten Durchlauf ein zweitägiger Workshop integriert, der eine intensive Betreuung ermöglichte und in dem aufkommende Fragestellungen in Anwesenheit aller TeilnehmerInnen diskutiert wurden. Während im ersten Durchlauf die Studierenden im gleichen Team blieben, also auch mit dem gleichen Kommilitonen zusammenarbeiteten, mit dem sie auch die Treffen mit den Betroffenen gestaltet hatten, wurde im zweiten Durchlauf der Schwerpunkt auf interdisziplinäre Zusammenarbeit zwischen Studierenden unterschiedlicher Gestaltungsdisziplinen gelegt. Die Entwurfteams bestanden im ersten Jahr aus zwei Personen und im zweiten Jahr aus drei Personen.

Die interdisziplinäre Zusammenarbeit hatte einen gewinnbringenden Effekt auf den Entwurfsprozess und wird vor allem in den maßstabsübergreifenden Herangehensweisen sichtbar. Die entwurfsbasierten Lösungsansätze sind als Denkanstöße und weiterführende Diskussionsgrundlage einzuordnen. Eine Auswahl der insgesamt zehn studentischen Arbeiten wird im Folgenden vorgestellt.

„Das Entwerfen (to design) wird als eine dritte, eigenständige Erkenntnisform begriffen, die zwischen den rationalen Wissenschaften (der naturwissenschaftlichen Empirie und der geisteswissenschaftlichen Hermeneutik mit ihren quantitativen und qualitativen Methoden) einerseits und der Kunst (den diversen Verfahren künstlerischen Erkenntnisgewinns) andererseits angesiedelt ist."

(Wolfrum/Janson 2019: 129)

Perspektive A: Helga Jause

1.
Perspektive einnehmen

Mehr über Helga Jause gibt es auf Seite 100 zu lesen.

2.
Potenzial: diverse Orientierungsstrategien

Helga Jause orientiert sich auf ihrem Weg an der Landmark ① Säule, der sie anhand der ② geraden Strecke entgegenläuft

3.
Fokus: Orientierung und Identifikation

Wie können anhand individueller Navigationsstrategien Rückschlüsse über Orientierung gebende Architekturen und Ankerpunkte in einem Quartier abgeleitet werden?

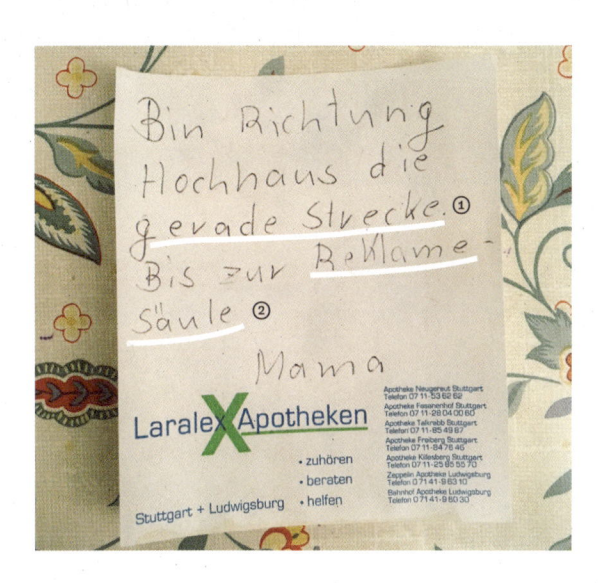

Notiz von Helga Jause an ihre Tochter

Helga Jause hat sich auf den Weg gemacht, um ihre alltäglichen Besorgungen zu erledigen. Ihrer Tochter hat sie zur Sicherheit eine Notiz hinterlassen.

KAPITEL 7

Perspektive A: Helga Jause

4.
Perspektive auf: räumliche Navigationsstrategien von Menschen mit Demenz

5.
Lösungsansatz: digitales Werkzeug zur Erfassung individueller Navigationsstrategien

Im Entwurfsprozess fokussierten sich die Studierenden auf die Erfassung individueller Navigationsstrategien von Menschen mit Demenz in einem definierten Stadtraum.

① Bildung einer kommunikativen Schnittstelle zur räumlich-sozialen Orientierung

Menschen mit Demenz sind in ihrem Alltagshandeln auf die Unterstützung von Bezugspersonen angewiesen. Häufig sind diese die einzigen Vertrauten und kommunikative Schnittstelle zur Außenwelt. Bezugspersonen stehen dynamischen und ambivalenten Aufgaben gegenüber, denn jeder Tag stellt Betroffene vor neue Herausforderungen und dazu variiert die kognitive Leistung. Für die Bezugsperson ist es schwer abzuschätzen, wann wie viel Hilfe bereitgestellt werden sollte und sie steht somit gerade während Abwesenheitszeiten unter stetiger Anspannung, der Betroffene könnte sich beispielsweise verlaufen oder sich in Gefahr bringen. Auf der anderen Seite gibt es kreative Orientierungs- und Bewältigungsstrategien, die Betroffene im Alltag intuitiv ausüben und welche der „Außenwelt" teilweise nicht bewusst sind.

Das Konzept der Studierenden möchte hier eine Brücke schlagen und zum einen auf Seiten der Bezugsperson Entlastung schaffen und auf der anderen Seite kreative Bewegungs- und Denkprozesse von Betroffenen aufzuspüren und nachvollziehbar machen. Durch die Entwicklung eines digitalen Tools, welches als kommunikative Schnittstelle zwischen Menschen mit Demenz, Bezugspersonen und der räumlichen Umwelt interagiert, soll die individuelle Wahrnehmung und Orientierungsstrategien dokumentiert, visualisiert und anonym geteilt werden. Auf städtischer Ebene soll die Visualisierung der realen Lebenswelt mithilfe des Tools Kommunen und PlanerInnen ermöglichen, effektiv und aktiv auf die Bedürfnisse ortsansässiger Menschen mit Demenz in ihren Quartieren einzugehen.

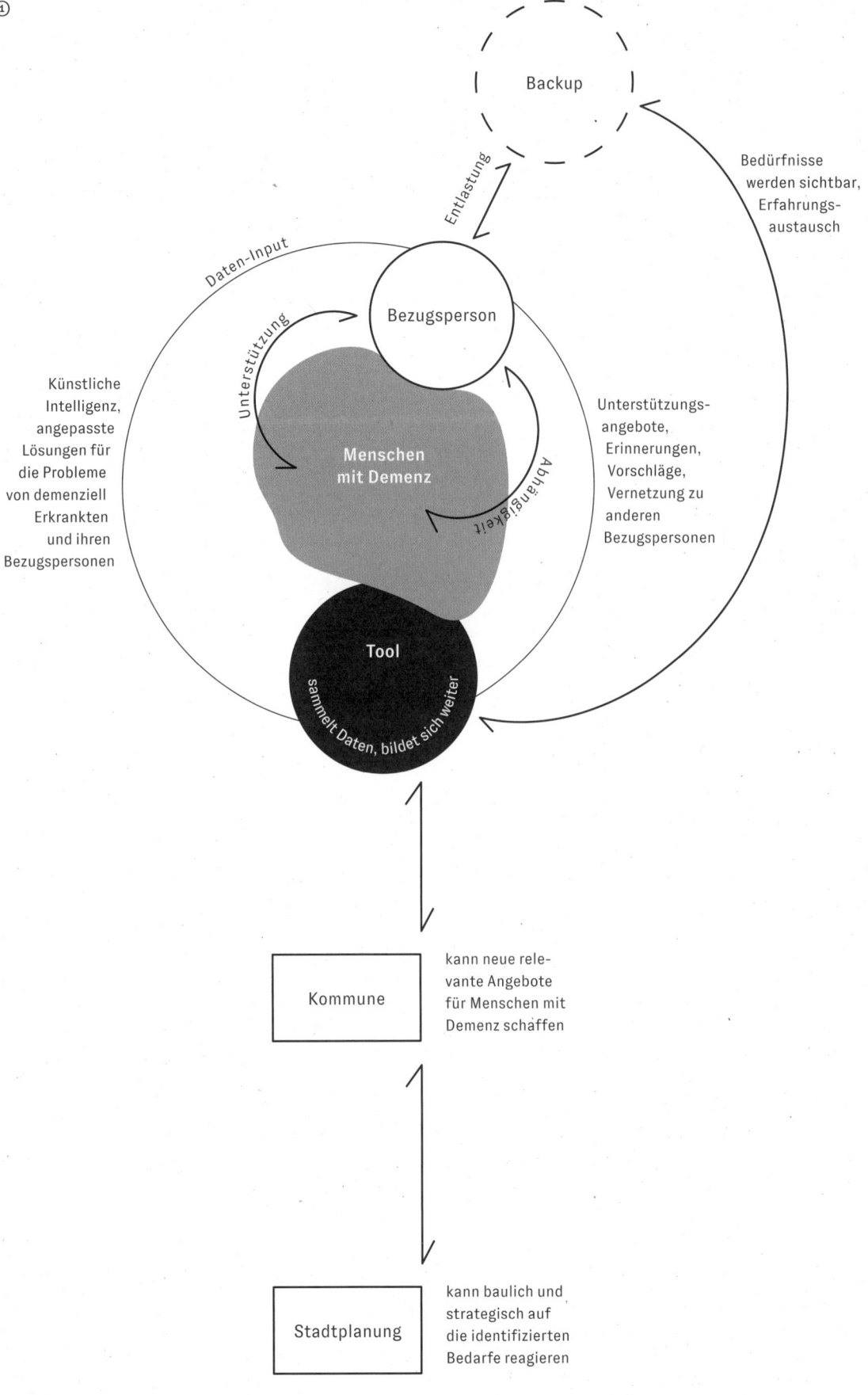

①

Backup

Entlastung

Bedürfnisse werden sichtbar, Erfahrungsaustausch

Daten-Input

Bezugsperson

Unterstützung

Künstliche Intelligenz, angepasste Lösungen für die Probleme von demenziell Erkrankten und ihren Bezugspersonen

Menschen mit Demenz

Abhängigkeit

Unterstützungsangebote, Erinnerungen, Vorschläge, Vernetzung zu anderen Bezugspersonen

Tool
sammelt Daten, bildet sich weiter

Kommune — kann neue relevante Angebote für Menschen mit Demenz schaffen

Stadtplanung — kann baulich und strategisch auf die identifizierten Bedarfe reagieren

KAPITEL 7

Perspektive B: Linda Ella

1.
Perspektive einnehmen

Mehr über Linda Ella gibt es auf Seite 114 zu lesen.

2.
Herausforderung: Aneignung von digitalen Navigations-Apps

Linda Ella verspricht sich von der Benutzung einer Navigations-App, sich länger und besser durch die Stadt zu orientieren. Die gängigen Apps sind jedoch für Menschen mit kognitiven Einschränkungen nicht benutzerfreundlich.

3.
Stadträumlicher Fokus: räumliche Orientierung

Wie können digitale Navigations-Apps zur Orientierung im Stadtraum für die Bedürfnisse und Kompetenzen von Menschen mit Demenz optimiert werden?

Linda Ella möchte sich so lange wie möglich selbstständig von A nach B bewegen. Um auch in Zukunft Ziele besser zu finden, übt sie quasi präventiv den Umgang mit Navigations-Apps auf ihren Smartphone.

Diese Eigenschaften erschweren Linda Ella, die App zu bedienen und zu verstehen:

– Das Schriftbild ist sehr klein.

– Die Straßennamen sind teilweise von der angezeigten Wegeführung durchgestrichen. ①

– Der zurückgelegte und bevorstehende Weg sind identisch gekennzeichnet. ②

– Navigations-Apps gehen in der Regel davon aus, dass man mit einem Auto unterwegs ist (Umstellung auf Fußgänger-Modus ist kompliziert).

KAPITEL 7

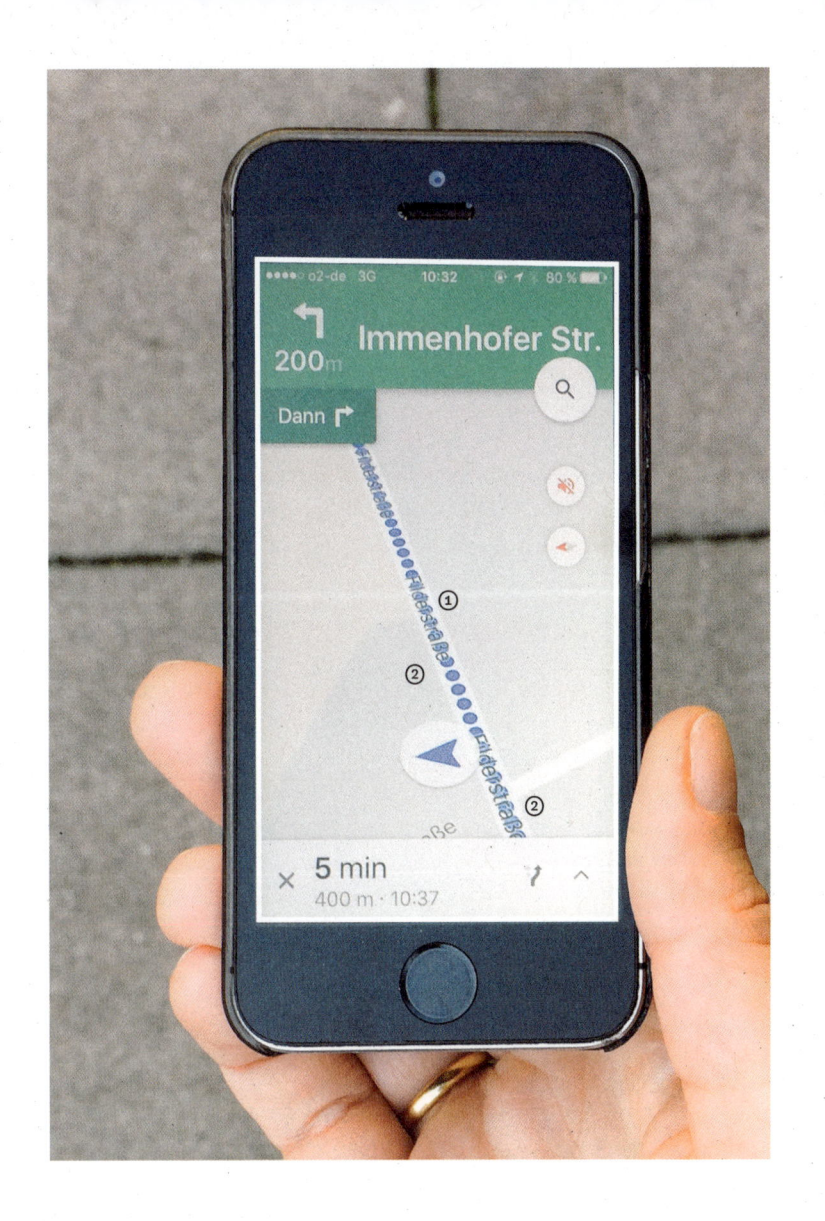

Perspektive B: Linda Ella

4.
Perspektive auf: demenzielle Benutzerfreundlichkeit von Navigations-Apps

Im Entwurfsprozess prüften die Studierenden gemeinsam mit Linda Ella gängige Navigations-Apps auf Demenzfreundlichkeit und optimierten diese für Menschen mit beginnender Demenz.

5.
Lösungsansatz: Optimierung von digitalen Navigations-Apps für Menschen mit Demenz zur Unterstützung der räumlichen und zeitlichen Orientierung

Die Studierenden schlagen Erweiterungsoptionen für Navigations-Apps vor, die speziell auf Menschen mit kognitiven Einschränkungen abgestimmt sind. Im Fokus steht dabei, die personifizierte Ansprache abgestimmt auf die kognitiven Fähigkeiten des Betroffenen:

– personalisierter Layer mit persönlichen Markierungen ①

– fotografische Abbildung von personalisierten Ankerpunkten ②

– Anzeige der Öffnungszeiten des jeweiligen Zielpunktes (jetzt geschlossen / geöffnet) ③

– Anzeige der Wetterlage (hilft bei der Wahl der Kleidung)

– Wegführung über gesicherte Straßenüberquerungen (z. B.: Zebrastreifen, Ampeln)

– Eine weitere Option kann sein, die App mit Einwilligung des Nutzers mit Familienmitgliedern, Freunden, PflegerInnen u. a. zu koppeln. So kann beispielsweise der aktuelle Live-Standort abgefragt werden.

KAPITEL 7

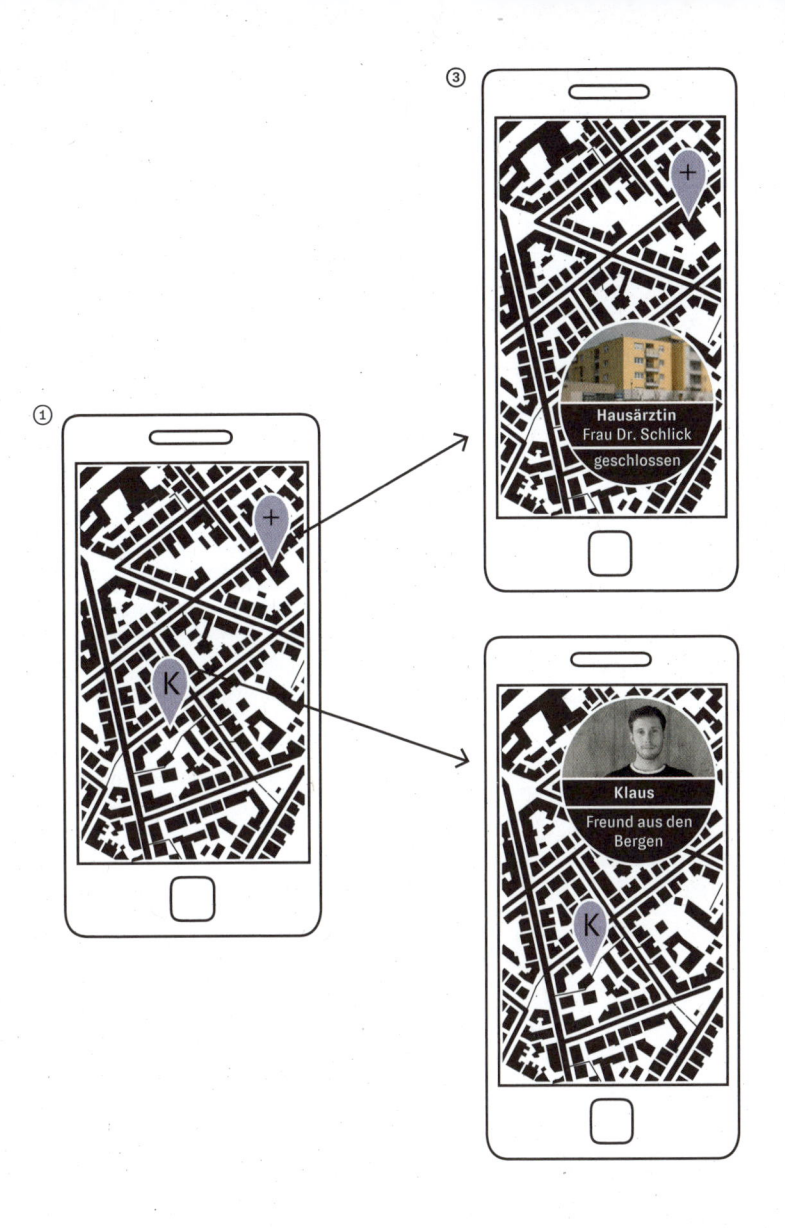

Perspektive C: Günther Norte

1.
Perspektive einnehmen

Mehr über Günther Norte gibt es auf Seite 104 zu lesen.

2.
Potenzial/Herausforderung: explizites Wissen, soziale Isolation

Günther Norte bereitet es große Freude, sein Wissen über historische und architektonische Merkmale einer Stadt mit anderen Menschen zu teilen ①. Das Leben in einer ambulanten Wohngemeinschaft erschwert es ihm jedoch, in Kontakt mit anderen Menschen zu treten und sich auszutauschen.

3.
Stadträumlicher Fokus: soziale Teilhabe und demenzfreundliche Infrastrukturen

Welche Betätigungsmöglichkeiten unterstützen aktiv die soziale Teilhabe demenziell erkrankter Menschen in der Stadt ohne dabei eine exklusive Parallelwelt zu erzeugen?

KAPITEL 7

Perspektive C: Günther Norte

①

②

4.
Perspektive auf: intergenerationeller Austausch zwischen StadtbewohnerInnen mit und ohne Demenz

Im Entwurfsprozess war es den Studierenden wichtig, explizites Wissen von Menschen mit Demenz wertzuschätzen und einen interaktiven Raum zu entwerfen, der das Potenzial hat, alle Generationen zusammenzubringen.

5.
Lösungsansatz: Entwurf und Verortung einer demenzfreundlichen und modularen Infrastruktur zur Förderung einer gesellschaftlichen Lern- und Lehrkultur

① Architektur besteht aus einer modularen Struktur, welche je nach städtebaulichen Gegebenheiten angepasst und anders verortet werden kann

② mit in das Gestaltungskonzept gedacht ist auch ein Leitsystem mit unterschiedlichen Ankerpunkten.

③ beispielhafte Verortung des Werkraums in Stuttgart Dürrlewang mit Leitsystem

④ Programmierung des Werkraums mit übergeordnetem Ziel voneinander zu lernen

Der Lösungsansatz dieser studentischen Arbeit verfolgt den Wunsch einen Werkraum zur Förderung intergenerationeller Beziehungen zu schaffen, dabei gegenseitige Lern- und Unterstützungseffekte zu begünstigen, und auch im Falle einer demenziellen Erkrankung Anlaufstelle für Betroffene zu bleiben. Damit wird dem Wunsch von Menschen mit Demenz nachgegangen, trotz Erkrankung weiter am gesellschaftlichen Leben teilzuhaben und sich aktiv einzubringen, anstatt ausschließlich auf spezielle Angebote angewiesen sein zu müssen.

Um diesen Konzeptgedanken zu erfüllen, bedarf es nach Ansicht der Studierenden neben einer bedarfsgerechten und quartiersbezogenen Programmierung, eine Gestaltungssprache, die ein Altersgruppen übergreifendes Anziehungspotenzial hat. Daneben sind für eine erfolgreiche Annahme auch Verortung und Zugänglichkeit ausschlaggebend. Am Beispiel des Stadtviertels Stuttgart-Dürrlewang, das sich aktuell in einem Stadterneuerungsprogramm befindet und bauliche wie soziale Lücken aufweist, wird das modular aufgebaute Konzept in den städtebaulichen Kontext gesetzt. Ebenso wird ein Leitsystem in das maßstabsübergreifende Gestaltungskonzept mit eingeschlossen. Eine Übertragung auf andere Quartiere ist denkbar.

■	Werkraum Café
△	Insektenhotel
▲	Vogelhaus
■	Hochbeet
□	Bienenstock
○	Spiel- und Sportgeräte
●	Sitzgelegenheiten

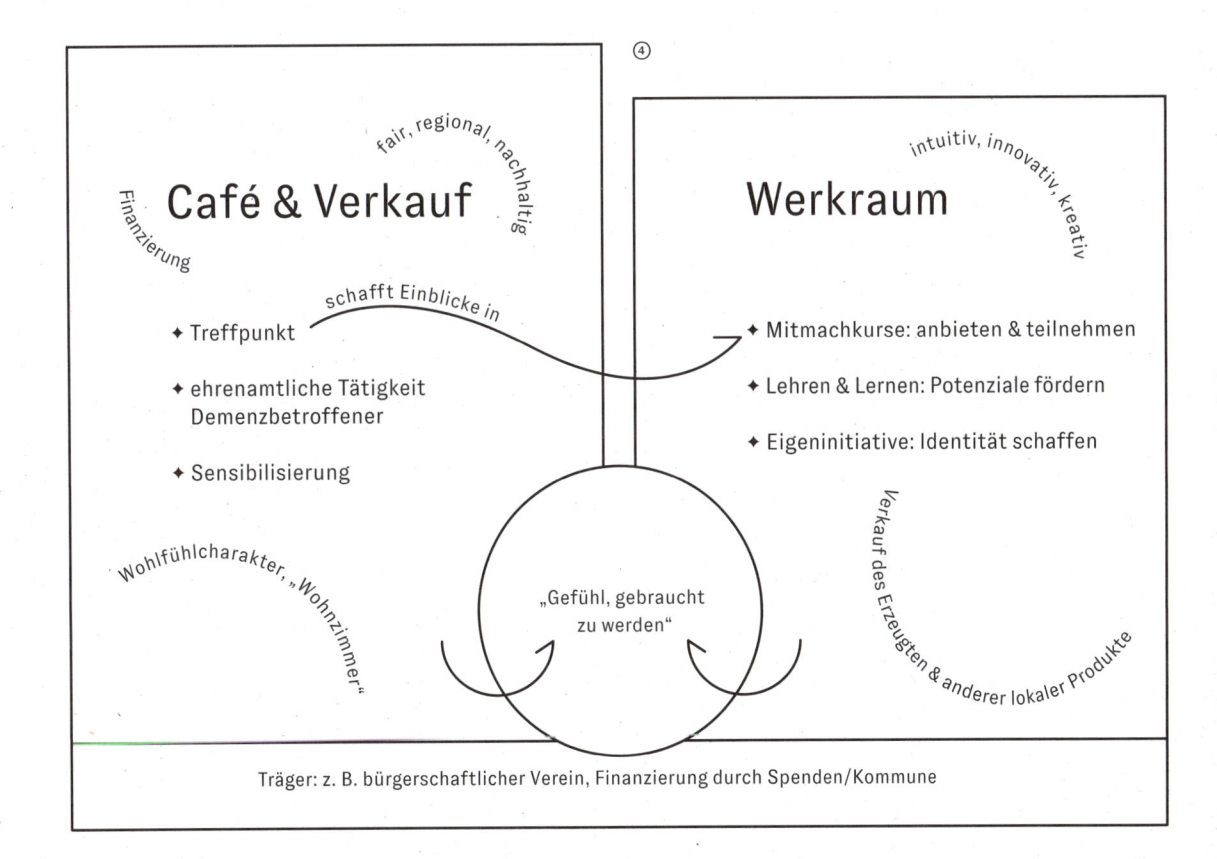

③

④

Café & Verkauf

fair, regional, nachhaltig

Finanzierung

schafft Einblicke in

- ◆ Treffpunkt
- ◆ ehrenamtliche Tätigkeit Demenzbetroffener
- ◆ Sensibilisierung

Wohlfühlcharakter, „Wohnzimmer"

Werkraum

intuitiv, innovativ, kreativ

- ◆ Mitmachkurse: anbieten & teilnehmen
- ◆ Lehren & Lernen: Potenziale fördern
- ◆ Eigeninitiative: Identität schaffen

Verkauf des Erzeugten & anderer lokaler Produkte

„Gefühl, gebraucht zu werden"

Träger: z. B. bürgerschaftlicher Verein, Finanzierung durch Spenden/Kommune

Perspektive D: Wilhelm Rossi

1.
Perspektive einnehmen

Mehr über Wilhelm Rossi gibt es auf Seite 102 zu lesen.

2.
Herausforderung: fehlendes Bewusstsein und Unwissenheit

Die Zusammenarbeit mit Wilhelm Rossi und seiner Ehefrau veränderte die Raumwahrnehmung der Studierenden für die Stadt. Auf einmal wurde ihnen vor Augen geführt, wie alters- und demenzunfreundlich Stadträume zum Teil gestaltet sind.

3.
Stadträumlicher Fokus: Sensibilisierung und Aufklärung

Wie kann die (planende) Stadtgesellschaft für die Bedürfnisse von älteren Menschen mit und ohne Demenz sensibilisiert werden ohne dabei zu belehren?

Möchte man von der U-Bahn in die S-Bahn wechseln, sucht man an dieser Station vergeblich nach einem Aufzug.

KAPITEL 7

Perspektive D: Wilhelm Rossi

4.

Perspektive auf: Sensibilisierung im öffentlichen Raum

Im Entwurfsprozess fokussierten sich die Studierenden auf die Konzeption von Sensibilisierungsstrategien im öffentlichen Raum zur Empathiesteigerung für die Bedürfnisse von ältere Menschen mit und ohne Demenz.

5.

Lösungsansatz: Interventionen im öffentlichen Raum für die Belange von Menschen mit Demenz

Nach Aussage der Studierenden öffnete Ihnen die Zusammenarbeit mit Wilhelm Rossi die Augen. Aus der Perspektive von älteren und demenziell erkrankten Menschen fehlt es in der Stadt nicht nur an barrierefreien Zugängen zu öffentlichen Einrichtungen und zum ÖPNV sowie kostenfreien, sauberen Toiletten. Es fehlt vor allem an dem Bewusstsein dafür.

Anhand kleiner Interventionen im öffentlichen Raum (①, ② und ③), sollen StadtbewohnerInnen für die Belange von älteren Menschen mit oder ohne Demenz sensibilisiert werden.

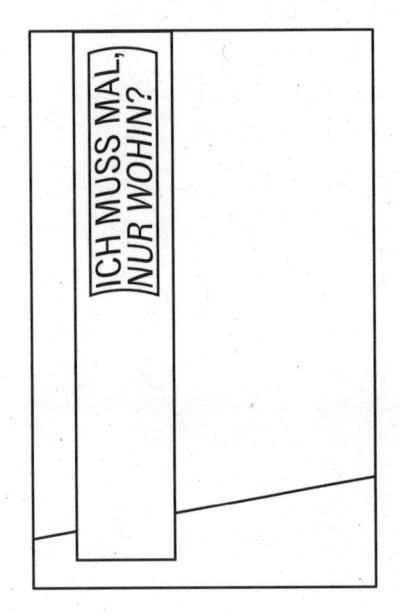

③ ICH MUSS MAL, NUR WOHIN?

①

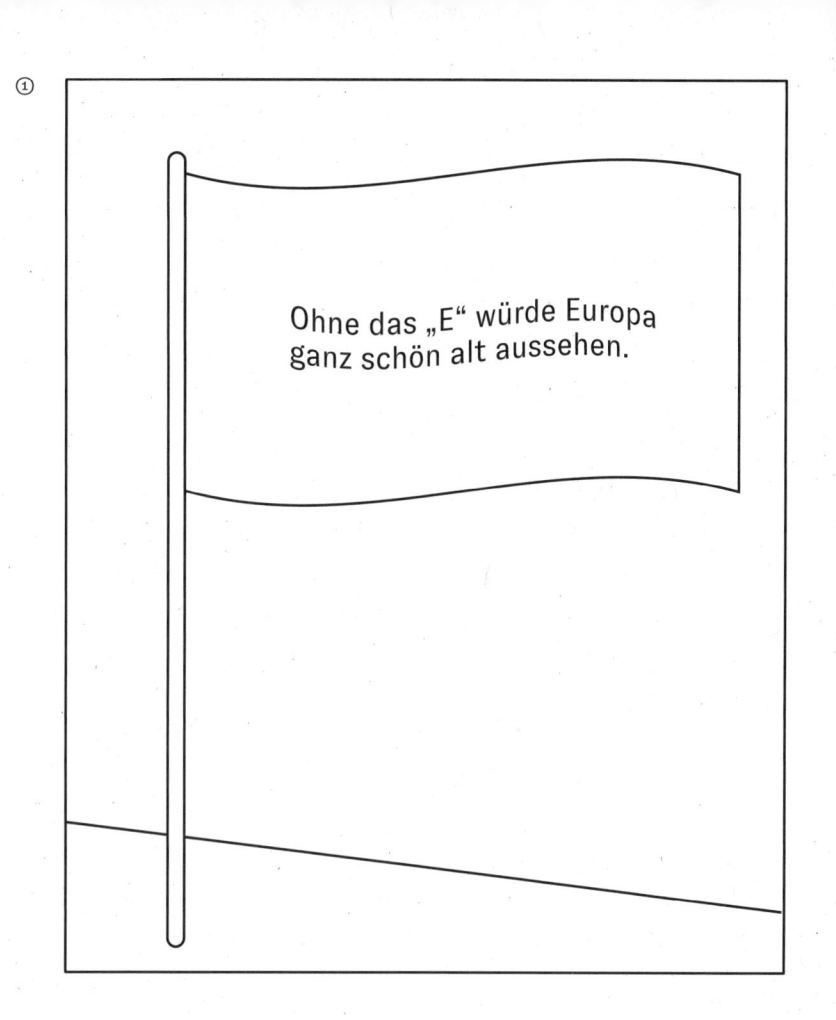

Ohne das „E" würde Europa ganz schön alt aussehen.

②

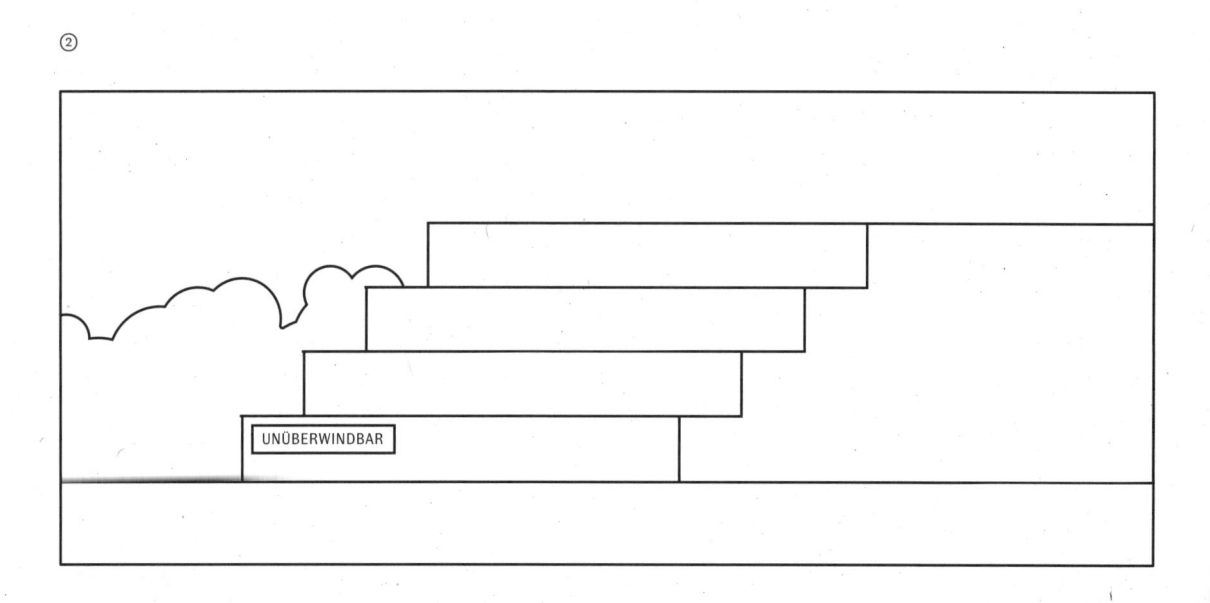

UNÜBERWINDBAR

Perspektive E: Ingeborg Klerk

**1.
Perspektive einnehmen**

Mehr über Ingeborg Klerk gibt es auf Seite 112 zu lesen.

**2.
Herausforderung: Stress durch Lärm und Stadtverkehr, Erholungspotenzial in Rückzugsorten**

Stark befahrende Straßen verursachen bei Ingeborg Klerk Stress und Unwohlsein ①. Sie kann aber auch gut abschalten, z. B. im Tierpark ②.

**3.
Stadträumlicher Fokus: Sensibilisierung und Aufklärung**

Welche Möglichkeiten gibt es, im öffentlichen Raum kurzweilige Rückzugsmöglichkeiten zu schaffen, um Stress entgegen zu wirken und Erholung zu fördern?

KAPITEL 7

Perspektive E: Ingeborg Klerk

4.
Perspektive auf: Erholungsräume und Stadtmöblierung

Im Entwurfsprozess setzen sich die Studierenden mit der Frage auseinander, ob bzw. wie die Bedürfnisse nach Ruhe, Schutz und Erholung auch im öffentlichen Raum befriedigt werden können.

5.
Lösungsansatz: Entwurf von Produkten und Möblierungen zum spontanen Rückzug in der Stadt

Die Bedürfnisse nach Schutz vor äußeren Einflüssen, Regenerierung und sensorischer Stimulation sind auch für Menschen mit Demenz von zentraler Bedeutung. Das eigene Zuhause ist in der Regel ein Ort, in dem diese Bedürfnisse gestillt werden. Hier fühlt man sich sicher, geborgen und findet Ruhe, um sich zu regenerieren. Die Studierenden stellten sich die Frage, ob auch öffentliche Räume diese Schutzfunktion übernehmen können, um StadtbewohnerInnen mit und ohne Demenz Rückzugsmöglichkeiten anzubieten sowie sensorische Reize zu stimulieren. Das interdisziplinäre Team setzt dabei an unterschiedlichen Maßstabsebenen an:

① ein Rollator mit integriertem Schutzraum, der bei Bedarf vor physikalischen Beeinträchtigungen (Hitze, Kälte, Nässe) schützt und spontane Regenerationsphasen im Stadtraum ermöglicht

② Das Sitzmöbel bietet Schutz vor Regen und Sonne und soll auf alle StadtbewohnerInnen eine einladende Wirkung haben. In sich drehbar kann die Sitzrichtung je nach Bedürfnis (Interaktion / Rückzug) variiert werden.

③ Das dritte Objekt ist ein Modul, das die NutzerInnen vor Lärm schützt und durch naturbezogene Materialien eine stimulierende Wirkung haben soll. Eine Platzierung bietet sich vor allem in Nähe stark befahrener Straßen an.

KAPITEL 7 151

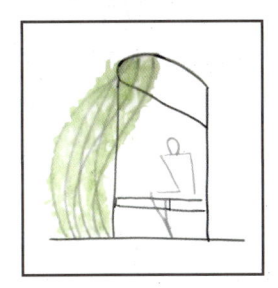

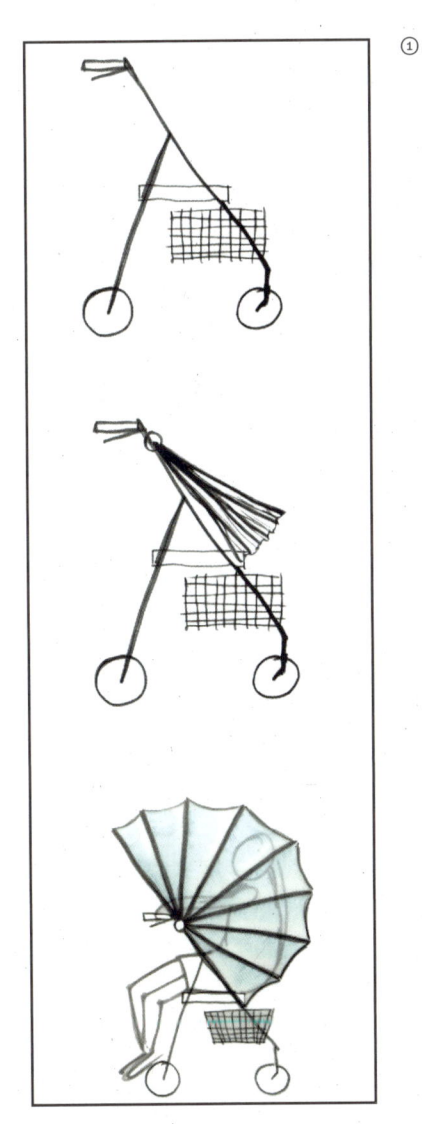

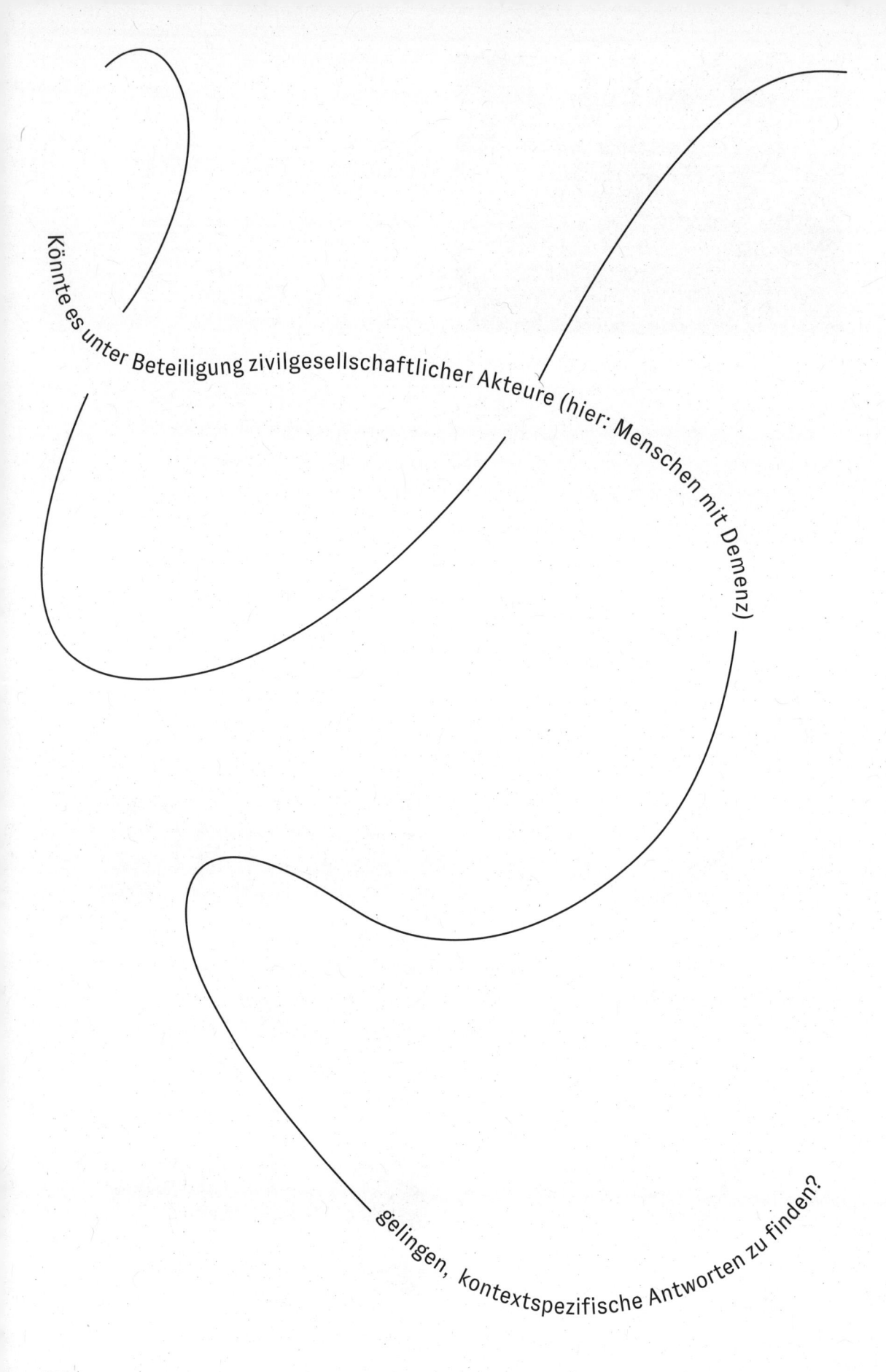

Könnte es unter Beteiligung zivilgesellschaftlicher Akteure (hier: Menschen mit Demenz) gelingen, kontextspezifische Antworten zu finden?

WISSEN FÜR DEMENZ IN DER STADT

8.

Morgen, gestern, heute – Wege finden mit Demenz

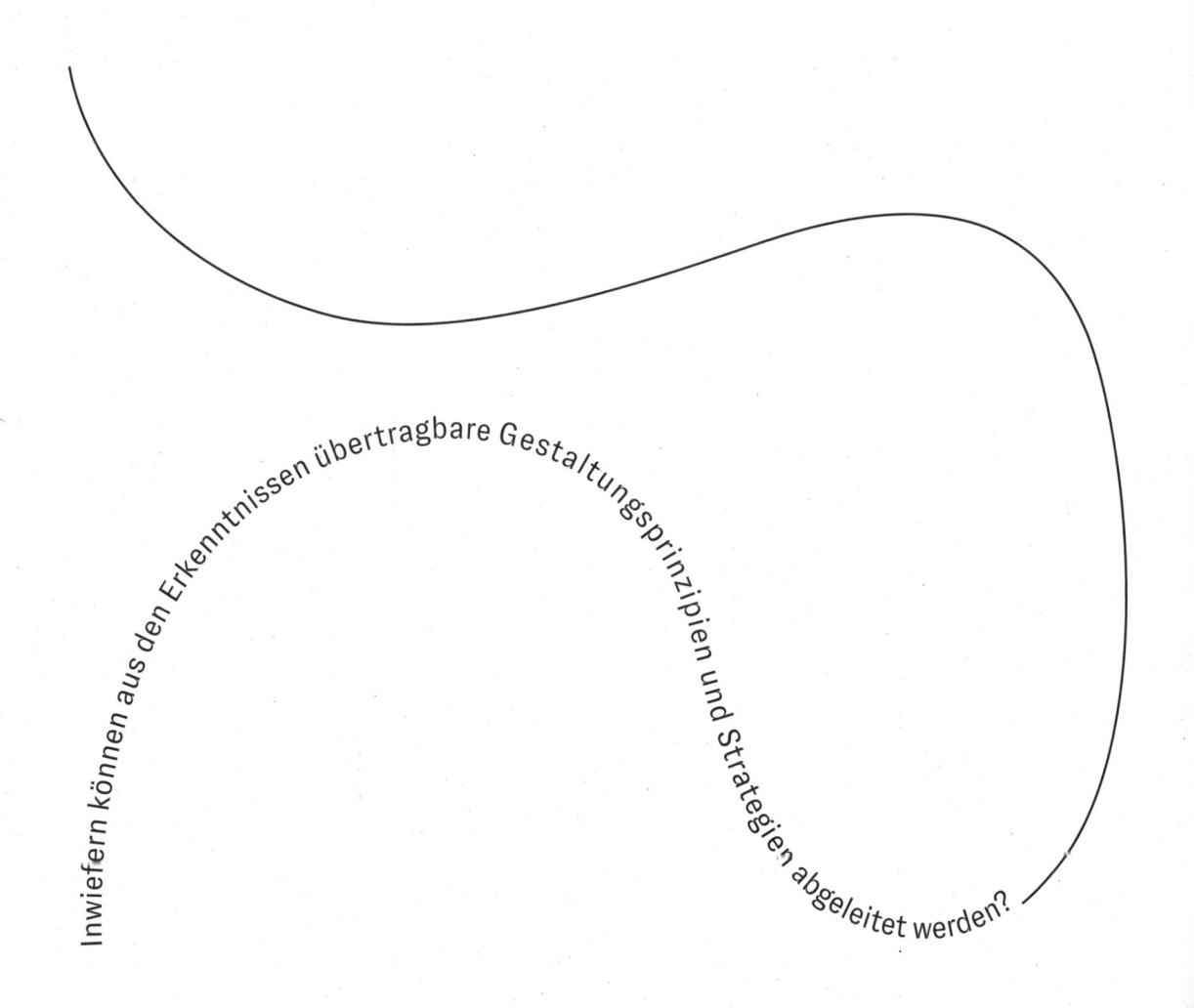

Inwiefern können aus den Erkenntnissen übertragbare Gestaltungsprinzipien und Strategien abgeleitet werden?

Die Zusammenarbeit mit Betroffenen – das Einnehmen der Perspektive Demenz – hat gezeigt, dass es nicht die eine demenzfreundliche Stadt geben kann. Jede Demenz verläuft individuell, und jede/r Betroffene/r entwickelt mit Demenz eigene kreative Strategien, die sich im Verlauf der Erkrankung verändern oder gar auflösen können. Diese Strategien beziehen sich sowohl auf (stadt-)räumliche, zeitliche als auch auf soziale Ebenen und stehen oft in einem komplexen Verhältnis zueinander.

Demenz(un)freundlichkeit findet sich in unterschiedlichsten Typologien und Funktionen gebauter Strukturen wieder. Die Aufgabe von PlanerInnen und GestalterInnen ist es, Betroffenen Raum zu geben, individuelle Orientierungsstrategien zu entwickeln und anzuwenden, um den eigenen Alltag zu meistern. Der Forschungsprozess hat gezeigt, dass urbane Lebensräume auf der einen Seite viele Handlungsnotwendigkeiten aufweisen, aber auf der anderen Seite auch diverse Handlungsmöglichkeiten bestehen, die es weiter – transdisziplinär und partizipativ – zu erforschen, zu identifizieren und zu entwerfen gilt.

Demenz – eine gestalterische Angelegenheit

Die Stadt mit ihrer räumlichen Dimension hat einen unmittelbaren Einfluss darauf, wie Menschen mit Demenz in ihr leben und sich bewegen. Tritt der Moment ein, in dem sich ein Mensch mit Demenz in einer vertrauten Umgebung nicht mehr zurechtfindet, so wirft das unmittelbar rechtliche, soziale und ethische Fragen auf, wie eigenständig sich der- oder diejenige noch bewegen kann. Das macht deutlich, dass die Chance für ein möglichst langes selbstständiges und selbstbestimmtes Leben auch stark von städtebaulichen Gestaltungsfragen abhängig ist. Genauso nimmt das urbane Lebensumfeld als wichtige Stütze für Wohlbefinden, Identität, Schutzbedürfnis und Orientierung eine zentrale Rolle ein.

„Die Umwelt formt den Menschen ... aber der Mensch formt die Umwelt"

(Froriep/Halstenberg/Wolff 1959: 8)

Demenz ist nicht nur eine Erkrankung im medizinischen Sinne. Mit dem Verlauf einer Demenz „erkrankt" auch die Wahrnehmung des physischen Umfelds eines Betroffenen. Der physische Raum wird von Menschen mit Demenz anders wahrgenommen und interpretiert. Eine andere, demenzielle Wahrnehmung bedeutet nicht zwangsläufig das Einbüßen der Alltagskompetenz, kann aber im problematischen Fall dazu führen, sich nicht mehr selber zu versorgen oder gesellschaftskonform zu verhalten. Im Sinne eines gedeihlichen Miteinanders muss es als Aufgabe urbaner Lebensräume und der darin lebenden Mitmenschen verstanden werden, Demenzbetroffene vor allem am Anfang ihrer Erkrankung dabei zu unterstützen, weiterhin ein gutes Leben in der Stadt führen zu können.

„Nicht wir wissen, was für andere gut ist, sondern die anderen wissen, was für sie selbst gut ist."

(Achim Uhl, Teilnehmer Expertenrunde)

Demenz ist als gesellschaftliche Herausforderung im kollektiven Gedächtnis angekommen. Für StadtgestalterInnen urbaner Lebensräume geht es nun darum, Demenz als eine gestalterische Herausforderung zu begreifen und sich in die Erarbeitung von entwurfsbasierten Lösungsansätzen aktiv einzubringen. Der vorangegangene Forschungsprozess hat gezeigt, dass die stadtgestaltenden Disziplinen einen wichtigen Beitrag leisten können, um neue und vernetzte Denkweisen zu entwickeln und anzuwenden, sowie ko-kreative Impulse und praxisrelevante Antworten zu geben.

Demenz ist eine Chance, über das Sein und Werden unserer Städte anders nachzudenken. Urbane Lebensräume befinden sich in einem konstanten Umwandlungs- und Anpassungsprozess, der sich nach den Bedürfnissen und Wünschen derjenigen richten soll(te), die in ihnen leben und arbeiten. Das Sein und Werden einer Stadt zu gestalten, wird damit zur Aufgabe, die alle angeht. Jedoch sind nicht alle in der Stadt lebenden Menschen, insbesondere diejenigen mit Demenz, im Stande, Bedürfnisse und Notwendigkeiten zu identifizieren, zu artikulieren und entsprechende Entscheidungs- und Planungsprozesse anzustoßen oder zu begleiten. In der stellvertretenden Verantwortung stehen die gewählten gesetzlichen VertreterInnen und Kommunen im Sinne der Daseinsvorsorge. Dass auch die planenden und gestaltenden Disziplinen einen weiterführenden Beitrag leisten können, hat dieses Lehrforschungsprojekt gezeigt.

In Städten und Ortschaften lebende Menschen mit Demenz sind nicht auf einmal da. Sie haben einen Großteil ihres aktiven Lebens hier verbracht, hier gearbeitet, eine Familie gegründet, ihr Lebensumfeld mitgestaltet und einen gesellschaftlichen Beitrag geleistet. Sie haben das Recht, ihren Lebensabend hier zu gestalten und wir, die Gesellschaft, die Kommunen, soziale Träger, aber eben auch die planenden und gestaltenden Disziplinen, haben die Pflicht, auf die raumbezogenen Wünsche und Bedürfnisse einzugehen und das Wohl aller ausschließlich wirtschaftlichen Interessen vorziehen.

Ko-kreative Forschungsstrategien als transformativer Forschungsansatz

Menschen mit Demenz sind unter bestimmten Voraussetzungen in der Lage, Einblicke in ihre Sicht der Dinge zu geben und Entwurfsprozesse mitzugestalten. Der partizipative Ansatz, das Wechseln der Perspektive, hat differenzierte Momentaufnahmen in den Lebensalltag mit Demenz gegeben und den Entwurfsprozess im Kontext Demenz und Stadt wesentlich bereichert. Die erprobten kreativen und experimentellen Forschungs- und Entwurfsmethoden können als Plädoyer für die Abkehr isolierter Betrachtungsweisen verstanden werden und animieren zu einer aktiven Inszenierung von transdisziplinären Kooperationen und Netzwerken – nicht nur im Kontext Demenz und Stadt. Sicherlich ist es denkbar, den vorgelegten transformativen Forschungsansatz auch auf andere Themenfelder zu übertragen, bei denen personenzentrierte Fragestellungen im Vordergrund stehen.

„Also, vielen Dank, wirklich, ihr wart ein seelischer Zugewinn." Ingeborg Klerk über die Zusammenarbeit

Der vorangegangene Forschungs- und Lehrprozess hat Impulse gesetzt, partizipative Entwurfsmethoden weiter in Forschung, Lehre und Praxis zu verankern und offengelegt, dass ko-kreative Forschungsstrategien einen wichtigen Beitrag leisten können, bestehende Gestaltungsprinzipien in Hinblick auf Alters- und Demenzfreundlichkeit neu zu überdenken und weiterzuerforschen.

In wenigen Institutionen liegen Fachrichtungen so nahe beieinander wie in Hochschuleinrichtungen. Dennoch wird dieses Potenzial noch zu wenig genutzt, und Fachdisziplinen arbeiten oft ohne Austausch vor sich hin. Die Erfahrungen aus dem Lehrforschungsprojekt haben gezeigt, dass es sich lohnt, auf Hochschulebene intensiver miteinander zu kooperieren und damit bereits in der Ausbildung von zukünftigen EntscheidungsträgerInnen und GestalterInnen zu beginnen.

Verknüpfung von Lehre, Forschung und Praxis

Mit Menschen mit Demenz gemeinsam Zeit in ihrer vertrauten Umgebung zu verbringen, sie dabei zu beobachten, wie sie sich durch ihr vertrautes Wohnquartier bewegen, mit gebauten Strukturen und Menschen interagieren, gab Einblicke in die individuellen (sozial-)räumlichen Kompetenzen und Orientierungsstrategien, genauso wie in die heterogenen Wahrnehmungen, Wünsche, Werte und Bedürfnisse, die Menschen mit Demenz an ihre Umwelt stellen. In der Zusammenarbeit wurden Situationen erfasst, die Hinweise auf kreative, kollaborative, spontane und innovative Handlungsstrategien und Fähigkeiten geben, vor allem in Momenten, die für die Betroffenen unvorhersehbar waren. Alle Teilnehmenden genossen den Kontakt mit den Studierenden. Auffallend war, dass sich oft schon bereits beim zweiten Treffen eine freundschaftliche Ebene einstellte. Bei einigen Betroffenen wurde deutlich, welch besonderen Stellenwert der Austausch mit den Studierenden für sie darstellte.

Forschen mit Menschen mit Demenz

Menschen mit Demenz lassen ihr subjektives Empfinden in den Forschungsprozess einfließen und damit allgemeingültige Aussagen und Ergebnisse nicht zu. Selbst- und Fremdwahrnehmung können weit auseinanderklaffen. Der Wahrheitsgehalt ist nicht immer eindeutig darstellbar und Antworten sind mitunter stark von der Biografie und dem Verlauf der Demenz beeinflusst. Oft wurden auch Antworten von den anwesenden Angehörigen vorweggenommen, ergänzt oder korrigiert. Für den Erkenntnisgewinn stellte dies aber keinen Nachteil dar, denn eine Gesamtbetrachtung der dokumentierten offenen Beobachtungen zeigt letztendlich die Lebenswelt und Selbstwahrnehmung der Betroffenen mit allen unterschiedlichen Einflüssen der Demenz.

Subjektivität

Jeder Mensch mit Demenz ist anders und muss individuell angesprochen werden. Das erfordert vom Gegenüber, in die Welt der Betroffenen einzutreten und sich mit einschneidenden biografischen Erlebnissen, persönlichen Ängsten und Charaktereigenschaften auseinanderzusetzen, um die Aussagen besser zu verstehen und zu interpretieren. Auch äußere

Individualität

Faktoren wie Ort, Tageszeit, Hintergrundgeräusche und Lichtverhältnisse können ein Gespräch beeinträchtigen. Das Gegenüber ist aufgefordert ein Gespür zu entwickeln, wann die Auffassungsgabe nachlässt und sensibel auf die verschiedenen Verhaltensweisen einzugehen, wie Menschen mit Demenz nonverbal kommunizieren. Auch demenzspezifische sogenannte besondere Verhaltensweisen *(vgl. BMG 2016: 32 ff.)* sind eine Art von Kommunikation und können Hinweise auf bestimmte Bedürfnisse geben. Interaktive Prozesse sind nicht planbar und erfordern eine offene Arbeitsweise. Eine forschungsbasierte Zusammenarbeit mit Menschen mit Demenz ist möglich, aber sie ist ein unter Umständen herausfordernder und unkalkulierbarer Prozess, der Zeit, Geduld, Flexibilität und Empathievermögen verlangt.

Durch erforschende, verhaltensorientierte Analysen ist die Wahrnehmung der Studierenden für die Stadt als räumliches und soziales Gefüge gestärkt und ein hohes Maß an Bewusstsein für unterschiedliche Problemlagen der demografischen Entwicklung entwickelt worden – von der Desorientierung bis zur Altersarmut und fehlenden Möglichkeiten zur gesellschaftlichen Teilhabe. Der Erkenntnisgewinn auf Grundlage angewandter mobiler und flexibler Methoden, bestärkt die Herangehensweise in Forschung und Lehre personenzentrierte Ansätze weiter zu vertiefen und umzusetzen. Das Seminar bot den zukünftigen PlanerInnen und GestalterInnen die Chance, sich mit bestehenden Strukturen und Phänomenen kritisch auseinanderzusetzen und ihre eigene Rolle zu definieren. Darüber hinaus leisteten die Studierenden mit ihrer Arbeit einen gesellschaftlichen Beitrag und bekamen neue Impulse für ihr Selbstverständnis als PlanerInnen und GestalterInnen.

Studierende als Gestaltungsforscher und Forschungsgestalter

Bedürfnisse von Menschen mit Demenz und stadträumliche Bedarfe

Ein selbstständiges Leben mit beginnender bis mittlerer Demenz im vertrauten Wohnumfeld ist unter bestimmten Voraussetzungen möglich. Die Krux dabei ist: Die Voraussetzungen, ein demenzfreundliches Wohnumfeld zu schaffen, sind nicht einfach objektiv zu bestimmen und für alle Demenzbetroffenen in allen Erkrankungsstadien gültig. Neben sozialen und räumlichen Faktoren haben auch individuelle Persönlichkeit, Biografie, soziale Prägung und letztendlich der Krankheitsverlauf und die Demenzart Einfluss auf die Fähigkeit, kreative Aneignungs-, Navigations- und Orientierungsstrategien zu entwickeln. Auch wenn Demenzen immer wieder typische Symptome und Verhaltensweisen hervorrufen, so verläuft jede Demenz unterschiedlich. Doch ähnlich wie davon ausgegangen werden kann, dass alle Menschen Grundbedürfnisse haben, kann auch angenommen werden, dass es zum einen allgemeine, raumbezogene Bedürfnisse gibt, die im Verlauf einer Demenz auftreten, und zum anderen Bedarfe gestaltet werden können, welche Betroffene unterstützen, urbane Lebensräume „richtig" wahrzunehmen und zu benutzen.

Wie der urbane Lebensraum in den Augen von demenziell Erkrankten wahrgenommen wird, wie es sich anfühlt und welche Emotionen, Bilder und Gedanken bestimmte Gebäude, Straßenverläufe und öffentliche Räume auslösen, lässt sich bisher nur erahnen. Und selbst eine Ahnung davon, wie Menschen mit Demenz ihre Umwelt wahrnehmen, kann keine Allgemeingültigkeit darstellen. Für die Vision einer demenzfreundlichen Stadt kann nicht die eine Erkenntnis abgeleitet werden, aber es können aus der Zusammenarbeit mit Betroffenen viele Erkenntnisse gewonnen werden.

„Betrachten heißt, neue Blickwinkel erschließen, Sehweisen ausprobieren, Ungewohntes wahrnehmen, störende Elemente aufdecken, Fehler machen (...) und bei sich selbst bemerken."

Lucius Burckhardt (Schweizer Soziologe und Ökonom)

Viele Realitäten

KAPITEL 8 157

Bedürfnisse von Menschen mit Demenz	Gesellschaftliche Akzeptanz und proaktive Unterstützung erhalten	Persönliche Identität und räumliche Orientierung in der Stadt aufrechterhalten	Soziale Teilhabe erleben und in Austausch mit anderen Menschen treten können
Herausforderungen von Menschen mit Demenz in der Stadt	Fehlendes Bewusstsein und Überforderung der Mitmenschen im Umgang mit Demenz	Identitätsverlust und Desorientierung im Stadtraum	Soziale Isolation und Vereinsamung im Stadtraum
Urbane Barrieren	sozial	baulich und kognitiv	sozial, finanziell und baulich

Nach dem Einnehmen der Perspektive Demenz folgt Strategien stadtgestaltender Disziplinen

Daraus resultierender Bedarf im stadträumlichen Lebensraum	Öffentliche Sensibilisierung und Aufklärung von BürgerInnen, PlanerInnen und GestalterInnen für die Belange von Menschen mit Demenz	Differenzierte Ausformulierung, Gestaltung und Setzung von Orten, Räumen und Architekturen	Alltägliche, urbane Räume, die zwischenmenschliche Interaktionen ermöglichen, Kooperationen fördern und für alle frei zugänglich sind
Strategien stadtgestaltender Disziplinen	Implementierung der Thematik Alter und Demenz in Lehre und Forschung der planenden und gestaltenden Disziplinen, potenzialfokussierte Rhetorik beim Thema Demenz und Alter, Verankerung transdisziplinärer Zusammenarbeit mit Betroffenen bei der Erarbeitung von entwurfsbasierten Lösungskonzepten, Etablierung kommunaler Dialogkultur zur Identifizierung der Bedarfe von Menschen mit Demenz, Sensibilisierung kommunaler VertreterInnen aus Verwaltung und Politik und Planerverbände für die Belange von Menschen mit Demenz	Gebäude ihrer Nutzung folgend mit eindeutigen Merkmalen gängiger Typologien belegen, gezielte Platzierung von Materialien, Texturen und Farbe, architektonische Heterogenität fördern, architektonische Homogenität vermeiden, Varianzen in Gebäudehöhen und -versätzen erzeugen/entwerfen, alltagsrelevante Gebäude architektonisch und städtebaulich wertschätzen, z. B. eindeutige Eingangssituationen und Erschließungssysteme gestalten, Wegeleitsysteme von Anfang an in transdisziplinären Teams mitdenken	Schutz, Erhaltung und Herstellung von öffentlichen Begegnungsräumen und kostenfreien Gelegenheitsstrukturen sowie niederschwellige Treffpunkte zum Nachgehen gesellschaftlicher (ortsspezifischer) Rituale und Traditionen, Aufenthalts- und Rückzugsmöglichkeiten ohne Verzehrzwang – zu allen Jahreszeiten, Vorhalten öffentlicher, kostenfreier Toiletten, kommunikationsfördernde Anordnung von Sitzgelegenheiten, vielfältige kulturelle und kulinarische Angebote für alle Einkommensschichten, Öffnung bestehender Strukturen z. B. Mensa etc.
Verortung und Anwendungsbereiche	Universitäre und öffentliche Einrichtungen, Einrichtungen, Planungsbehörden, etc.	Gebäude, öffentliche Einrichtungen, Wohnquartiere und Wohnungen, Plätze, Grünflächen, Straßen, Gehwege und Kreuzungen, ÖPNV	öffentliche Einrichtungen, Plätze, Grünflächen, Straßen, Gehwege und Kreuzungen, Innenhöfe, Wohnquartiere, Stadtmöblierung, Wartebereiche ÖPNV

Individuelle Alltagskompetenz möglichst lange bewahren	Sensorische Reize (akustisch, visuell) richtig verarbeiten und deuten	Verkehrssituationen richtig einschätzen zur Erhaltung des individuellen Sicherheitsempfindens	So lange wie möglich im vertrauten Wohnumfeld leben – trotz Demenz
Probleme bei der Annahme von urbanen Infrastrukturen	Wahrnehmungsstörungen aufgrund akustischer und visueller Reize	Gefahren im Stadtverkehr	Gestaltung und räumliche Setzung von Wohnorten
kognitiv, finanziell und baulich	kognitiv	kognitiv und baulich	baulich und kognitiv

der Übergang in die Perspektive Stadtgestaltung

Ausbau niederschwelliger alter– und demenzsensibler Infrastrukturen und Dienstleistungen	Ausgleich von Sehbeeinträchtigungen wie Lichtempfindlichkeit, reduzierte Tiefenwahrnehmung, Vermeidung von Lärmquellen an potenziellen Entscheidungspunkten	Identifizierung und Vermeidung von alltäglichen Gefahren im Verkehr	Weiterentwicklung und Umsetzung vielfältiger Wohnformen innerhalb eines Quartiers
Förderung kleinteiliger Infrastrukturen (Dienstleistungen sowie Einzelhandel), Ausbau analoger sozialer Beratungsangebote zur Unterstützung der individuellen Alltagskompetenz in erreichbaren Entfernungen vom Wohnort, demenzsensible Schulungen von Dienstleistern des alltäglichen Lebensbedarfs (Banken, Behörden, Apotheken, Supermärkte, ÖPNV, Postboten) zur präventive Identifizierung von demenziell bedingten Misslagen, Abbau bestehender baulicher Barriere bzw. Vermeidung von Bau neuer Barrieren	Bewusster Einsatz von Farbe, Tageslicht, künstlicher Beleuchtung und Beschilderungen, Beleuchtungsstärken der Nutzung nach anpassen, Kontraste zwischen Hinter- und Vordergründen schaffen, wichtige Informationen in visuell starken Farben und eindeutigen Symbolen hervorheben, Vermeidung von potenziellen Lärmkulissen und ungeordneten akustischen Signalen in der Nähe von Erholungsräumen und Wohngebieten	Straßenüberquerungen sicher und sequenziell gestalten (z. B. Zebrastreifen und Fußgängerinseln, Gleichschaltung von Fußgängerampeln), Ausleuchtung von Gehwegen, Unterführungen und Plätzen bei Dämmerung und Nacht, eindeutige und sichere Führung der Verkehrswege (Fußgänger, Fahrrad, Auto), Reduzierung von Autoverkehr auf Plätzen und Straßenzügen in Wohngebieten oder Einkaufsstraßen mit potenziell dichtem Fußverkehr	Entwicklung und Umsetzung von alternativen Wohnkonzepten (kooperative Wohnformen), Bestimmung von Ansprechpersonen bei kommunalen und privaten Liegenschaftsverwaltungen für ältere MieterInnen zur Bereitstellung ambulanter Hilfe oder Umzüge innerhalb des Quartiers (Wohnungstausch), Angebot altersgerechter Wohnformen weiter ausbauen (barrierefreier Zugang zur Wohnung, keine Stufen und Schwellen innerhalb der Wohnung, im Sanitärbereich Türen mit ausreichender Breite und ausreichende Bewegungsflächen mit bodengleicher Dusche)
öffentliche und infrastrukturelle Einrichtungen, Wohnungsbau, ÖPNV	Gebäude, Wohnquartiere und Wohnungen, Plätze, Grünflächen, Straßen, Gehwege und Kreuzungen, Eingangssituationen ÖPNV, Haltestellen	Straßen, Gehwege und Kreuzungen, Fußgängerüberquerungen, ÖPNV	Wohnquartiere und Wohnungen

Zukunftsthemen von Demenz und Stadt

Die personenzentrierte Zusammenarbeit mit Betroffenen, das Einnehmen der Perspektive Demenz hat grundlegende Wissensschätze im Kontext Demenz und Stadt generiert und dabei deutlich gemacht, dass das Phänomen Demenz in Planungsprozessen nicht isoliert betrachtet werden kann.

Für PlanerInnen und GestalterInnen der Städte ist wichtig zu erkennen, dass Orientierung, Sicherheit und soziale Teilhabe im urbanen Stadtraum vor allem für Menschen mit beginnender bis mittlerer Demenz relevant sind, sowie für Betroffene, die sich ihrer kognitiven Beeinträchtigung vielleicht noch gar nicht bewusst sind.

Eine Demenz kommt selten allein. So haben Betroffene oft mit weiteren Herausforderungen umzugehen, die unter Umständen das „Defizit" Demenz noch verstärken können. Außerdem haben gesellschaftliche Prozesse wie der demografische Wandel oder Migration Einfluss auf Anforderungen und Bedarfe. Neue Technologien werden in Zukunft bei der Gestaltung und Planung von Pflege- und Unterstützungssettings in Wohn- und Alltagsbereichen eine tragende Rolle übernehmen, die auch stärker in die Stadtplanung und Architektur Einzug finden werden. Diese Faktoren gilt es daher in Zukunft noch näher in Betracht zu ziehen:

„Menschen mit Demenz sind keine Marsmenschen (...), sie sind ganz normale Menschen, die auf Einflüsse durch die Umgebung ein Stück weit sensibler reagieren als andere Menschen, weil sie Einschränkungen in ihren Umweltkompetenzen haben. Daher müssen auch keine besonderen Stadtumwelten für sie geplant werden, sondern es muss besonders sorgfältig geplant werden."

(Dr. Beate Radzey, Teilnehmerin Expertenrunde)

Heterogenität im Alter

Die Zielgruppe Demenz ist heterogen und bezieht sich auf unterschiedliche Altersgruppen, soziale Schichten, körperlich eingeschränkte und fitte Menschen, ist weiblich, männlich und divers, schwarz und weiß, christlich, muslimisch, jüdisch oder atheistisch Lebensvorstellungen, Haltungen, Wünsche und Abneigungen sind bei Menschen mit Demenz mindestens genauso individuell geprägt wie bei anderen Gruppen auch. Im Sinne der Heterogenität gilt es, Lösungskonzepte schicht-, geschlecht- und kultursensibel auszurichten. Schon allein die relativ kleine Anzahl von 13 Personen hat deutlich gemacht, wie unterschiedlich Lebensentwürfe geprägt und gestaltet werden.

Altersarmut

Es ist anzunehmen, dass Altersarmut in Deutschland in den kommenden Jahren weiter zunehmen wird. Auch finanzielle Möglichkeiten beeinflussen, wie selbstbestimmt jemand wohnen kann. Ein geringfügiges Einkommen kann gerade in Städten bedeuten, dass sich ältere Menschen mit Demenz bestimmte Angebote nicht mehr leisten können und vom gesellschaftlichen Leben zunehmend ausgeschlossen werden. Am Beispiel von Fridolin Sachs wurde deutlich, dass Altersarmut in der Stadt zu verstärkter Isolation, sozialem Ausschluss und mangelnder Versorgung führen kann.

Feminisierung des Alters

Bereits heute sind mehr Frauen von einer Demenz betroffen als Männer. Zwei Drittel der Erkrankten sind Frauen *(vgl. Bickel 2018: 4)* und aufgrund der steigenden Lebenserwartung wird es in Zukunft immer mehr allein lebende ältere Frauen geben *(vgl. Zürcher Frauenzentrale, Age Stiftung 2013: 48)*. Eine besondere Aufgabe wird deshalb sein, gerade ältere Frauen in Single-Haushalten mit Angeboten zu erreichen und ihnen Raum in der Stadt zur Verfügung zu stellen. Linda Ella, Elisa Lamberti und Ingeborg Klerk sind nicht verheiratet, kinderlos und leben alleine. Während Linda Ella im engen Kontakt mit ihrer Schwester steht, und Ingeborg Klerk vor einigen Jahren bewusst ins betreute Wohnen gezogen ist, hat bei Elisa Lamberti die Nachbarin ein Auge auf sie und sie wird von einem sozialen Träger betreut.

Alleinstehend und allein wohnend

In Zukunft werden immer mehr Menschen mit Demenz alleine leben *(vgl. DAlzG 2019: 1)*. Die fürsorgende Rolle von Ehepartnern oder Familienmitgliedern, das „familiäre Pflegepotenzial" *(Generali Deutschland 2017: 217)*, muss auf andere

Weise kompensiert werden. Eine besondere Rolle wird dabei quartiersbezogenen Versorgungskonzepte zukommen, die es vonseiten der Kommunen, sozialen Trägern und Wohnbauunternehmen weiterzuentwickeln und umzusetzen gilt. Am Beispiel von Wilhelm Rossi, Werner May, Walter Armin und Theo Reis wurde deutlich, dass der Verbleib im vertrauten Wohnumfeld allein aufgrund der Betreuung ihrer Ehepartnerinnen möglich ist.

Viele alleinstehende Betroffene erhalten ihre Diagnose erst, wenn oder weil die Alltagskompetenz bereits deutlich eingeschränkt ist und das Haus oder die Wohnung, aus Angst sich zu verlaufen oder sich und andere in Gefahr zu bringen, kaum mehr alleine verlassen wird. Vor allem für diese Gruppe braucht es präventive und umsorgende urbane Strukturen.

Technisierung und Digitalisierung

Technikbasierte Unterstützungs- und Assistenzsysteme wie Ambient Assisted Living (Altersgerechte Assistenzsysteme) werden bereits heute eingesetzt mit dem Ziel, die Benutzerfreundlichkeit von Räumen und Produkten zu steigern und die Selbstständigkeit von Menschen mit Demenz zu unterstützen. Auch die Ergebnisse des Entwurfsprozesses haben deutlich gemacht, dass der Einbezug digitaler Medien im Kontext Demenz und Stadt vielversprechende Unterstützungspotenzale vorhält. Effizient und nachhaltig können diese Technologien aber nur sein, wenn sie demenzsensibel eingeführt, regelmäßig gewartet und sinngemäß eingesetzt werden. Inwiefern dabei das Recht auf Selbstbestimmung und einhergehende ethische Fragestellungen gewahrt werden, muss stets kritisch hinterfragt werden. Genauso gilt es, infrage zu stellen, inwiefern durch den Einsatz mit Technik zwischenmenschliche Ebenen ersetz werden sollen, die es eigentlich nicht zu ersetzen gibt.

Rolle der Kommunen

Im Gegensatz zum ländlichen Raum, wo vor allem Familien sowie nachbarschaftliche und kirchliche Netzwerke die Versorgung pflegebedürftiger Menschen sicherstellen und damit die Kommunen entlasten, müssen Großstädte mehr Verantwortung für ihre älteren (demenziell erkrankten) BewohnerInnen übernehmen. In Zukunft ist zu erwarten, dass auch im ländlichen Raum Kommunen stärker eine fürsorgende Rolle einnehmen müssen, da davon ausgegangen wird, dass familiäre und kirchliche Bindungen weiter abnehmen werden. Dieser Trend konnte bereits in strukturschwachen Regionen beobachtet werden (vgl. Kiziak et al. 2014: 6). Gerade die Anforderungen schwer demenziell Erkrankter findet sich im Angebot ambulanter und stationärer Versorgungsstrukturen wieder, welche sich zur Aufrechterhaltung der bestehenden sozialen Beziehungen und ortsbezogenen Identität idealerweise in der Nähe des bereits vertrauten Wohnumfelds befinden und nicht „auf der grünen Wiese".

Anknüpfungspunkte

Inklusive Stadträume für Menschen mit Demenz zu planen, heißt nicht allein, Baubarrieren im Bestand abzubauen oder bei Neuplanungen zu vermeiden. Genauso müssen kognitive Barrieren, die zu Wahrnehmungsstörungen, Irritationen und Missinterpretationen führen, sowie soziale Barrieren, die Menschen mit Demenz isolieren oder separieren, als Herausforderungen der Stadtgestaltung begriffen werden und in der Entwurfspraxis mitbedacht werden.

Um Menschen mit Demenz eine lange selbstständige und selbstbestimmte Lebensgestaltung in der Stadt zu ermöglichen, bedarf es transdisziplinärer Kooperationen, die auch eine maßstabsübergeifende sowie ko-kreative Bearbeitung unter Einbezug aller stadtgestaltenden Disziplinen einschließen. Die entwickelten Entwurfsstrategien wurden innerhalb eines Lehrformates erprobt, erste entwurfsbasierte Lösungskonzepte erarbeitet und mit ExpertInnen besprochen. In den Diskussionen der disziplin-diversen Expertenrunde wurde deutlich: Gerade nicht-stadtgestaltende ExpertInnen sehnen sich nach transdisziplinärem Handeln in der Fragestellung, wie Menschen mit Demenz lange Teil unserer Gesellschaft bleiben können.

Der Forschungsprozess hat konkrete Denkanstöße vorgelegt und Strategien formuliert, die zur Bearbeitung dieser komplexen Aufgabe beschritten werden müssen. Für eine zukünftige Transformation bestehender städtebaulicher Strukturen in demenzfreundliche Räume ist eine Erprobung ausgewählter Entwürfe in Form der Wirklichkeit mit begleitender Evaluation erforderlich – im Dialog mit Menschen mit Demenz.

Demenz(un)freundlichkeit findet sich in unterschiedlichsten Merkmalen und Funktionen gebauter Strukturen wieder. PlanerInnen und GestalterInnen sind mit augenscheinlich einer, aber in Wirklichkeit zwei Aufgaben kontrontiert. Die erste, fachliche Aufgabe ist es, mit den erlernten Kompetenzen und Strategien der jeweiligen Disziplin nach bestem Wissen gestaltend tätig zu sein. Doch dieser Aufgabe kann er oder sie nicht gerecht werden, ohne um die eigene limitierte Wahrnehmung zu wissen, einverleibte Vorurteile zu hinterfragen und die Perspektive Demenz einzunehmen. In diesen zwei Aufgaben werden schließlich Ansprüche an GestalterInnen und PlanerInnen artikuliert, die notwendig sind, um sich den Herausforderungen einer emanzipierten sozialen Gesellschaft zu stellen.

Oft wird gesagt, Menschen mit Demenz entfernen sich vom Geist (und gehen hin zum Gefühl). Dabei kommt die Idee auf, dass genau diese Bewegung in der Forschung zu neuen und zukunftsweisenden Lösungsansätzen führen könnte.

Artikel 9 Zugänglichkeit

„1: Um Menschen mit Behinderungen eine unabhängige Lebensführung und die volle Teilhabe in allen Lebensbereichen zu ermöglichen, treffen die Vertragsstaaten geeignete Maßnahmen mit dem Ziel, für Menschen mit Behinderungen den gleichberechtigten Zugang zur physischen Umwelt, zu Transportmitteln, Information und Kommunikation, einschließlich Informations- und Kommunikationstechnologien und -Systemen, sowie zu anderen Einrichtungen und Diensten, die der Öffentlichkeit in städtischen und ländlichen Gebieten offenstehen oder für sie bereitgestellt werden, zu gewährleisten. Diese Maßnahmen, welche die Feststellung und Beseitigung von Zugangshindernissen und Barrieren einschließen, gelten unter anderem für

a.:
Gebäude, Straßen, Transportmittel sowie andere Einrichtungen in Gebäuden und im Freien, einschließlich Schulen, Wohnhäusern, medizinischer Einrichtungen und Arbeitsstätten;

b.:
Informations, Kommunikations- und andere Dienste, einschließlich elektronischer Dienste und Notdienste."

(Auszug UN-Behindertenrechtskonvention)

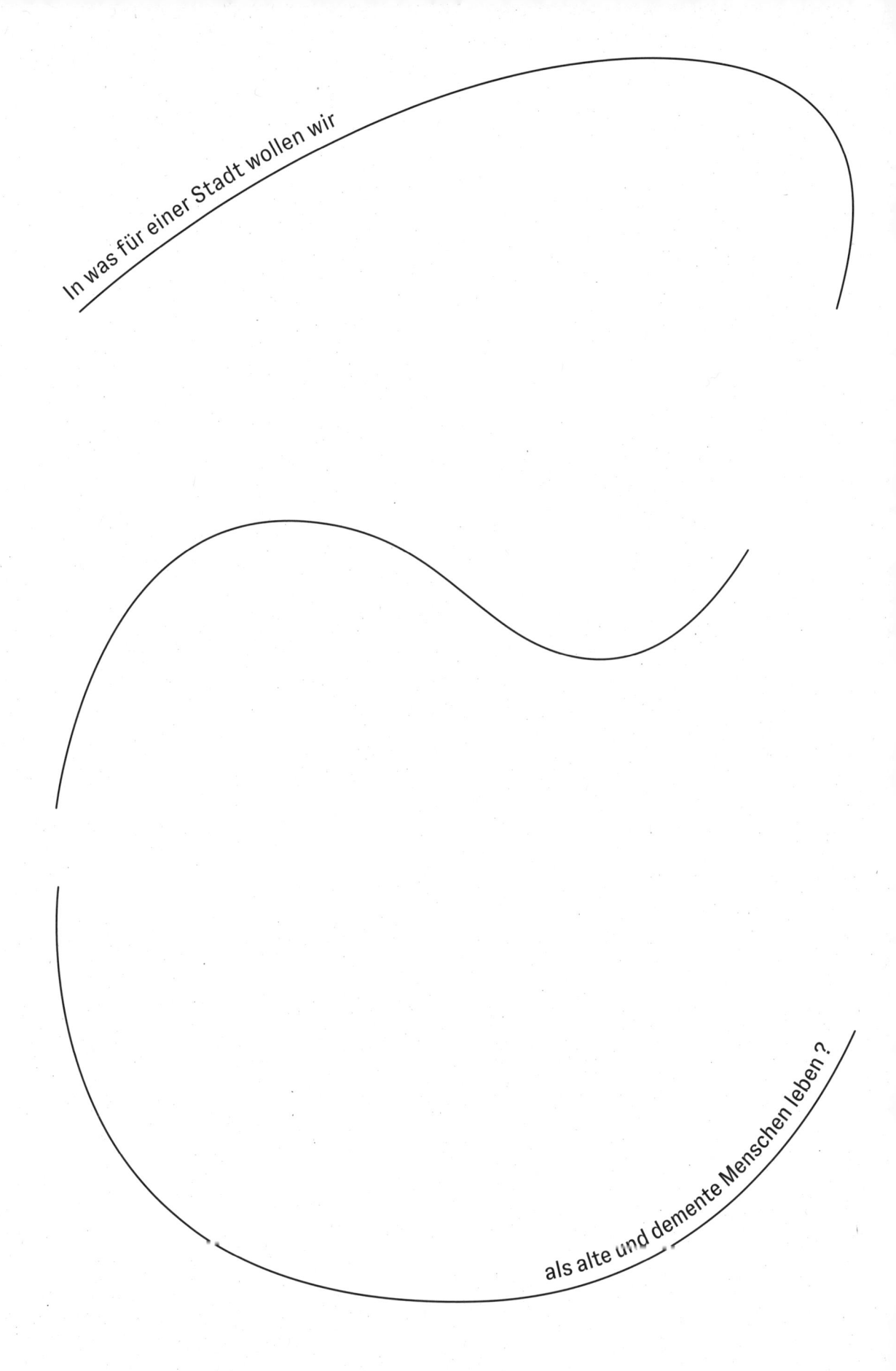

In was für einer Stadt wollen wir als alte und demente Menschen leben?

A

Age Stiftung; Zürcher Frauenzentrale 2013: Älter werden und autonom wohnen. Ein Leitfaden für Frauen, Gemeinden und Liegenschaftsverwaltungen, Zürich

B

Beauvoir, Simone de 1980: Das Alter, Reinbek bei Hamburg: Rowohlt

Beetz, Stephan; Wolter, Birgit 2015: Alter(n) im Wohnumfeld zwischen Individualisierung und kollektivem Handeln, in: Reißen, Anne van; Bleck, Christian; Knopp, Reinhold (Hrsg.): Sozialer Raum und Alter(n). Zugänge, Verläufe und Übergänge sozialräumlicher Handlungsforschung, Wiesbaden: Springer Fachmedien Wiesbaden GmbH, *S. 207-224*

Benze, Andrea; Kitz, Anuschka 2018: Raumproduktion im Alter. Senioren, ihre Vorstellungswelten und die Stadt, in: Ammon, Sabine; Baumberger, Christoph; Neubert, Christine (Hrsg.): Architektur im Gebrauch. Gebaute Umwelt als Lebenswelt, Berlin: TU Berlin, *S. 232-254*

Bickel, Horst 2018: Die Häufigkeit von Demenzerkrankungen, Informationsblatt 1, Berlin: Deutsche Alzheimer Gesellschaft e. V.

Blackman, Tim; Mitchell, Lynne; Burton, Elizabeth; Junks, Mike; Parsons, Maria; Raman, Sahib; Williams, Katie 2003: The Accessibility of Public Spaces for People with Dementia. A new Priority for the ‚Open City', in: Disability & Society 18 (3), Abingdon:Taylor and Francis, *S. 357-371*

Bundesministerium für Bildung und Forschung (BMBF) 2018: Gemeinsam für Menschen mit Demenz. Bericht zur Umsetzung der Agenda der Allianz für Menschen mit Demenz 2014-2018, Berlin: Publikationsversand der Bundesregierung

Bundesministerium für Familie, Senioren, Frauen und Jugend (BMFSFJ) 2018: Leben mit Demenz in der Kommune – vernetztes Handeln vor Ort. Handreichung für Politik und Verwaltung, Bürgerinnen und Bürger, Initiativen und Vereine in der Kommune, Berlin: Publikationsversand der Bundesregierung

BMFSFJ 2016: Sorge und Mitverantwortung in der Kommune. Erkenntnisse und Empfehlungen des Siebten Altenberichts, Berlin: Publikationsversand der Bundesregierung

Bundesministerium für Gesundheit (BMG) 2016: Ratgeber Demenz. Informationen für die häusliche Pflege von Menschen mit Demenz, Berlin: Publikationsversand der Bundesregierung

Bundesministerium für Umwelt, Naturschutz, Bau und Reaktorsicherheit (BMUB) 2016: Leitfaden Barrierefreies Bauen. Hinweise zum inklusiven Planen von Baumaßnahmen des Bundes, Berlin: Publikationsversand der Bundesregierung

Bundesministerium für Verkehr, Bau und Stadtentwicklung (BMVBS) 2012: Barrieren in Stadtquartieren überwinden, Berlin: Publikationsversand der Bundesregierung

BMVBS 2011: Wohnen im Alter. Marktprozesse und wohnungspolitischer Handlungsbedarf, Berlin: Publikationsversand der Bundesregierung

Boger, Jennifer; Craig, Tammy; Mihailidis, Alex 2013: Examining the Impact of Familiarity on Faucet Usability for older Adults with Dementia, in: BMC Geriatrics 13 (63), London: BioMed Central, *S. 1-12*

Bödecker, Florian 2015: Wie forschen mit Menschen mit Demenz? in: Schneider, Armin; Köttig, Michaela; Molnar, Daniela (Hrsg.): Forschung in der Sozialen Arbeit. Grundlagen Konzepte Perspektiven, Leverkusen-Opladen: Verlag Barbara Budrich GmbH, *S. 151-164*

Boenke, Dirk; Hoff, Martina; Häpp, Manfred; Kraner, Matthias; Moosmann, Stefanie; Mues, Robin; Nix, Alexander; Schmitz, Vera; Stirnberg, Nina; Stein, Signe 2015:

Öffentliche Außenräume. Barrierefreie und altersgerechte Planung und Gestaltung nach DIN 18040-3, Mering: Forum Verlag Herkert GmbH

Brorsson, Anna; Öhman, Annika; Lundberg, Stefan; Nygård, Louise 2011: Accessibility in Public Space as perceived by People with Alzheimer's Disease, in: Dementia 10 (4), Thousand Oaks: Sage Journals, S. 587-602

Burckhardt, Lucius 1974: Wer plant die Planung? Architektur, Politik und Mensch, Berlin: Martin Schmitz Verlag

Burton, Elizabeth; Mitchell, Lynne 2006: Inclusive Urban Design. Streets for Life, Amsterdam: Architectural Press

Büter, Kathrin; Marquardt, Gesine 2019: Demenzsensible Krankenhausbauten. Handbuch und Planungshilfe, Berlin: DOM Publishers

Bayerische Architektenkammer (BYAK); Staatsministerium des Inneren (STMI); Bayerisches Staatsministerium für Familie, Arbeit und Soziales (STMAS) 2013: Öffentlich zugängliche Gebäude. Planungsgrundlagen. Leitfaden für Architekten, Fachingenieure, Bauherren und Interessierte zur DIN 18040, Teil 2, München

C

Cantley, Caroline; Steven, Kay 2004: ‚Feeling the Way'. Understanding how Advocates work with People with Dementia, in: Dementia 3 (2), Thousand Oaks: Sage Journals, S. 127-143

Corbin, Juliet M.; Strauss, Anselm L. 2015: Basics of qualitative Research. Techniques and Procedures for developing grounded Theory. Los Angeles, London, New Delhi, Singapore, Washington DC, Boston: Sage Publications Ltd.

D

Deutsche Alzheimer Gesellschaft (DAlzG) 2011: Das Wichtigste - Allein leben mit Demenz, Broschüre, Berlin

DAlzG 2017a: Ambulant betreute Wohngemeinschaften für Menschen mit Demenz, Informationsblatt, Berlin

DAlzG 2017b: Wege zu mehr Barrierefreiheit für Menschen mit Demenz, Infobroschüre, Berlin

DAlzG 2018: Die Häufigkeit von Demenzerkrankungen, Informationsblatt, Berlin

DAlzG 2019: Allein leben mit Demenz, Informationsblatt, Berlin

Davis, Rebecca; Weisbeck, Catherine 2016: Creating a Supportive Environment using Cues for Wayfinding in Dementia (Author manuscript), in: Journal of gerontological Nursing 42 (3), S. 1-15

Der Paritätische Baden-Württemberg, Wüstenrot Stiftung (Hrsg.) 2012: Älter werden im Quartier, Neue Netzwerke – Aktive Teilhabe – Mehr Versorgungssicherheit, Tagungsband, Stuttgart 2012

Demenz Support Stuttgart (Hrsg.) 2017: Beteiligtsein von Menschen mit Demenz. Praxisbeispiele und Impulse, Frankfurt am Main: Mabuse Verlag

Destatis 2016: Ältere Menschen in Deutschland und der EU, Wiesbaden: Statistisches Bundesamt

Deutscher Bundestag 2016: Siebter Bericht zur Lage der älteren Generation in der Bundesrepublik. Sorge und Mitverantwortung in der Kommune – Aufbau und Sicherung zukunftsfähiger Gemeinschaften, Berlin : Drucksache 18/102010

Deutscher Ethikrat 2012: Demenz und Selbstbestimmung, Stellungnahme, Berlin

Deutsche Gesellschaft für Neurologie (DGN); DGPPN 2016: Demenzen. Leitlinien für Diagnostik und Therapie in der Neurologie, Fachbericht, Berlin

Dietz, Birgit 2018: Demenzsensible Architektur. Planen und Gestalten für alle Sinne, Stuttgart: Fraunhofer IRB

Duggan, Sandra; Blackman, Tim; Martyr, Anthony; van Schaik, Paul 2008: The Impact of early Dementia on Outdoor Life, in: Dementia 7 (2), Thousand Oaks: Sage Journals, S. 191-204

F

Feddersen, Eckhard; Lüdtke, Insa (Hrsg.) 2014: Raumverloren. Architektur und Demenz. Basel: Birkhäuser

Fleming, Richard; Bennett, Kirsty 2015: The Dementia friendly Community. Environmental Assessment Tool (DFC-EAT), Wollongong: University of Wollongong

Fleming, Richard; Bennett, Kirsty 2017: Environmental Design Resources, Wollongong: University of Wollongong

Föhn, Martina; Dietrich, Christina (Hrsg.) 2013: Garten und Demenz. Gestaltung und Nutzung von Außenanlagen für Menschen mit Demenz. Bern: Huber

Førsund, Linn Hege; Grov, Ellen Karine; Helvik, Anne-Sofie; Juvet, Lene Kristine; Skovdahl, Kirsti; Eriksen, Siren 2018: The Experience of lived Space in Persons with Dementia: a systematic Meta-Synthesis, BMC geriatrics 18 (1), London: BioMed Central, S. 1-27

Froriep, Siegfried; Halstenberg, Friedrich; Wolff, Josef 1959: Städtebau, Hamburg: Verlag der Werkberichte Justus Buekschmitt

G

Generali Deutschland 2017: Generali Altersstudie 2017. Wie ältere Menschen in Deutschland denken und leben, repräsentative Studie des Institutes für Demoskopie Allensbach mit Kommentaren des wissenschaftlichen Beirats der Generali Altersstudie 2017, Berlin

Gilliard, Jane; Marshall, Mary; Chalfont, Garuth; Börger, Heide (Hrsg.) 2014: Naturgestützte Pflege von Menschen mit Demenz. Natürliche Umgebungen zur Förderung der Lebensqualität von Menschen mit Demenz nutzen, Bern: Huber

Goldsmith, Malcolm 1996: Hearing the Voice of People with Dementia. Opportunities and Obstacles, London: Kingsley

Gronemeyer, Reimer 2013: Demenz: Wir brauchen eine andere Perspektive! Pflege als Wachstumsmarkt, in: bpb (Hrsg.), Alternde Gesellschaft, Bonn: Bundeszentrale für politische Bildung, S. 36-40

Gronemeyer, Reimer; Kreutzner, Gabriele; Rothe, Verena (Hrsg.) 2015: Im Leben bleiben. Unterwegs zu demenzfreundlichen Kommunen, Bielefeld: transcript

H

Haan, Peter; Stichnoth, Holger; Blömer, Maximilian; Buslei, Hermann; Geyer, Johannes; Krolage, Carla; Müller, Kai-Uwe 2017: Entwicklung der Altersarmut bis 2036. Trends, Risikogruppen und Politikszenarien, Gütersloh: Bertelsmann Stiftung

Hall, Suzanne 2012: City, Street and Citizen. The Measure of the Ordinary, Hoboken: Taylor and Francis

Heeg, Sibylle 2008: Heimat für Menschen mit Demenz. Aktuelle Entwicklungen im Pflegeheimbau - Beispiele und Nutzungserfahrungen, Frankfurt am Main: Mabuse Verlag

Heeg, Sibylle; Heusel, Christof; Kühnle, Elke; Külz, Stefan, Lützau-Hohlbein von, Heike; Mollenkopf, Heidrun; Oswald, Frank; Pieper, Richard; Rienhoff, Otto; Schweizer, Rüdiger 2007: Gemeinsam für ein besseres Leben mit Demenz / Technische Unterstützung bei Demenz, Bern: Huber

Heilweck-Backes, Inge; Strauß, Matthias 2015: Datenkompass Stadtbezirke Stuttgart 2014/2015,

Landeshauptstadt Stuttgart (Hrsg.), Stuttgart

Heinze, Rolf G. 2017: Wohnen und Wohnumfeld – der Lebensmittelpunkt im Alter, in: Generali Deutschland (Hrsg.): Generali Altersstudie 2017. Wie ältere Menschen in Deutschland denken und leben: repräsentative Studie des Institutes für Demoskopie Allensbach mit Kommentaren des wissenschaftlichen Beirats der Generali Altersstudie 2017, Berlin, S. 213-229

Heite, Elisabeth; Köster, Dietmar; Rüßler, Harald; Stiel, Janina 2015: Lebensqualität im Wohnquartier. Ein Beitrag zur Gestaltung alternder Stadtgesellschaften, Stuttgart: Kohlhammer

Hendriks, Niels; Slegers, Karin; Duysburgh, Pieter: Dementia Lab 2016: The Role of Design. Reflections on Designing with and for People with Dementia, Tagungsband, Essen

Hieber, Anette; Oswald, Frank; Wahl, Hans-Werner; Mollenkopf, Heidrun 2005: Die Übereinstimmung von Wohnbedürfnissen und Wohnbedingungen und ihr Einfluss auf die erlebte Stadtteilverbundenheit, in: Zeitschrift für Gerontologie und Geriatrie 38 (4), Berlin: Springer Medizin, S. 293-300

Hillcoat-Nallétamby, Sarah; Ogg, Jim 2014: Moving beyond ‚Ageing in Place': older Peoples Dislikes about their Home and Neighbourhood Environments as a Motive for wishing to move, Ageing and Society 34 (10), Cambridge: Cambridge University Press, S. 1771-1796

Hoffmann-Axthelm, Dieter 2014: Stadtviertel für ein ganzes Leben. Wie sollen Stadtviertel für Ältere und Menschen mit Demenz gestaltet sein?, in: Eckhard Feddersen, Insa Lüdtke (Hrsg.): Raumverloren. Architektur und Demenz, Basel: Birkhäuser, S. 137-145

Höpflinger, François 2008: Die zweite Lebenshälfte – Lebensperiode im Wandel, in: Andreas Huber (Hrsg.): Neues Wohnen in der zweiten Lebenshälfte, Basel: Birkhäuser, S. 31-42

Huber, Andreas 2012: Wohnen im Alter – zwischen Wunsch und Wirklichkeit, in: DETAIL Konzept (9), München: Detail, S. 916-922

J

James, Bryan; Boyle, Patricia; Buchman, Aron; Barnes, Lisa; Bennett, David 2011: Life Space and Risk of Alzheimer Disease, mild cognitive Impairment, and cognitive Decline in old Age, in: The American Journal of geriatric Psychiatry 19 (11), Amsterdam: Elsevier, S. 961-969

K

Kaiser, Gudrun; Rohe, Petra 2014: Bauen für ältere Menschen. Wohnformen, Planung, Gestaltung, Beispiele, Köln: Müller

Kampe, Gerhard; Celnik, Pelin 2017: Innovation by Experiment. Design als Ressource für wirtschaftliche Enwicklung und demografische Herausforderungen in der Region/Design as a resource for economic Development and demographic Challenges in the Region, Göttingen: Cuvillier

Kuratorium Deutsche Altershilfe (KDA) 2015: Selbstbestimmt dement – Ethische Herausforderungen in einer alternden Gesellschaft, in: ProAlter 47 (5), Heidelberg: medhochzwei

Kiziak, Tanja; Kreuter, Vera; Michalek, Friederike; Woellert, Franziska; Klingholz, Reiner 2014: Stadt für alle Lebensalter. Wo deutsche Kommunen im demografischen Wandel stehen und warum sie altersfreundlich werden müssen, Berlin: Berlin-Institut für Bevölkerung und Entwicklung

Kremer-Preiß, Ursula 2014: Rahmenbedingungen der Bundesländer beim Wohnen im Alter. Teil 1: Bestandsanalyse und Praxisbeispiele, Ludwigsburg: Wüstenrot Stiftung

Kreutzner, Gabriele 2009: Die Entdeckung des (Dr)Außen: Die äußere Umgebung als Faktor der Lebensqualität von Menschen mit Demenz, in: Demenz Support Stuttgart (Hrsg.), Hearing the Voice Revisited. Teil 1: Einbindung und Teilhabe, Stuttgart: Demenz Support Stuttgart, S. 27-38

Kreuzer, Volker; Scholz, Tobias 2008: Handlungsfelder einer altersgerechten Stadtplanung, in: Kreuzer, Volker; Reicher, Christa; Scholz, Tobias (Hrsg.): Zukunft Alter. Stadtplanerische Handlungsansätze zur altersgerechten Quartiersentwicklung, Dortmund: TU Dortmund, S. 83-102

Kruse, Andreas 2012: Die Lebensqualität demenzkranker Menschen erfassen und positiv beeinflussen – eine fachliche und ethische Herausforderung, in: Deutscher Ethikrat (Hrsg.), Demenz – Ende der Selbstbestimmung? Vorträge der Tagung des Deutschen Ethikrates 2010, Tagungsdokumentation, Berlin, S. 27-50

Kurz, Alexander 2018: Demenz. Das Wichtigste. Ein kompakter Ratgeber, Broschüre, Berlin

Landeshauptstadt Stuttgart 2018: Stuttgarter Einwohnerzahlen, Broschüre, Stuttgart

Landesinitiative Demenz-Service Nordrhein-Westfalen 2018: Checkliste: Demenzfreundliches Wohnumfeld, Teil 1: Bauliche Anforderungen Ratgeber, Köln

Larson, Eric; Wang, Li; Bowen, James; McCormick, Wayne; Teri, Linda; Crane, Paul; Kukull, Walter 2006: Exercise is associated with reduced Risk for incident Dementia among Persons 65 Years of Age and older, in: Annals of internal Medicine 144 (2), Philadelphia: Annals of internal Medicine, S. 73-81

Loeschcke, Gerhard; Pourat, Daniela 2015: Barrierefreie Verkehrs- und Freiräume. Kommentar zur DIN 18040-3:2014-12 Barrierefreies Bauen Planungsgrundlagen Teil 3: Öffentlicher Verkehrs- und Freiraum, Handbuch und Planungshilfe. Berlin: DOM Publisher

Lucas, Ray 2016: Research Methods for Architecture, London: Laurence King Publishing

Lynch, Kevin 2007: Das Bild der Stadt, Basel: Birkhäuser

Marquardt, Gesine 2011: Wayfinding for People with Dementia: A Review of the Role of Architectural Design, in: HERD: Health Environments Research & Design Journal 4 (2), Concord: The Center for Health Design, S. 75-90.

Marquardt, Gesine; Viehweger, Axel (Hrsg.) 2014: Architektur für Menschen mit Demenz, Tagungsband, Dresden

Marquardt, Gesine 2016: MATI. Mensch Architektur Technik. Interaktion für demografische Nachhaltigkeit, Stuttgart: Fraunhofer IRB

Mehnert, Thorsten; Kremer-Preiß, Ursula 2016: Handreichung Quartiersentwicklung. Praktische Umsetzung sozialraumorientierter Ansätze in der Altenhilfe, Heidelberg: medhochzwei

Michell-Auli, Peter 2011: Quartiersentwicklung. Ziele, Verantwortlichkeiten und politischer Handlungsbedarf, Fachbericht, Köln

Michell-Auli, Peter; Kremer-Preiß, Ursula; Sowinski, Christine 2010: Akteure im Quartier – Füreinander und miteinander, in: ProAlter 42, Heidelberg: medhochzwei, S. 30-36

Mitchell, Lynne 2013 (28.11.2013): Die Gestaltung einer inklusiven städtischen Umwelt. Anforderungen an demenzfreundliche Straßen, Vortrag, 7. Gradmann-Kolloquium, Stuttgart

Mitchell, Lynne 2012: At a Glance: a Checklist for developing Dementia friendly Communities, Leitfaden, London

Mitchell, Lynne 2012: Breaking New Ground: The Quest for dementia-friendly Communities, Fachbericht, London

Mitchell, Lynne; Burton, Elizabeth 2010: Designing dementia-friendly Neighbourhoods. Helping People with Dementia to get out and about, in: Journal of integrated Care 18 (6), Bingley: Emerald Publishing Limited, S. 11-18

Mitchell, Lynne; Burton, Elizabeth 2004: Neighbourhoods for Life. A Checklist of Recommendations for designing dementia-friendly Outdoor Environments, Oxford: Oxford Brookes University

Myllymäki-Neuhoff, Johanna 2009: Demenz als Seinsform: Wohnumfeld und Handlungskompetenz, in: Entwurfatlas, Wohnen im Alter, Basel: Birkhäuser Verlag, S. 30-33

N

Niklewski, Günter; Nordmann, Heike; Riecke-Niklewski, Rose 2013: Demenz. Hilfe für Angehörige und Betroffene, Berlin: Stiftung Warentest

Nowossadeck, Sonja; Block, Jenny 2017: Wohnumfeld und Nachbarschaftsbeziehungen in der zweiten Lebenshälfte, Report Altersdaten 01/2017, Berlin: Deutsches Zentrum für Altersfragen

O

Olsen, Christine; Pedersen, Ingeborg; Bergland, Astrid; Enders-Slegers, Marie-José; Jøranson, Nina; Calogiuri, Giovanna; Ihlebæk, Camilla 2016: Differences in Quality of Life in home-dwelling Persons and Nursing Home Residents with Dementia – a cross-sectional Study, BMC Geriatrics 16 (1), London: BioMed Central

Oswald, Frank 2010: Subjektiv erlebte Umwelt und ihre Bedeutung für Selbständigkeit, Identität und Wohlbefinden im Alter, in: Kruse, Andreas (Hrsg.): Leben im Alter. Eigen- und Mitverantwortlichkeit in Gesellschaft, Kultur und Politik, Heidelberg: Akademische Verlagsgesellschaft, S. 169-179

Oswald, Frank (02.09.2016): Privatwohnen im sehr hohen Alter. Risiken und Chancen langen Wohnens im Quartier beim Eintritt von Demenz, Vortrag, Schader Stiftung, Darmstadt

Oswald, Frank; Konopik, Nadine 2015: Bedeutung von außerhäuslichen Aktivitäten, Nachbarschaft und Stadtteilidentifikation für das Wohlbefinden im Alter, in: Zeitschrift für Gerontologie und Geriatrie 48 (5), Cham: Springer, S. 401-407

Oswald, Frank 2013: Wenn das Quartier wichtiger wird. Mobilität und Wohnen im Alter, in: Forschung Frankfurt (2/2013), Frankfurt: Goethe Universität, S. 127-130

P

Passini, Romedi; Pigot, Hélène; Rainville, Constant; Tétreault, Marie-Hélène 2000: Wayfinding in a Nursing Home for advanced Dementia of the Alzheimer's Type, in: Environment and Behavior 32 (5), S. 684-710

Pichler, Barbara; Reitinger, Elisabeth; Knoll, Bente; Hofleitner, Birgit; Egger, Barbara; Renkin, Agnes 2018: Gut unterwegs sein mit Demenz – in der Stadt, Ratgeber, Wien

Pohl, Christian; Hirsch Hadorn, Gertrude 2006: Gestaltungsprinzipien für die transdisziplinäre Forschung. Ein Beitrag des td-net, München: Oekom Verlag

R

Radzey, Beate 2016: „Wo bin ich?" Orientierung als Grundlage des menschlichen Handelns, in: pflegen: Demenz (41), Hannover: Friedrich Verlag, S. 9-14

Radzey, Beate 2014: Lebenswelt Pflegeheim. Eine nutzerorientierte

Bewertung von Pflegeheimbauten für Menschen mit Demenz, Frankfurt am Main: Mabuse Verlag

Radzey, Beate 2011: My Home is my Castle: die eigenen vier Wände als Wohlfühlort – für Menschen mit Demenz besonders wichtig, in: pflegen: Demenz (19), Hannover: Friedrich Verlag, S. 8-15

Radzey, Beate 2009: Involvement: Menschen mit Demenz einbinden und ihre Teilhabe sichern, in: Demenz Support Stuttgart (Hrsg.): Hearing the Voice Revisited. Teil 1: Einbindung und Teilhabe, Stuttgart: Demenz Support Stuttgart, S. 7-16

Rehle, Valerie 2015: „Gestern wird schön. Morgen auch." Eine Masterarbeit über das Bauen für Menschen mit Demenz von Valerie Rehle, Stuttgart, AIT 10/2015 (10), Leinfelden-Echterdingen: Verlagsanstalt Alexander Koch GmbH, S. 172-173

Reitinger, Elisabeth; Pichler, Barbara; Egger, Barbara; Knoll, Bente; Hofleitner, Birgit; Plunger, Petra; Dressel, Gert & Heimerl, Katharina 2018: Mit Menschen mit Demenz forschen – ethische Reflexionen einer qualitativen Forschungspraxis zur Mobilität im öffentlichen Raum, in: Qualitative Social Research, 19(3), Art. 19, Wien

S

Saup, Winfried 1999: Alte Menschen in ihrer Wohnung: Sichtweise der ökologischen Psychologie und Gerontologie, in: Hans-Werner Wahl, Heidrun Mollenkopf, Frank Oswald (Hrsg.): Alte Menschen in ihrer Umwelt. Beiträge zur ökologischen Gerontologie, Opladen, Wiesbaden: Westdeutscher Verlag, S. 43-51

Schenk, Herrad 2008: Abenteuer Altern: Vom Älterwerden und Jungbleiben. In: Andreas Huber (Hrsg.): Neues Wohnen in der zweiten Lebenshälfte, Basel: Birkhäuser, S. 15-26

Schneidewind, Uwe; Singer-Brodowski, Mandy 2014: Transformative Wissenschaft. Klimawandel im deutschen Wissenschafts- und Hochschulsystem, Marburg: Metropolis Verlag

Seggern, Hille von 2008: Creating Knowledge. Innovationsstrategien im Entwerfen urbaner Landschaften = Innovation Strategies for Designing urban Landscape, Berlin: Jovis

Simpson, Deane 2014: Young-Old. Urban Utopias of an Ageing Society, Zürich: Lars Müller

Simon-Philipp, Christina (Hrsg.) 2017: WohnOrte 2. 90 Wohnquartiere in Stuttgart von 1890 bis 2017: Entwicklungen und Perspektiven, Stuttgart: Karl Krämer Verlag

Statistisches Amt Landeshauptstadt Stuttgart 2019: Fortgeschriebene Einwohnerzahlen 2018 nach Stadtteilen, Datenerhebung, Stuttgart

Statistisches Bundesamt 2018: Pflegestatistik. Pflege im Rahmen der Pflegeversicherung Ländervergleich – Pflegebedürftige, Bericht, Wiesbaden

Steenwinkel, Iris van; Audenhove, Chantal van; Heylighen, Ann 2014: Marys Little Worlds: Changing person-space Relationships when living with Dementia, in: Qualitative Health Research 24 (8), Thousand Oaks: Sage Journals, S.1023-1032

V

van Alphen, Helena; Volkers, Karin; Blankevoort, Christiaan; Scherder, Erik; Hortobágyi, Tibor; van Heuvelen, Marieke 2016: Older Adults with Dementia are sedentary for most of the day, in: PloS one 11 (3), San Francisco: Public Library of Science

Ward, Richard; Clark, Andrew; Campbell, Sarah; Graham, Barbara; Kullberg, Agneta; Manji, Kainde; Rummery, Kirstein; Keady, John 2018: The lived Neighborhood: Understanding how People with Dementia engage with their local Environment, in: International Psychogeriatrics 30 (6), S. 867-880

W

Wissenschaftlicher Beirat der Bundesregierung Globale Umweltveränderungen (WBGU) 2016: Der Umzug der Menschheit: Die transformative Kraft der Städte, Hauptgutachten, Berlin

Weidinger, Jürgen (Hrsg.) 2013: Entwurfsbasiert Forschen, Berlin: Universitätsverlag der TU

Wißmann, Peter; Gronemeyer, Raimer, Whitehouse, Peter J.; Klie, Thomas 2008: Demenz und Zivilgesellschaft – eine Streitschrift, Frankfurt am Main: Mabuse Verlag

Wißmann, Peter 2014: Demenz, Kommune und Öffentlicher Raum. Erkenntnisse und Perspektiven, in: Feddersen, Eckhard; Lüdtke, Insa (Hrsg.): Raumverloren. Architektur und Demenz, Basel: Birkhäuser, S. 214-217

Wolfrum, Sophie; Janson, Alban 2019: Die Stadt als Architektur, Basel: Birkhäuser

Website Alzheimer.de: Interview mit Peter Wißmann, https://alzheimer.ch/de/gesellschaft/deutschland/magazin-detail/259/wir-brauchen-querdenker/ (zugegriffen am 29.10.2018)

Website BMFSFJ: Betreuung und Pflege von Demenzkranken, http://www.wegweiser-demenz.de/informationen/betreuung-und-pflege.html (zugegriffen am 20.06.2019)

Website Bundesinstitut für Bevölkerungsforschung: Die zukünftige Versorgung pflegebedürftiger Menschen in Deutschland, https://www.demografie-portal.de/SharedDocs/Informieren/DE/Studien/Bertelsmann_Pflege_2030.html (zugegriffen am 21.08.2019)

Website Demenzfreundliche Kommune: https://www.demenz-freundliche-kommunen.de/reflexionen/demenzfreundliche-kommune (zugegriffen am 04.12.2019)

Website Im Alter in Form, BAGSO: Soziale Teilhabe, https://www.im-alter-inform.de/gesundheitsfoerderung/handlungsfelder/soziale-teilhabe/ (zugegriffen am 31.07.2019)

Website Sozialverband VdK: Definition Barrierefreiheit, http://www.weg-mit-den-barrieren.de/main-navigation/was-ist-barrierefreiheit/ (zugegriffen am 08.08.2019)

Website Stadtteil Espan: https://www.unser-espan.de/ (zugegriffen am 08.08.2019)

Website Stuttgart Süd: Heusteigviertel, https://stuttgart-sued.info/historie/heusteigviertel (zugegriffen am 08.08.2019)

Website WHO: Dementi, https://www.who.int/news-room/factsheets/detail/dementia (zugegriffen am 21.08.2019)

Vorsatzpapier	**Mikro-Abbildung einer Plaque:** Prof. Manuela Neumann	Seite 66	**Foto:** Valerie Rehle
Seite 15	**Foto:** Bianca Eder, Lukas Hach	Seite 74	**Infografik:** Franziska Doll, Valerie Rehle
	Illustration: Valerie Rehle	Seite 77	**Foto:** Melissa Acker, Jessica Hauser
Seite 16	**Foto oben:** Bianca Eder, Lukas Hach	Seite 78	**Infografik:** Franziska Doll, Valerie Rehle
	Foto unten: Valerie Rehle		
	Infografik eigene Darstellung: Franziska Doll *Quelle: Burton, Mitchell 2006: 73*	Seite 79	**Fotos:** Valerie Rehle
		Seite 80	**Foto oben:** Valerie Rehle
Seite 17	**Fotos:** Valerie Rehle		**Foto mittig:** Sebastian Klawiter
	Infografik eigene Darstellung: Valerie Rehle *Quelle: Burton, Mitchell 2006: 99*		**Foto unten:** Pia Kahlert
		Seite 84	**Infografik:** Natalie Brehmer, Franziska Doll
Seite 23	**Infografik eigene Darstellung:** Franziska Doll *Quelle: DAlzG 2018: 1*	Seite 86	**Foto oben:** Melissa Acker
			Foto unten: Lisa Kirchner
Seite 26	**Infografik:** Franziska Doll, Valerie Rehle	Seite 87	**Illustration eigene Darstellung:** Franziska Doll *Studentische Arbeit: Kerstin Feck, Julia Haas*
Seite 29-31	**Fotos:** Valerie Rehle		
Seite 37	**Foto oben:** Valerie Rehle	Seite 88	**Illustration eigene Darstellung:** Natalie Brehmer, Franziska Doll *Studentische Arbeit: Melissa Acker, Jessica Hauser*
	Foto mittig: Valerie Rehle		
	Foto unten: Pia Kahlert, Armando Reber		
			Foto: Caroline Glatt, Lisa Wagner
Seite 38	**Fotos:** Valerie Rehle	Seite 89	**Scans Fragebogen:** anonym
Seite 39	**Foto oben:** Caroline Glatt, Lisa Wagner	Seite 90	**Illustration eigene Darstellung:** Franziska Doll, Valerie Rehle *Studentische Arbeit: Melissa Acker, Jessica Hauser*
	Foto unten: Bianca Eder, Lukas Hach		
Seite 43-69	**Illustrationen:** Franziska Doll, Valerie Rehle	Seite 92	**Illustration eigene Darstellung:** Natalie Brehmer *Studentische Arbeit: Melissa Acker, Jessica Hauser*
Seite 52	**Foto:** Melissa Acker, Jessica Hauser		
Seite 54	**Foto:** Kerstin Feck, Julia Haas		**Foto:** Lisa Kirchner
Seite 58	**Foto:** Alina Kirsch, Vera Münch		**Illustration:** Lisa Brenner, Lisa Kirchner
Seite 60	**Foto:** Lisa Brenner, Lisa Kirchner	Seite 93	**Foto oben:** Natalie Brehmer
Seite 62	**Foto:** Valerie Rehle		**Foto unten:** Julia Haas
Seite 64	**Foto:** Christina Simon-Philipp	Seite 97	**Illustration:** Natalie Brehmer, Valerie Rehle

Seite 100-124   **Stadtpläne:** Natalie Brehmer,
                Sebastian Klawiter
                *Kartengrundlage: Landeshauptstadt
                Stuttgart, Stadtmessungsamt 2019*

Seite 101-125   **Illustrationen:** Natalie Brehmer,
                Valerie Rehle

Seite 132-135   *Studentische Arbeit: Natalie
                Brehmer, Elif Demir, Julia Haas*
                Fotos, Infografik: Natalie Brehmer

Seite 136-139   *Studentische Arbeit: Carolin
                Gutekunst, Julia Hirmke*
                Foto: Carolin Gutekunst, Julia
                Hirmke
                Illustration eigene Darstellung:
                Valerie Rehle

Seite 140-143   *Studentische Arbeit: Melissa Ackner,
                Caroline Glatt, Vera Münch*
                Visualisierung: Melissa Ackner
                Stadtplan eigene Darstellung:
                Valerie Rehle
                Infografik eigene Darstellung:
                Franziska Doll

Seite 144-147   *Studentische Arbeit: Nursen
                Karaman, Melanie Savic*
                Foto: Nursen Karaman, Melanie
                Savic
                Illustrationen eigene Darstellung:
                Franziska Doll

Seite 148-151   *Studentische Arbeit: Jessica Hauser,
                Stefanie Roth, Lisa Wagner*
                Fotos: Jessica Hauser
                Skizzen, Visualisierungen: Jessica
                Hauser, Stefanie Roth, Lisa
                Wagner

Die Wüstenrot Stiftung und das Zentrum für Nachhaltige Stadtentwicklung der Hochschule für Technik Stuttgart danken allen am Lehrforschungsprojekt „Wohnen Stadt Demenz" Beteiligten:

13 Menschen mit Demenz und ihren Angehörigen für ihre Bereitschaft Einblicke in ihr Leben zu gewähren. Vielen Dank für Ihr Vertrauen und Ihre Neugier.

Danke an die 27 Studierenden der Hochschule für Technik Stuttgart und der Staatlichen Akademie der Bildenden Künste Stuttgart, die sich aktiv in den Forschungsprozess eingebracht haben:

Melissa Acker
Jessica Auch
Anja Bittner
Natalie Brehmer
Lisa Brenner
Madeleine Buck
Elif Demir
Bianca Eder
Kerstin Feck
Caroline Glatt
Jenny Grobosch
Carolin Gutekunst
Julia Haas
Lukas Hach
Jessica Hauser
Marco Heinzelmann
Julia Hirmke
Alex Hoffmann
Pia Kahlert
Nursen Karaman
Lisa Kirchner
Alina Kirsch
Melanie Molnar
Vera Münch
Amando Reber
Stefanie Roth
Lisa Katharina Wagner

Wissenschaftliche Hilfskräfte:

Natalie Brehmer
Pia Kahlert

Danke an die MitarbeiterInnen der sozialen Träger, der Ämter und Organisationen, welche die Zusammenarbeit mit Menschen mit Demenz ermöglicht und unterstützt haben:

Alzheimer Gesellschaft Baden-Württemberg e. V.

AWO - Arbeiterwohlfahrt Kreisverband Stuttgart e. V.

Caritasverband für Stuttgart e. V.

Demenz Support Stuttgart gGmbH

Diakonissenmutterhaus der Olgaschwestern in Stuttgart e. V.

Evangelische Gesellschaft Stuttgart e. V.

Gerontopsychiatrischen Beratungsdienste (GerBera)

Klinikum Stuttgart, Memory Clinic Landeshauptstadt Stuttgart

Sozialamt Stadt Stuttgart

Rotes Kreuz Kreisverband Stuttgart e. V.

Stadt Ostfildern, Leitstelle für Ältere

Sylvia Kern (Alzheimer Gesellschaft Baden-Württemberg) und Beate Radzey (Demenz Support Stuttgart) für ihren fachlichen Input im Rahmen des Wahlfachs „Where is my Mind?"

Danke an die ExpertInnen, die das Lehrforschungsprojektes mit ihrem Fach- und Praxiswissen im Laufe der drei Jahre bereichert haben:

Dr. Ing. Birgit Dietz, Bayerisches Institut für alters- und demenzsensible Architektur, Bamberg

Alexander Gunsilius, Sozialamt Stuttgart, Abteilung Sozialplanung

Prof. Dr. Jochen Hanisch, Verein für angewandte Nachhaltigkeit e. V.

Bettina Häusser, Gerontopsychiatrische Beratungsdienst Stuttgart

Christian Heerdt, Koordinierungsstelle Wohnen, Demenz und Quartier (KDA), Köln

Susanne Himbert, Alzheimer Gesellschaft Baden-Württemberg

Sabrina Hurt, Stuttgart

Karl-Josef Jansen, Stadt Ostfildern, Stadtbaudirektor

Sylvia Kern, Alzheimer Gesellschaft Baden-Württemberg, Geschäftsführung

Ulrich Klingele, StadtSeniorenRat Stuttgart e. V.

Matthias Kortwittenborg, Demenz-Servicezentrum Region Dortmund (KDA)

Ursula Kremer-Preiß, Kuratorium Deutsche Altershilfe (KDA), Köln

Dr. Gabriele Kreutzner, Demenz Support Stuttgart

Frank Mühle, Caritasverband für Stuttgart e.V.

Dr. Beate Radzey, Demenz Support Stuttgart gGmbH

Hans-Robert Schlecht, RosenResli e. V., Kultur für Menschen mit Demenz, Stuttgart

Achim Uhl, Der Paritätische Baden-Württemberg

Henning Volpp, Gesellschaft für Soziales Planen, Stuttgart

Bernd Weiler, Kreisbaugenossenschaft Kirchheim-Plochingen eG

Sabine Wenng, Arbeitsgruppe für Sozialplanung und Altersforschung, München

Danke an die Lehrenden, die die Entwurfsphase des Lehrformats „Where is my Mind?" begleitet haben:

Prof. Pelin Celik, Hochschule für Technik und Wirtschaft Berlin User Experience Design

Dr. Stefan Krämer, Wüstenrot Stiftung

Dipl. Des. Stefanie Schwarz, Akademie der Bildenden Künste Stuttgart, Kommunikationsdesign

Die Lehre an der HFT Stuttgart wurde durchgeführt von:

M. A. Valerie Rehle, Hochschule für Technik, Master Stadtplanung

Prof. Dr. Christina Simon-Philipp, Hochschule für Technik, Master Stadtplanung

Auf dieser Mikro-Abbildungen von Prof. Dr. Manuela Neumann ist ein sogenanntes Plaque zu sehen. Diese charakteristischen Eiweißablagerungen (ß-Amyloid) führen zu Kommunikationsstörungen zwischen den Nervenzellen und sind neben dem Tau-Protein verantwortlich für die Alzheimer-Demenz.

(Kurz 2018: 12).

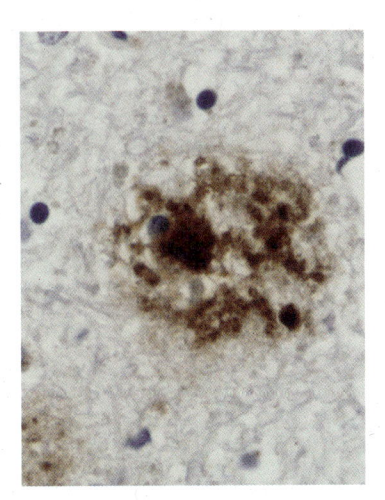

Herausgeber:

Wüstenrot Stiftung
und Christina Simon-Philipp

Forschungsgestaltung:

M.A. Valerie Rehle
Dr. Stefan Krämer
Prof. Dr. Christina Simon-Philipp

Wissenschaftliche Mitarbeiterin/Autorin:

M.A. Valerie Rehle

Wissenschaftliche Hilfskräfte:

Natalie Brehmer
Pia Kahlert

Gestaltungskonzept Publikation:

M.A. Valerie Rehle
Franziska Doll
Natalie Brehmer

Layout, Satz:

Franziska Doll

Foto- und Bildbearbeitung:

Natalie Brehmer

Lektorat:

Heide Grehl

Druck:

Offizin Scheufele, Stuttgart

© Wüstenrot Stiftung 2020

Die Abbildungen erscheinen mit freundlicher Genehmigung der Rechteinhaber. Wo diese nicht ermittelt werden konnten, werden berechtigte Ansprüche im Rahmen des Üblichen abgegolten.

Alle Rechte vorbehalten.

ISBN: 978-3-96075-005-5

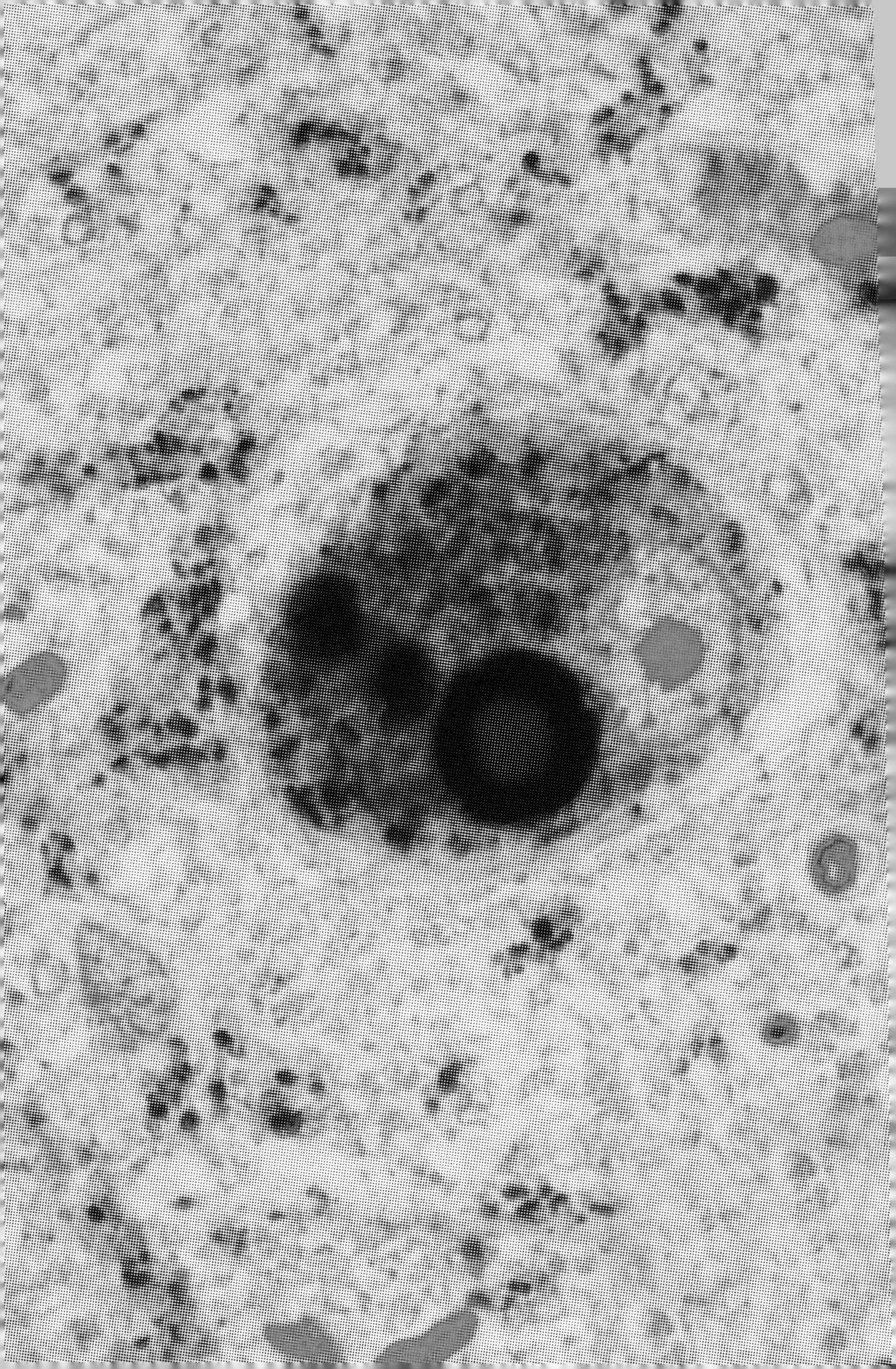